古今意法

法意今古
一個基於私人經歷的法理思考與文明敍事

許 章 潤

香港城市大學出版社
City University of Hong Kong Press

編　　輯	陳明慧
實習編輯	鄺泳欣（香港城市大學媒體及傳播學系三年級）
書籍設計	蕭慧敏

國際統一書號：978-962-937-423-5

出版

香港城市大學出版社
香港九龍達之路
香港城市大學
網址：www.cityu.edu.hk/upress
電郵：upress@cityu.edu.hk

The Spirit of Law—Then and Now
(in traditional Chinese characters)

ISBN: 978-962-937-423-5

First published 2019
Second printing 2020

Published by
City University of Hong Kong Press
Tat Chee Avenue
Kowloon, Hong Kong
Website: www.cityu.edu.hk/upress
E-mail: upress@cityu.edu.hk

Printed in Hong Kong

目錄

序言

　　本書源自師生對談，凡經修飾，寒暑乃成。其間情形，略如「引言」所述。未料有司不悅，雖遵囑刪削，依舊不得付梓，一拖兩年。版式既毀，不得已，托十冊樣書存示，以為志念。

　　今承老友雅意，朱兄國斌教授援手，終究全本刊行。交稿之期，不禁感慨極權愚蠻，鉗口有力而無效。畢竟，眾聲喧嘩，既為常態，才是常規，而人間方得滋養，胡噤聲而後已哉！？

　　人世惟危，生死旦夕，端賴同情維繫，從而賦予生命以意義。這一絲情愫，有如火種，經由交談而點燃，訴諸交往始發光，尤在於交困時節愈見光華。由此，驅除幽暗，達成啟明，締造公共自由。法度蘊涵其中，纏繞於生死與恨愛，而於打理灑掃應對的凡常作業中護持人生。立法合情合理，執法順情應理，司法通情達理，蔚為善法之治，大家才好過日子。本來，人間自有法度，具形為法制，昭彰為法意。法學家含詠其間，采英擷華，代為言聲，則一脈遷延，命定是法之祭司，唯有臨淵履薄，勞心勞力，方始恪盡厥職。規範若冥晦，由批郤導窾而明理；人間遭危厄，必赴湯蹈火而不惜。所求所為，不外善法，而以法意為憑，權衡於情理二字。

　　惟此情理，一種普遍人性，樸實簡淨，卻又纏綿繾綣，令我們眷念人生。賦予其言說，在交談中感通心意，才讓我們免於恐懼，進而，獲得自由。這便是法意，也就是人意，更是讓我們活下去的深情厚意，而恰為古今法度者也。

2018 年 11 月 20 日於清華無齋

引言

法意今古，總不外世道人心

一

　　小友徐恒，法大二年級學生，組織「番薯會文化沙龍」，不時邀約學人，圍繞選定主題，聚三五好友，座談切磋。「番薯」者，「翻書」也。此間用意，在於溝通師生，分享心得，造成讀書風氣，涵養愛智心性，作育探索心志。其事功籌劃、公益心腸與奉獻精神，難能可貴，正為一闋青春頌也。

　　是的，縱便心智孱弱的時代，唯剩純然私性的自我期待籠罩蒼茫，也有那個叫做理想的火苗，為青春禮贊，在暗夜閃爍。

　　法大校園窘迫，師生局促一隅，多年不見改觀，為京城高校之異數。學生宿舍區一處簡易臨建，二樓咖啡室，緊緊巴巴，約能容納二十人，是徐恒們的據點。2015 年 12 月 9 日，天寒料峭，霧霾鎖城，在下驅車昌平，欣回母校，應約就拙著《漢語法學論綱》，與青年才俊座談。當日徐恒君主持，略備茶點。前來同學諸君，概有二十來位，聚攏圍坐，滿滿當當。

　　青春所在，光輝四溢，雖陋室而不能掩。思緒氤氳，精神滋長，心馳八極，串聯起校園與家園，鼓蕩起心氣與心志，而它們都是或者應當是人間適所安居之花園，更是心氣之所向，心志之所在。

徐恒君三言兩語，簡要闡釋座談主題，我就拙著相關論題，作一小時概述，然後諸君討論提問，我再回答，間有往還。既為漫談，復有交鋒，閒散而緊張。整個過程，計約三四小時。待活動結束，出門四顧，寒意撲面，暮靄沉沉，天地混沌。樓舍窗口的燈光疲弱而迷茫，如老人混沌的眼神。往昔蒼蒼莽莽，作為校園背景的軍都山，早已消隱於霧霾，不見蹤影，唯剩晦黯，一派幽暝。市井喧闐，而宇宙沉寂無聲，不怒自威，卻又神秘莫測，似乎暗藏殺機；或者，心意闌珊，對這個自己一手創造的人世早已失望至極，不再眷顧。不知為何，彼時彼刻，一剎那間，無意義感猛襲心頭，頓感蒼茫。可能精神太過亢奮，喧闐之後，肉身復蘇，反致樂極生悲。

幾位同學送我至校門口，一一道別。逮至返家，不覺其累，為母校學子讀書風熾高興，欣然復愀然。少頃，始覺腹中空空，饑餓難耐。腸胃有意，而糧草無情，只覓得半盒乾果，遂以一杯涼水唱和，聊以充饑。對一方天井，沉坐緩踱，汲汲惶惶，恍然夜深。

雖說身體疲憊，精神卻亢奮。回味各位同學的神態語氣，彷彿倏然返歸自己的青澀求學時光。那時節，怔忡而憂鬱，渴望卻懵懂，狂野又壓抑。畢竟，他們愛讀書，不倦思索，一代又一代的他們，也就是我們，讀書思考，求知問道，並且士志於道，則薪火相繼，風雨兼程，這人世才有光。光不被遮擋，普照大地，我們才好生聚繁育，踽踽前行，行行重行行。

說到底，朋友，什麼人與動物的區別，還不就是人有書，動物沒有書，僅此而已。

數日後，越年，徐恒君發來座談現場錄音紀錄稿，長近三萬字，望我審訂後發布。我通讀一過，既感思路尚欠連貫，枝

蔓蕪雜，而以我對於作文之一貫態度，復認文字粗陋，有待打磨。否則，寧肯藏諸箱底，或者，擲諸清流。更主要的是，深感言猶未盡，意有鬱積，乃有增訂擴寫的念頭。因此，相約以五萬字篇幅了事，完工後再交稿發布。不料動手下來，斷斷續續，銖積錙累，迄而至今，一年多時光，竟逾二十萬言。趕緊殺青，作此小引，說明來龍去脈，略申心心念念。至此，基本上，在當日實錄的基礎上，就這一主題而言，把想說的話都說了，說完了也就心安了。

是啊，讀書為求心安，心安理得，日子好過，而且，有望過得順暢。旅食他鄉，歲月流轉，春去秋來，轉眼霜鬢，人生不過如斯。

歲月幽冥，其實，終極而言，一眼望到頭也。

二

擬定的讀者不是別人，還是徐恒們，母校的學弟學妹。但也不限於他們，實望有更為廣大的人群，特別是法科青年學子。如此定位，就在於這是一個基於私人經歷的談話，面對的是晚輩，親密而又公開。因其親密，故有校友之間相視一笑而於心莫逆者也。許多事，特別是情感，常常只適合在小圈子裏分享，甚至只能私心忖度，私情授受。一意徘徊，兩情繾綣，此乃人情之常。因其公開，或者，公共性，則事涉廣大，情牽家國，論題必然溢出任何規劃，更非簡單鉗口就能禁絕。

人心深處，常欲放歌，這人間遂獲得了人間性。宇宙浩淼，時聞驚雷，這世界方顯現出世界性。歌聲、雷聲，不用說還有咻咻哆哆，大千天籟，哈，聲音雜多，你禁得了嗎？！

總體以觀，談天說地，指東打西，這「校園」與「家園」的大背景難逃「現代中國的立國進程」，一個中國歷史兩千年間最大規模的大轉型時代。對此進行「法意思考」，概予「文明敘事」，在將法意與文明連貫穿插中通盤觀照，是自己的專業行當，不得不為，也是竭力盡心、知不可而為之的自我修為。讀書人處此時世與時勢，此為作業，更是擔當。而透露的心思，指向的願景，還是「我們的祖國是花園」這一關乎應許之地的憧憬，也是對於它的社會工程意義的提示，更是期盼歷經無數犧牲——「最後的犧牲」，如周林剛博士[1]所言——以開始一個「結束的開始」與結束一個「開始的結束」，處常得終，而成全吾土吾族這接近兩百年的大轉型艱難時世。

　　凡此二十萬言，成一小冊，概分十五節。其間，大致理路是，從一己生活世界的現象和經歷入手，漸次擴展，追溯和複述曾經的學思歷程，以覘其時代背景，從而，在分析與理述具體理論作業之際，反思賦予其時代意義的公共形態，特別是體制之源自時代並構成了時代的交疊情形。蓋因既生世間，身心羈縻，性命所在，隨波逐流，逃脫不得，討活法，要說法，則一己私性生活可能展示公共進程，凡人小事的涓滴水珠當能折射時代大潮的浩瀚澎湃。無論有幸寄身平常世態，獲享辛勤勞作、安寧生活的生趣，還是不幸置身風起雲湧、翻天覆地之離亂，而顛沛流離，其一己身心，或卑微如螻蟻，或閃耀如流星，就這樣牽連於時勢與時事，而於難捨難分中交相呼應，在怡然自得或者倉惶失措中，上場走一趟，生死過一回。

　　畢竟，在生活、生命之體驗與表現的場域中，每個人都得體驗生活，一生一世總在體驗生活。想體驗得體驗，不想體

---

1. 編按：清華大學法學博士，華東師範大學政治學系講師

驗也得體驗。這是此間凡塵的屬世性格與屬人天命。說到底，我們在德性上蔚為目的，歷史而言卻是工具。是的，工具，一種不折不扣、實實在在的歷史的工具而已。但是，表現生活，乃至於表達生命，竟至於創造生命，則為一種秉賦和特權，從而，是一種責任。這是掙扎凡塵而反求諸己的屬己人心。正是這一表現，歷史的工具掙脫了客體命定，超邁而為歷史的目的。由此蔚為主題，挺身而為主體。歷史與德性，就這樣經此扭結，而融為一體。從而，命者性也，心者行也，天意從來不可知，則盡心踐履，恪盡其性，是為人也。而且，惟其如此，才能擺脫工具的命運，而獲享歷史之目的的性命定在。

朋友，生死兩頭，天地之間，你我小命一條，掙扎，還是掙扎，除此之外，又能指望什麼？還能有什麼法子嗎？！

其實，你和我，你們和我們，紅男綠女，凡夫俗子，不論蓬頭垢面還是油光水滑，還不都是被決絕地拋到這個人世的嘛！既來之，則安之，無法逃避，只得活下來，力爭活好，活出尊嚴，則體驗之際善予表現，從而，借由表現而返身回顧，端詳來路，才有望看清去路。進而，「尊德性而道問學」，天助自助，照顧好生活與身體，不枉此生命與心靈。轉進一層，人生一世，草長一春，苦為常態，樂是插曲，其間輾轉，體驗抑或表現，保守還是創造，端賴一個「熬」字，而所謂人類的責任與尊嚴，起承轉合，全在此間一念，熬得住，並且，熬過來了。

還真的就熬過來了。

這不僅是一個生存論命題，講述着真實的生命過程，道盡古今人性，也是實踐理性的自覺內省，更是那個叫做「生命政治」的自我道義定位之命門所在。因而，記憶，不僅借由記憶進行反

思，並且對於記憶進行反思，對於記憶之反思進行反思，是此天命人心的徵象，更是此不絕如縷之一脈橫絕天下而照拂人世者也。因此，它是一個在默然自省中爆發的轟轟烈烈的對話過程，也就是一種絢爛而質樸的公共表現手段。對思想進行思想，給人間以人間性，讓存在由此獲得存在性。經此過程，借此手段，我們於回顧既往中溫暖了當下，而庶幾保持人性，進而，克勤克儉，克愛克威，戒慎戒懼，惟精惟一，才有望提澌人性。

至少，避免人世墮入暗夜，阻止人性蛻落成獸性，而維持這個人世生計的基本條件。

在此，無須刻意人為，但須時時用功，對於這個「吾未見好德如好色者也」之物種，總是難事，卻是好事，終歸是必修課業。

三

也就因此，公共進程及其時代大潮是如何影響一己身家性命的，它們對於置此時空的渺小個體的應對措置又是如何評判回應的，關乎其身家性命，而折射的則是它們的德性與績能，尤其拷問着它們的政治誠意。畢竟，任何公共進程，特別是旨在管理暴力而鋪陳權力網絡的活動，締結的是統治與被統治的關係，講述的是一個命令與服從的故事，道出了浮華人世面相之下的真實人際處境。此間無奈，悲辛交加，普世莫分，古今皆然。而在這個聚居的社會物種群落，它們均指向個體及其家庭，其知行，其身心，其禍福。飲食男女，必得承受生命之重；灑掃應對，總是生活的喜樂。因而，這個主要以政制與政

治為核心的公共進程，既以他們和它們為鈕扣最終均將落實到具體人頭，勢必反映並影響着千千萬萬渺小個體的生活方式，其柴米油鹽，其安危利病，其勞生息死。如此這般，則敵我公私、主權歸屬與和平的至上德性，以及政治決斷及其例外狀態，遂成吾人思之所向，慮之所在，更是懼之緣由。人就是這麼個東西，好歹一筆糊塗賬，不加小心怎麼行。因而，就現時代情形而言，它特別迫使我們的體驗與表現，記憶及其反思，必須時刻指向公共進程，特別是對於權力支配關係的組成與運作永保怵惕，以普世法度規範之，借文明規度涵養之。

正是在此，如果説哲學家們創造了人渴望善這一觀念，而人類確實展現了對於善的不可遏止的渴望及其責任概念，並且，「天生德於予」，硬語盤空，賦予了這個物種以尊嚴，從而，映照着並且砥礪了人類歷史遂成一個不斷趨向善好的光明進程，那麼，正如現代世界已然表明的，至少自法國大革命開始，人類記憶便已賦予政治變革是正常狀態的觀念，以及主權在民的思想以合法性。因而，探討人類群居生活之不得不然與可欲可能，反思全體公民政治上和平共處的法政形式與文明時空，落實其在地性思考並賦予其普世性品格，是包括華夏心智在內的一切人類心智之天道性命所在，更是借由實踐理性而砥礪成型的人類德性之成仁取義；當然而必然的，就是這個叫做知識分子的特定勞工階層的永恆使命。奴隸般地承受，烈士般地擔當，托缽僧一樣地堅韌踐履，遊仙式的歡喜應對，是他們的光輝與悲愴。就此時此地而言，這也就是他們的宿命。如此這般，苦樂一體，悲辛交集，搶也搶不到，躲也躲不掉，何樂而不為。

本書立意在此，戮力於此，期盼與憧憬悉數指向於此，面對三五莘莘學子，三致其意，三致其意，三致其意矣。

四

　　當日座談，區區人到中年，而在座諸君二十出頭，彼此齒德相差三十載，正好一個世代。料有隔閡，卻終究溝通無礙。「猶記得，當年深隱，門掩兩三株」，心意輾轉，師生分享着共同的問題意識、時代焦慮和理論抱負。思之所向，情之所托，志之所寄，竟然一般無二，說明我們真的同在一個時代，共在一個歷史節點。而這個時代的欣然與頹然，這個歷史節點之前因與後果，你們和我們的期望與絕望，經天行地，驚天動地，流水行雲，同樣非人力所能遮蔽，亦非政治神學與政治詩學竟可掩飾或者扭曲。同在於共在，共在是因為同在，一同構織起這個叫做「時代」的魔幻時空。而所有的時代，總是特定的時代，一種此在，牽連於彼在。此在無情，彼在有情；同在為虛，共在為實。而不論有情還是無情，虛偽抑或真實，我們，還是我們，也只有我們，只能承受，迎面上，熬下去，將此在轉接於彼在，化虛偽為真實，為了那個更好的人間，一種別樣的可能性，汲汲惶惶，戰戰兢兢，守先待後，慎終追遠。

　　舍乎此，請問，還有什麼辦法。要是連這都犯忌，鉗口，豈非欺人太甚。

　　換言之，有意義的時間段落所表徵的歷史體系及其歷史意識，經由閱讀思考的體驗與表現，通過記憶及其反思，而積澱於心智，凝結成心性。從而，將古今一線牽連，融群己兩忘物我，即此在與彼在而共在，最終突顯的是一個叫做「我與我們」的活脫脫當下。我在歷史中，也就是在一個特定的漫長時間所含育造化的詞與意的體系中，一個由擺不脫的生死輪迴之鏈條所構成的生生不息的長河大波中，我固然是我，我更成了我們。

　　此時此刻，我豈能流離失所四處漂泊，我豈能沒有校園與家園，我豈能墮失心氣與心志。

家國天下，世道人心，哦，這修辭老態龍鍾而生機勃勃、無限縹緲卻厚實沉重、默然無聲、木訥剛毅可又長歌當哭、振聾發聵。

洪荒。恩典。教書匠。老人渾濁的雙瞳映照着地球的失眠。

五

本書據現場紀錄稿增訂，考慮到擬定言說對象的特殊性，修訂之際特地增加腳注若干，以助理解正文，並增收兩則文字，穿插其間，連綴一體，已在各處腳注説明。一文既成，即將接受讀者檢驗，除開感謝當日組織與參加座談討論提問的同學諸君，特別是徐恒君，還要預先感謝讀者諸君。蔣浩老兄費力勞心，安排出版，彥斌吾弟潑墨題簽，兩位情義，尤為感銘。古之學者為己，今之學者為人，你們讀書，包括可能閱讀本書，這書寫才有意義，這紙上漢字才可能蔚為靈媒，看似紛繁而實則枯燥的生活世界，或可登堂入室，由此為我和我們編織出一個五彩繽紛的意義世界。

此間惆悵，詞與物，意與義，讓我們免於有死性的恐懼，托肉體於身體，將身體轉化為生命，化生命為性命，則冬雷夏雪，情天恨海，半窗月，天涯旅，大化流行，生生不息。

朋友，天人之際，生死兩頭，小命一條，所謂生趣，本無多少，點滴在此，而滄浪濯水，無須鋪陳，不待人謀。

生趣此在，愛至上。

章潤謹誌

孔誕兩千五百六十七年，丙申，初稿於故河道旁

耶誕 2017 年夏，丁酉，定稿於北美旅次

開場致辭

大家好！感謝大家在寒冬的午後參加「番薯會第二期文化沙龍」。
本期沙龍非常榮幸邀請到清華大學法學院許章潤教授前來座談。
我們知道，許章潤教授在西南政法大學讀本科，畢業後來法大讀
書、任教，然後出國，回來後在清華教書，是我們法大的大師兄。

據我所知，許老師學術生涯前期研究刑法學和犯罪學，後來轉向
法理學與政治哲學，可謂傳奇。

接下來我們以熱烈的掌聲歡迎許章潤教授為我們講述他求學、教
書、做學問的故事。

一、「老許」

回到母校，跟師弟師妹們聊天，快何如哉。平生教書匠，從學生到先生，一轉眼，半輩子。此前是學員，此刻是教員，再過幾年就是退休教員。而起居不離校園，教室就是世界，學生皆為朋友，按部就班，跟着走，無傳奇，人生平淡。

清末龔定庵做詩，喟言：「東抹西塗迫半生，中年何故避名聲。」名聲大，他有說這話的本錢，我們凡人，沒有。半生教書，紙上風月，白首心事，「天杳杳，水悠悠；平生懷抱，歲寒為托」。所幸置身大時代，做個見證人，起早貪晚，吾道不孤也。

世界靜美，慢慢走，細細看，長夜高臥再回味，以平淡當絢爛也。

是啊，母校是青春的工坊，一如單位是生命的墳場。如果說書房是清溪，濯足濯纓，社會便是個染坊，染黃染蒼。既不能情天恨海，掛劍飄零，便只有循規蹈矩，晨鐘暮鼓，做個教書匠，也是一方水土。而天底下，「人北去，雁南征」，哪裏的水土不養人，哪裏的黃土不埋人。

抑或，「吾儕所學關天意，並世相知妒道真」。是耶，非耶，諸君！？

曾幾何時，工字廳

說到往事，不禁想起一個人，就是陳岱孫先生。先賢雖逝，墓木已拱，可名教猶存，流韻不息，大家想必都知道此公。那好，今天就先從陳先生說起。

我和陳先生隔輩兒，亦非從役同一專業，八竿子打不到一塊兒。因此，說是往事，實為史事。往事沉積，便為史事，而史事就是心事，當下的心事與心思。蓋因史實翻轉為史事，意味着進入審視者眼簾，便成今人的心事和心思，今古遂為一體。一己的心事與心思，因為表述了時代的苦惱與普遍的掛念，引發共鳴，乃成公共記憶，回憶於是進境為反思。後人翻檢史事，映照和撫慰的是當下的心事，借史事話今事，托古典寓今典。看似清淡，指東打西，實則心意流轉，總有指托。

進而，文明意味着人類有歷史，並且有賴於歷史，而催生並恃諸對於自家過往的自覺，這也就是所謂的歷史意識。涵養出歷史意識，造成種群的共同心智和心性，是人類的一大優勝之處。由此，時間變成了時代，時代沉積為歷史。雖個人對此體認與內化程度有別，但為種群的特質，卻是人類得為人類的充分必要條件。

但凡名人，其之成名，概因多少表現了時代的苦惱與普遍的掛念，而於造就共同心智與心性，有所貢獻。雖年湮世遠，不掩其跡。

陳先生大概可歸於此列。

話說陳先生清華學校畢業，往美國留學，六七年裏，讀了學士、碩士和博士，最後獲授哈佛博士學位，榮歸母校任教。那一批才俊返國，因應時需，多半受到重用，少年得志。自家吃得了

苦，時勢又允恰，可謂一時之選也。因此，說是「榮歸」，一點不假。雖說國家破敗，戰爭連年，迭遭侮辱，但各自用功，弦歌不輟，東西之間，古今之際，聚沙成塔，為中國現代學術奠基，也就是在為現代中國提淬心智。清華園裏，陳先生出長過法學院和經濟學院。人到中年，「院系調整」，跨過幾個田埂，空間橫移，便一直掛單北大經濟學科。好像九十多歲去世，高個子，冷俊清癯，看上去相貌堂堂。名人，兩校都以其為榮，也就不再查問這兩校最喜歡追問的本科出身之類的事情了。

今日國朝大學，明面上學府堂皇，黌門巍峨，實則骨子裏是個世俗的名利場，不僅勢利得很，亦且市儈得很。話說回頭，此亦不惟今日我大唐，中西古今的學府皆然，本不足奇。

2000 年春夏之間，偉倫樓大廳，清華經管學院舉行陳先生銅像揭幕儀式。午後煦陽，陪同陳先生的學生，年近八旬的犯罪學家戴宜生先生，在校園蹓躂半晌，然後一同趕去參加儀式。彼時返國任教不久，對新東家這個園子裏的花花草草，興味盎然，觸目驚心，感慨歷經劫難，華夏祖邦倖存如此園林。

偉倫樓大廳左側朝南，放置一尊陳先生半身銅像，摹取先生晚年的形象。

猶記當日閒逛時，戴先生囑我找一份「科學資料」，是新進諾獎生物學得主關於染色體如何致人犯罪的，曾經滿口應允，事後竟然忘得一乾二淨，至今也沒辦，而戴先生遽歸道山久矣。

話題收回來。陳先生晚年寓居北大燕南園，據說彌留之際，恍惚之中，夢縈魂牽，問榻側之人，「我是不是在工字廳啊？」——古建工字廳，三進四合院，清華園裏最好的一處。據說當年是滿清太子讀書處，現在是黨政領導辦公場所。好像重要外賓來了，也是在那兒舉行會見儀式，頭頭腦腦，假模假

式，恍兮惚兮。一般教員門衛不讓進，教員們沒事可能也不會想進去。學府裏有衙門，惹不起，躲得起。想當年，既膺太子，將托大統，身負天下，不用功不行。而內宮嬪妃如雲，倩影鬢香，環佩叮璫，娃兒們雖小卻有特權，假如「染上女色」，性啟蒙太早，一發不可收拾，壞了自家身子事小，耽誤大統事大。於是乎，眼不見，心不煩，一葉尚可障目，更何況打發到郊野。清華園裏沉潛修持，辟穀於一個相對隔離的環境，師傅授業，為未來奠立可堪依恃的學業，是皇家的苦心孤詣，也是一廂情願——那龍子龍孫，本是人種肉身嘛。太子太傅，遂成一倫。尊隆賴此，倒霉砍頭，嗨，亦且源此。

「師傅」一詞，原是極崇高的稱謂，沒想後來意思變了。聽説是這麼回事，究竟底裏，還是要看清史專家們解説，權當花絮也。

上個世紀 20 年代初中期，陳岱孫、周培源、錢端升這一批青年才俊，都才二三十歲，返國執棒清華，少年得志，春風得意，不少一開始，單身漢，就暫居工字廳。説來也是，鼎基之際，清華園裏，庭院婉約，林木葳蕤，可謂群空冀北，十步芳草，彬彬濟濟。大家看吳宓先生日記，可以展開想像的翅膀，任情放飛。所以，陳先生晚年，雖事隔一甲子，彌留之際，睡夢之中，最為動情想起的美好家園居然是工字廳，也就怪而不怪。換言之，在岱老心中，可能，任教清華的歲月最為美好，長駐心懷，故而，夢縈魂牽，「簾卷西山雨，依約斷人腸」。

學院路 41 號

反觀自處，我已五十來歲，自作多情，依然有夢。入夢繾綣的，不是現在的世事與人事，卻是安徽老家和年輕時讀書的

校園，包括學院路 41 號。山川走馬，人事翻覆，影影綽綽，亦真亦幻，用雞湯文，美曰「心路歷程」。

1983 年，從重慶來到北京，剛剛二十出頭，毛頭小夥，一文不名，怔忡而渴望。自此研究生院攻讀刑法專業，凡三年，索然無趣，苦悶無聊中混日子。社會思潮洶湧，而法科落寞，等因奉此。偶有熱鬧，噪聲嘔啞，時代的青春激揚與癲狂錯亂相攜而來。熬到畢業，跟着走，留校任教，稀裏糊塗，不明所以。硬着頭皮上講台，稀里嘩啦，一大通，其實不夠格。遭逢遽變，文脈殘喘，青黃不接之際，趕鴨子上架，其情其形，不難想見。至 1994 年離開法大，十來年裏，盤桓斗方，輾轉反側。「一床明月，五更殘夢」，年年秋色裏，期待春風。

今日早已告別青年，人到中年，做夢多為往事。夢境時現，迷離恍惚，不外蒼茫，醒後即忘，也有猶若眼前，而回味再三。要麼是在學院路，夢裏還是三十年前的老樣子。要麼是安徽小鎮的那個老家，前後兩處，臨水而居，大部分都與不愉快相連。生民無辜復無奈，雖多遷徙，但回想家鄉，心底深處唯餘那個特定時空烙上的恥辱印記，卻又一縷溫馨襲心，頓時清淚兩行。

童年如夢，少年如歌。我們這輩人成長的年代，恰逢極權體制肆虐華夏，既無夢，更無歌。絞肉機一旦啟動，隆隆作響，腥風血雨。舉國為一大實驗室，億萬人生為小白鼠，於上演猶太摩西和斯拉夫狂徒（Slavs）的蠻力烏托邦劇本之際，為人類的譫妄做試驗。素來和為貴的國度，卻以階級鬥爭為尚，竟然鬥來鬥去，直鬥得一佛出世，二佛升天。可憐億萬生民，卑微如螻蟻，輾轉泥塗，苟活尚且無着，哪得怡然。

幸虧「撥亂反正」，好歹把高考這扇社會流動之門撬開了個縫，這才有了貧寒子弟接受高等教育的機會。階層流動既有軌轍，社會於是煥發活力，跬步千里，而有今日這般景象。於今回想，青春激昂卻又倍感壓抑的年代，多半是學生時代，在渝州歌樂山下，在薊門煙樹的學院路 41 號。有意思的是，我們這個代際的，從來不說「西土城路」多少號，總是更樂意稱「學院路 41 號」。脫口而出，不假思索，正說明一切早已積澱心底，抹不掉。

　　時間變換為時代，而凝結為史事，沉積於心底，實非外在人力輕易所能改變。

　　叫慣了，不願改口——改口，甚至比變心都難。於是乎，心口不一，口是心非，乃至於口蜜腹劍，遂成人世常態，演繹了人性與人心最為詭譎的戲份。其將這個物種的心機發揮於極致，智巧無比，卻令其陷入萬劫不復之境。「心機女」、「心機男」，以及「翻雲覆雨」、「老奸巨猾」，古已有之，原本就是我們這個物種的一個亞種，人性經驗的一部分，並非今日特產，有什麼大驚小怪的。幸賴心智旁邊尚有心性，功利之外復存德性，世道之上更有天道，它們盤纏糾結，「挽狂瀾於既倒，扶大廈之將傾」。

　　顛顛簸簸，顫顫巍巍，左搖右擺，而且，左衝右突，是人性與人心的千古寫照。

　　由此，有時候不免想到「良善人生」與「美好社會」這類措辭所表達的浩遠願景，或者，美國經濟學家約翰‧加爾布雷斯（John Kenneth Galbraith）所描述的「偉大社會」這類理念，就不禁心曠神怡，卻又黯然神傷。良善、美好與偉大，都是我們創造的詞彙，描述的是我們衷心嚮往而人間稀罕的物事。猶

譬把公正掛在嘴上，不是因為公正太多，而是因為公正從來就是稀缺物品也。就「美好社會」或者「偉大社會」而言，若果做到「壞人不至於總是洋洋得意，而好人未必一定遭殃受屈」，就算是差強人意了，也就是一個好社會、好生活了。

君不見，眼前事，多半不還是壞人得意，而好人常受委屈嗎！？此時此刻，你呼天天不應，叫地地不靈，不是天地無情，實在是因為天大地大，本身就承載着無邊的苦難。亦非上帝無知，毋寧，上帝沒有外在於苦難，而是上帝就意味着受苦，上帝與我們一同受苦受難嘛。

話題收回來。猶記得，1983 年 9 月初，抑或 8 月底，星夜兼程，風塵僕僕，來到法大。法大者，「中國政法大學」也，自學院升格為大學，不過是當年 5 月間的事。所謂「有條件要上，沒有條件，創造條件也要上」，其為一例。人定勝天的邏輯，就是這麼回事。而許多時候，特定情境下，還真就是這麼回事。上就上了，還真就上了，其奈我何。小月河畔，學校大門坐西朝東，左手旁，南面是六號樓，一幢簡陋老樓，粉刷一遍，還沒完工，房間裏和走廊上，渣土堆積，垃圾處處。自己動手，把渣土搬運出去，再到樓下把床搬上來，放上鋪蓋，躺下來，就算是入學了。當其時，除開我們這批學生，樓裏同時還住了不少教職工。單身的，倆口子的，一家三代三、四口的，情形不一。樓道暗黑，各種氣味氤氳彌漫，白天也要開燈，才能踽踽而行。兩側挨門擺放着煤氣罐，再配張小桌，就算是料理一家人腸胃的廚房了。記得每層一間公共廁所，一間公共盥洗室，年久失修，破敗不堪，跑冒滴漏，外加時常停水斷電。

此情此景，當年全國上演，非惟法大一家，而這就是彼時彼刻多數城市居民的普通人生。一副劫後景象，首善之地亦莫能外。直要十幾二十年後，才有所改善，而教書匠們生計獲得

改善，又要晚得多。其中一些人，可能，「芝麻開花節節高」，獲得了「翻天覆地」的改善，不論姓張姓李，都姓（幸）[1]福了。而無論結局如何，均非始料所及，同樣是時勢使然，漸進而突然，不待人謀。

六號樓對面，往北，大門右側，是一幢五層的紅磚樓宇，九十度角兩翼排列，標號七號樓，學生宿舍，那一年剛修好。此處用「樓宇」一詞，予人彷彿凜然印象，其實就是個所謂的「筒子樓」，跟對面的六號樓，不分伯仲，同為難兄難弟。現已拆除，原址新修樓宇，真的是樓宇，一看就是更新換代的產品。硬件多所提升，法大終於有了個稍稍像樣的大樓，隨之而來，師生心氣提升，行止必有改觀——所謂大學者，有大師而非大樓者也，並非等於排斥高等學府必有恢弘雅致館舍。毋寧，必須要有。否則，齷齪邋遢，何能作育人才，哪來斯文鼎盛。畢竟，環境決定人，人是環境的產物。舉目四顧，你看世界頂級學府，哪個不是樓宇巍峨，美輪美奐。梅貽琦先生[2]當年的話，是特定語境下的產物，也只是一面之詞，並不等於反對修建堂皇館舍。實際上，梅先生奔競操持，一生勞苦，強毅力行，為兩岸的清華，修了不少大樓呢！

後來，這幢筒子樓一半成了宿舍，一半用做辦公場所，一度車馬喧騰呢。法律系辦公室好像設在二樓，十多年，艱苦局處，不懈堅守。還有一些房間，支付其他各種用途，如當年司法部下設的「法學教材編輯部」，佔了小一層。法大出版社亦曾在此安營紮寨，出了許多書，好歹都有，良莠俱陳，在那個書荒的年月，解燃眉之急。

---

1. 編按：「姓」及「幸」的諧音，普通話讀音均為 xìng。
2. 編按：中國物理學家和教育家，曾任清華大學校長。

司法部法學教材編輯部

這個「司法部法學教材編輯部」，早已不復存在，卻曾經是個機構，存世十來年，在法學圈子裏多有影響，功業不菲，值得一說。1977 年恢復高考，出現了「教材荒」。其情形，類如明代開國，發現四百年間，歷經契丹、女真和蒙古人之相繼入主中原，北方文化早已陷入空前困境，以致北方各省普遍缺乏儒家基本經典。太祖成祖兩朝，只好一再下令調集南方的四書五經，分發給北方的學校。換言之，那時也出現了「教材荒」，只好朝廷出面，集中力量辦大事，「南水北調」。不料時隔六百年，「恢復高考」，再度出現「教材荒」，同樣是有賴官家佈局，只好平地起高樓。兩者時距遙遠，都是劫後洪荒，說明古希臘格言「最高的已然落下」，非一時一地之感喟，而徒使後人復哀後人者也。

歷經千萬載，風雨化育，這看上去風華卓越的文明，稍有鬆懈，就可能毀於一旦，人性轉瞬退回獸性。此情此景，史不絕書嘛。故而，法學興，說明這個社會經由倫理文明時段，而過渡到法理文明階段，期期於借法律以明法度，以規範來規度人間，在馴化人性的文明化進程中，日征月邁，涵養人性。

就當時的法學專業來看，只有北大、吉大和人大等幾所法律系招生，規模都很有限。作為「保密」專業，考生入學並有「政審」要求。現在全國法律院系共計 638 所，當年只有三四所，經 1977、1978 和 1979「新三屆」過渡，慢慢恢復到七八所。直到耶誕 2000 年初，也就是一兩百所。其後規模，發展不可謂不快，擴張不可謂不弘，效率不可謂不高，而質量也就不可能不氾濫矣。其興也勃焉，其亡……還沒到時候，但其中一些，會否難以為繼，恐遭「關停並轉」命運，也是可以想見的。

當其時，應對「教材荒」，司法部成立了這個「法學教材編輯部」，在全國範圍內，動用行政資源，集中人力物力，辦大事。在一個大轉型時代，資源有限，時不我待，為了眼前的具體目標，急就章，如此措置，挺管用的，還真的挺管用的。具體做法是，邀約全國所有法律院系依然倖存，尚未於「反右」和「文革」等歷次「運動」中整死致殘的，依然具有學術生產力的，多少像個樣子的，還能動彈的，按學科分門別類，匯聚一堂。其中一位年高德劭，領銜主編，再設副主編一二人。參與諸公，各領章節，分頭撰寫，集體討論。各自定稿後，再交予主編。後者逐章研讀，調適磨合，或返回修訂，或直接點竄。如是幾個回合，期期於短時期內拿出像樣的教材和教輔材料。這些先生們，多半年屆中老年，自五湖四海蒞京受命，往返兼程，既搜羅資料，庋集參考書目，復整修教材，從頭幹起。餘生也晚，曾經與聞，眼見先生們不避勞苦，徑任驅馳，臉泛菜色，眼放光芒，心中惶惑而感動。

如今人到中年，兩鬢飛霜，想起當日所見，心中唯剩悲涼，既為他們，也為自己。

1988 年，受業師邵明正教授提攜，經余叔通教授同意，我受命參與編撰《犯罪學》，可能是當年「統編教材」最年輕的作者。這不，執筆《刑法學》「因果關係」一節的伍柳村先生，主編《中國法制史》的張警教授，其時均屆耄耋，而烈士暮年，奮筆疾書。余老師掛名主編，邵老師實際操作，卻終究未能成書。期間轉折，十年蹉跎，徒碌碌，詳情後敘。記得第一次參加編輯部在京西賓館召開的會議，看到各學科的參編人員，忐忑而興奮。期間遇到兩位西南政法大學七八級的師兄，均粗鄙無禮，對學弟惡語相向，甚為失望而不解。多年後，我也人到中年，看着他們的表演，終於明白個中緣由。

至於編輯部，老少皆有，大團結。老者大概也就是此刻筆者的這個年紀上下。小的就是剛出校門的畢業生，二十郎當。我那時就是二十郎當，沒大沒小，有時喊「方老師」，有時喊「老方」，了無定式，隨口而出。他們也就隨之因應，要麼「老許啊」，要麼「小許啊」。其實，老輩覺得你孩子家家不懂事，不生氣，逗你玩，看你究竟有無自覺的慧根。因為他們知道，隨着歲月流逝，人生閱歷漸長，但凡稍有反思，便會對年輕時做過的事情臉紅，心生內疚，竟至於無地自容，而對長輩的寬厚滿懷感激，從而明白做人的道理，進而，知道怎麼善待下輩。所謂代際傳承，積累而成文明，蔚為規度，溫情卻又嚴整，養護着這個慘淡經營、載浮載沉的人世，可能就是這麼回事。

這不，這些體驗，都在我身上應驗，無一遺落，不予欺也。

說來話長，中國文明脈絡中的「做人」二字，蘊含最為豐富，沉重而莊敬，卻又最為空靈沖淡，有時候不免縹緲，淪為鄉願口中的套話。因而，須要切身體驗，終生踐履，才能含詠其意，而明白其義，終究踐履不易。好壞都在裏頭，甘苦自知，得失一言難盡。但就一切文明不過是對於惡的抑制與超越這一點而言，「做人」一路，何嘗不是知不可而為之？！其之寬忍為懷，悲憫甚於期待，仁義高於功利，並不比鬼神居中的其他文明更不堪嘛。1980 年代興起的反傳統主義思潮，山呼海嘯，接續新文化的反傳統思緒，對此大加撻伐，其實也是恨愛交加，情急之際，噴子[3]們心慌慌，神叨叨，亂噴一通也。

---

3. 編按：網絡用語，指經常在網上發表攻擊性或過激言論的人。

有時想想，覺得先輩對我們真好，自己才會慢慢懂事，也就是慢慢學會做人。是的，人而要學會做人，也才能做人，何等不堪，又何等悲愴，更是何等豪邁。而這一切，並非憑空而來，全在代際接應中揣摩習得。真正仲尼（孔子）臨終不免一歎──他老人家歎什麼呢？有什麼好歎的呢？為何要歎呢？歎後又怎樣呢？我們還在接着歎，不是嗎？這些事，想也想不明白，但卻不可能不想，想得愈多，「治思愈紊」呀！

人在旅途，恆在旅途，一代又一代，前赴後繼地跋涉於途，其因在此，而不能不在此。

當年一整套法科教材，全是這個編輯部的產品，約有二三十種，包括王鐵崖先生主編的《國際法》、韓德培先生主編的《國際私法》、佟柔先生主編的《民法學》，以及高銘暄教授主編的《刑法學》，等等。有的不直接署名，而以某某教材「編寫組」落款，如「行政法綱要編寫組」。用編寫組名義，而非某個人，據說，有時候是因為「排名擺不平」，爭先恐後，有以然哉，所以然哉。這是一位長輩親口告訴我的，其後我閱事稍多，也曾親歷，而甚感無趣。對於整個 80 年代的法科教育，這些教材是急就章，應急救難，而於教學雙方，可謂雪中送炭。此外，尚有配套教輔資料，發掘庫存，精甄細選，集輯成冊，公示天下讀書人，真是功德無量。

大二上刑法課，用的還是校編教材。大四複習考研，看的已是大厚本的統編教材了，差不多能將每個字背下。兩相比對，內容並無不同，異在篇幅與措辭，而措辭的重要性，或者如俗常所說的「文字水平」的重要性，早已超出文字本身。1983 年秋季法大入學之際，研究生院買了若干套，好像按一個專業一套，分發諸生。我收羅的幾冊，一直陪伴在側，搬過

幾次家後，如今不知所終，但卻長存心底。夜半夢迴，書頁婆娑，記憶確證了此刻，回憶溫暖了當下。如同微風拂塵，行旅有伴，我們見證了它們，它們定義了我們。大家一起走向未來，走進遺忘。當時，除此之外，陸陸續續，各主要法科院系亦有自家的教材。如我在本科學習階段，所用多為本校教師編撰的教材，盡顯篳路藍縷之功。這邊校印刷廠剛剛下線，錯訛多有，裝幀窳劣，那邊已經一卷在手，如饑似渴。未幾，今日華文世界，各種法學教材頻出，雖套路同一，但花樣紛繁，師生各依所好挑選，再無需仰仗「統編教材」了。總體而言，無論是內在質量還是外在裝幀，均今非昔比。可惜時日餘裕，然精品闕如，有負時光。

至於什麼「七五普法統編教材」，諸如此類，造聲勢，狐假虎威，其實是生意眼，沒任何價值。

順說一句。那時書荒，突然有緣看到台版教材，便生耳目一新之喟。尤其是同為漢語寫作，訴諸漢語思維，而有風格、樣式與品格的異同，其於展示同一文明的多樣多元之際，間接等於打開了思想的一扇窗口。如果說翻譯是在建造通向另一宇宙的飛船，那麼，當年的台版書猶如開啟了通向華夏法律文明史幽冥深處的隧道。像林紀東氏親撰的系列，從法學序論、比較憲法而至監獄學，即曾俘獲吾心。乃至於蔡敦銘教授的《犯罪心理學》、張甘妹教授的《犯罪學》，居然都曾當個寶呢。至於民法學，更是長期為源自德法學統、涵養於民國法意、輾轉倖存而至台島的這一脈漢語法意所籠統。對於研習民法學的法科學子而言，史尚寬和王澤鑒們，乖乖隆地咚，不啻神祗嘛。尤有甚者，漢譯蘇俄教材，包括特拉伊寧的（Aron Naumovich Trainin）《犯罪構成的一般學說》，在那種饑腸轆轆的情形下，不明所以，也都曾下工夫去讀。要是放在今日，除非用做史

料，以供專門研究，一窺其時風雲，親炙一下那個扭曲的殘酷時光，否則，誰會於此醃臢浪費光陰。

此情此境，拙文「多向度的現代漢語文明法律智慧——台灣的法學研究對於祖國大陸同行的影響」，曾略作描述，各位自可參看。[4]

今天出版繁榮，不同文明體系的名著譯本與漢語寫作，雙管齊下，極大拓展了漢語學術的視閾，豐富着漢語學術的內在含量，提澌了漢語學術的境界水準，令人欣欣然，陶陶然，亦復慨而慷矣。

法學研究所，一個局級單位

說到這裏，還想起一件事，也是那個時代的典型事例，值得給學弟學妹們說說。1989 年秋始，上面要求青年教師，不論工作年頭，哪怕已經任教經年，也不論何種職稱，但凡上大學前沒有參加過「實際工作」的，所謂「從校門到校門」的，必須「下去」工作一年，號曰「鍛煉」。這個「下去」指向的處所，叫做「實際部門」，意味着是幹實事、幹正經事的地方，也是最為勞苦功高的地界兒。所以，去那裏工作一年，便叫「鍛煉一年」。雖說何謂「實際部門」，大家都不明所以，但有一點不容爭辯，那就是，大學不算「實際部門」，中小學同樣不算。因而，縱便上大學前已然在小學、中學或者大學任教多年，亦屬「無實際工作經驗」，必須「下到實際部門」，經受一年「鍛煉」。此為「文件規定」，上傳下達，無所通融，概無例外。吊詭的是，從農村來的，上大學前早已幹過農活，家庭童工，算

---

4. 收見拙著《法學家的智慧》，清華大學出版社 2004 年版。

是中國最苦最累也最實際的工作了吧，也不算。相反，若果年紀輕輕，卻高考落榜，不得已先在居委會打過雜、掛個名，或者，大學畢業後即在部委收發室呆過，或者機關招待所「搞搞接待」，都算是「具有實際工作經驗」，無需再「鍛煉」了。

至於事情緣起，在於三月前風動大地，波湧心海，簡稱「風波」，終至刺刀見紅，引發連動效應，立竿見影，有以然哉。

本來，「鍛煉」的意思是指把粗鋼粗鐵放在砧板上鍛打，翻過來，覆過去，隨即淬火，多所反覆，直到鍛造成合意的形狀。或刀斧劍戟，或犁鋤鏟叉。我小時候住在盛橋，一河穿鎮，流水嘩嘩。岸邊有鐵匠鋪，終日風雷滾動。鐵匠打鐵，少則師徒二人，多則三人。師傅左手拿鐵鉗，右手握小錘，徒弟扛大錘，舉過頭頂，橫跨身後，準點落下。爐火隨着風箱抽拉而明滅閃爍，壯漢掄錘，鐵星飛濺，汗水順着脊樑流成小溪。頭頂諸佛作證，錘落星散，腳下山河震顫。我一介土疙瘩英俊少年，呆立一看半天，直覺神奇無比而又驚心動魄，有時候，還有點莫名所以的一縷神往，兩分感傷。於是，為了不讓眼中積蘊化作清淚長流，便一溜煙跑開，口中呼哨嗚咽。

鐵與火，洪荒之力，在五彩繽紛中造化世界，世界因此而鋒利。

迄至「風波」過後，感到以此寓意凝結而成的修辭來狀述當事者的心意，而且，專門針對青年教師，真心覺得合適得很，貼切得很，專業得很。這說明上面有人，非為「欺我中華無人」。今天回頭看，還是覺得當事者遣詞造句，有一手 —— 照此思維，大學好像不是「實際部門」，教研彷彿不算「實際工作」，教師遂成吃白飯的了。其實，學校裏吃白飯的挺多，佔編制，吃預算，弄權術，添堵添亂，但還真的就不是站講堂的教

書匠們。而站講堂寫黑板的教書匠，實則學府之內，最為一線的底層工作者。他們不僅無權無勢，而且，反過來，倒時常成為修理的對象，而首先是教育管制的對象。不管是不是，反正自那時起，開始有軍訓，好幾年裏青年教師都得安排「鍛煉一年」。猶如出疹子，出了就出了，出過就好了。北大地位高，牛人多，能量大，自我感覺好，好像也最讓人不放心，特殊，所以學生要外放到京外的軍營駐訓一年。立正稍息，跑步臥倒，天天高呼「首長好！首長辛苦了！」臉曬黑了，皮變糙了，人馴乖了，心思遲鈍了，也就是「鍛煉」好了，這才獲允回校上課。

世上事，如流水，自有軌轍。當事者一廂情願，一時管事，終不濟事，咳，「淹死霹靂春」。

於是乎，1991 年春天起，整整一年，我一邊在法律系教研室任教，口乾舌燥從役備課上課讀書寫作這種「非實際工作」，一邊去社科院法學所的《法學研究》編輯部「鍛煉」，收稿子讀稿子編稿子，上班前打開水，下班後主動掃地，從事「實際工作」。實際上，等於是同時打兩份工。又過了一年，我獲准一邊上課，一邊進修外語，其中一個學期，整整四個多月，居然一周上課三十六節，等於一周六天，每天六節。學校公共浴池每周開兩個半天，供男性會浴，我這個大忙人沒有空檔，終於兩月不洗澡，人增歲月體增味，百米飄香，日月光華。

其實，早在此前，1988 年秋，我受命當差，往太原磚廠函授，講授「勞改法」。四天裏，立講三十二小時。每天日程是，上午八時上課，十二點下課，下午兩點上課，六點下課。可丁可卯，分秒不差，蓋因此為勞改場所，聽講的全為年輕幹警，實行的是軍事化管理，並非真的就是學堂也。那時我 26 歲，飯量大，中午下課時，差不多已快餓暈，直奔食堂排隊打飯，囫

圇吞棗。聽講的學員吃桌餐，八人一桌，早已備好，上桌吃就是了。教師卑微，和一干「職工群眾」排隊打飯，一邊排隊，一邊聞到飯菜的香味，更覺饑腸轆轆。四天下來，聽課的獄警，年紀輕輕，個個累得趴，我卻面帶菜色，而嗓音依舊。課後有司收集聽眾意見，警爺們以「老師身體真好」六字，金光閃閃，作結讚歎。

所謂「立講」，就是站着講也。我這個教師，如同這片土地上的諸多教書匠，半輩子，真正的壯勞力。

講到這裏，再給大家說則花絮。1992 年 9 月起，因鄧公南巡，重啟市場經濟，「下海潮」遂自南往北，席捲中國高校。今日所謂「92 派」[5]，亂中起家，官商一體，終於銀兩不少，就是這幫子。法大身處國中，「也不例外」，幾個月裏，一多半青年教師，按捺不住，遠走高飛。有的不辭而別，再沒回來。有的留職停薪，終究去職棄薪。還有的，人在曹營心在漢，以教研為副業，校外打官司跑買賣為主業，學着坑蒙拐騙。那時節，還有什麼「鍛煉」不「鍛煉」的，只要洒家不跟你玩，一切就只算個球，這「鍛煉」的事兒，從此一風吹。之所以遭臨資本橫力和政治專制，前面是狼，後門有虎，卻寧肯選擇面對資本及其市場，就在於好歹還能有所選擇。當年城頭換幟，有人多嘴，以自由之「有無」與「多少」，判別臧否，後來弄得連命也丟了。可質以今古，則情形不一，而心情如一，朋友，你說不是嗎？

此情此形，恰如宋人所詠，「人身藏宇宙，鳥兔走西東，晝舒夜卷，不拘春夏與秋冬」，嗨嗨！

---

5. 編按：指 1992 年鄧小平南巡後冒起的一批企業家。

不過，一時間，池館輕寒，飛花楊絮，校園荒蕪。堅持教書的寥寥，堅守讀書的寂寂。唯剩二三子，不為所動，坐冷板凳，無分夜晝。那時節，我一家三口，住四號樓旁平房一間，讀書不知夜深。董藩瑜老先生夜半如廁，敲窗問話，我居然答非所問，只說肚子餓了。老人家心生憐憫，第二天將友人饋贈的東北好米送來一袋，我至今溫暖在心，無以回報。總共十九間平房，東西一字兒排開，只在西側，也就是我家隔壁，有公廁兩間，概分男女。所以，縱便寒冬臘月，若果內急，也只好披衣出門趕路，而必路過我家窗前也。

　　要說的這則逸事是，據說學校召開「中層以上幹部會」，張晉藩教授擔憂，指謂長此以往，「誰來站講台」。話剛落地，一位任職後勤部門的退伍轉業軍人，激昂起身，大聲應對：「別說得那麼兇險。走就走，沒什麼大不了的。他們不站講台，我們站！」

　　其實，這話也不是那時才有的。整個「文革」十年，工農兵上講台，折騰的不就是這一套嗎！當年流行的曲藝形式「三句半」[6]，其中一則，猶記得，就是以「我們佔！」、「我們鬥！」、「我們上！」、「我們……」，如何如何，收束的。念白之際，四人變換隊形，曲腿揚臂，伸頸昂首，做深仇大恨、血脈償張狀，手上照例拿着金光閃閃的萬能通靈「紅寶書」。

　　這次第[7]，聲色俱厲，高歌裂帛，「寧知一曲兩曲歌，曾使千人萬人哭」。

---

　　6. 編按：曲藝曲種，一組表演詞僅三句和一個短語而得。
　　7. 編按：宋人的口語，意思是這種情況，或這般光景。

話收回來。有趣的是，按照國朝官箴，政法大學屬正局級單位，其下轄法律系便是處級單位，再往下的教研室只能算是科級單位，或者，連科級也不算。都是單位，而位格差等也。在我的印象中，並無教研室主任算作科級幹部這一官式定規，只算基層教書匠就是了。我認識的老師，包括切近受教、後來有幸多年共事的曹子丹教授、邵明正教授，許許多多，做了多年教研室主任，辛辛苦苦，兢兢業業，無權無勢，忍辱負重，好像沒人自認為是個科級幹部。毋寧，一個學科召集人，多費心，多打雜，多花時間，多為大家上傳下達。再說了，一介教授，不論有名無名，胖還是瘦，置此官箴官儀，只是個科級幹部，也太自虐了吧，何必。身役此職的老師，要錢沒錢，要權無權，甚至連基本的工作條件也無，但身處大學行政最底層，直接負責一應教務科研行政，常常自嘲「生產隊長」，打雜，沒奈何。前述曹子丹教授、邵明正教授，一眾師長，經年累月，哪個不是這樣任勞任怨，無分晝夜，不計利害。

我們在大學混，都知道，這一蘇式教學設置，因與具體學科關聯，領頭的人品、學品與能力，其視野心胸，其格局氣度，直接關聯所在大學一個學科的興衰，甚至一國之內該門學術的發展，其實重要得很呢。重要到什麼程度？朋友，其人在，學術在；其人歿，道術裂。那時節，一個教研室少則十來人，多則二三十口子，按照現在好大喜功的做派，名頭怕都該叫做什麼什麼「研究院」，他或者她不再是教研室主任，都該叫什麼「院長」了吧（至於攢個研究院的名目，實則為「三無」機構，只為收錢方便，又當別論矣）。

說到現在的情形，雖說意外，卻又勢所必然，上焉者斗方名士把持一切，餖飣小儒跳躍翻騰，下焉者玩權弄術橫行霸

道，無聊透頂，精緻得很，也沒處講理。而且，受制於大環境，這幾年甚至愈見其墮矣，真是沒想到，萬萬想不到。

說來有意思，近年才發現，大學裏頭，身膺院長的某某，或雄或雌，姓氏後綴個「院」字，如姓葛，便稱「葛院」，以示位尊，是一種流行的叫法，而且，南方尤甚，也是一景。是啊，姓氏後面綴個「院」字，「趙院」、「錢院」、「孫院」與「李院」，叫的人軟魅，應的人舒坦，「那感覺真好！」

與此相似，社科院科層建構更加到位，走官制的味道更濃。置此官制秩序，《法學研究》是法學研究所辦的，後者又隸屬中國社會科學院，而社科院是正部級單位，可能比正部級還高，推算下來，法學所是正局級單位，《法學研究》編輯部便為「處級單位」。當時的主編是李步雲先生，寬宏大度，打趣說，章潤，你是不是弄反了，你一個科級單位跑到我們處級單位來鍛煉？！大家知道，依照官箴官儀，聽說處級比科級高呢！李老師當然是開玩笑，身在體制中，心思卻是自家的，逗樂而已。這也說明，所謂的「鍛煉一年」，就是個鬧劇，在一個不該整人的時代繼續玩整人的把戲，而終究玩不下去。也就是在編輯部，李老師常常掏腰包請我們打牙祭，中午時分，喚一聲，「老許啊，吃飯去！」

這幾年時常見面，每次見面都會想起這些事，我笑，李老師耄耋童心，笑得更歡。

在法學研究所的時候，一周要上三四天班，上班每天拿八毛錢補助，一個月能拿十幾塊錢，於一家飯食，不無小補。不，應該是「中補」。從學院路 41 號到沙灘北街 15 號，早晚騎車，別的印象模糊了，只記得冬天冷得徹骨，尤其是西北風勁吹的時日，迎風騎車，刮在臉上像刀割。窮嘛，我一介「青

椒」，孩子剛兩歲多，每月大洋八十二元咱人民的幣，除開油鹽醬醋，再給父母一點支持，月底就入不敷出了，哪裏有錢買棉靴皮靴，更不用說什麼羽絨服了。直到 1994 年出國，這才買了一件羽絨服，頓時覺得冬天不像從前那麼冷。傍晚下班回家，看見路旁賣菜收尾時分，便宜，順帶買一把。學校不遠處的大鐘寺農貿市場，周末快收班時，殘剩菜品論堆算，賤賣，一堆五毛錢、一塊錢，買回家攤開拈檢，小心收好，能夠抵擋好幾天。這幾年，人到中年，每覺氣候變暖，冬天不冷，好奇之下查看氣象紀錄，發現並無變化，始覺只是因為穿的衣服質量過硬，所以不再感覺冬寒難熬而已。

當年青年教師，其實是整個教師群體，都窮，正趕上「手術刀不如剃頭刀」[8] 的美好時光，大家都是這麼熬過來的，還真就這麼熬過來了。猶所記得，腳凍得厲害，騎到所裏再騎回家，一去二回，身上瑟瑟發抖，雙腳都快失去知覺了，晚上捂在被窩裏，紅腫發癢，一碰就破。

《憲法》頒布後的「嚴打」

在法大就學的那幾年，正趕上祖國百廢待興、人心思治之際。久遭壓抑的人性，蠢蠢欲動。可是，從密不透風的高度管制型體制向喧囂多元的市民生活轉型，將社會鬆綁，雙方都要經歷一個適應的過程，則治亂之間，猶譬春夏之交，乍暖還寒，最難將息，一不小心就會感冒發燒。1983 年春夏，如今年輕憲法學者多所用功研治的「八二《憲法》」頒布不足半年，就

---

8. 編按：上世紀 80 年代流行語，指在體制中工作的知識分子待遇比個體商販要差。

開始了「從重從快」。這一運動式治安舉措，此後彷彿亂世重典的先例，治理的模板，以「嚴打」一言以蔽之。

如所周知，頭年的 12 月 4 號頒行《憲法》，算是 1978 年後「撥亂反正」的一個階段性政治總結，而託付於法制形態，寄寓和宣示着一種政治理想，並力爭以此政治理想推導民族理想和文明走向。於是，整個社會洋溢着向上圖變之心，人人滿懷希望，還有去除枷鎖後的輕鬆歡欣，對於俗世生活的幸福憧憬重又騰躍於心底，閃爍在每一國民的雙眸。基本的想法就是，這下新《憲法》公開頒布了，剛經過那樣的大難，應該差不多了，不會再折騰了。

可春夏之交旋即開始「嚴打」，所謂「從重從快」。在大家的心理感受，這等於全然把《憲法》拋擲一邊。不僅「公檢法聯合辦案」，速捕速審速判，根本不講程序，而且，「逼供信」這套手段駕輕就熟，即刻重裝上陣，全國數下來，不知製造了多少冤假錯案。記得讀過一篇論文，以吾鄉為例，分析「嚴打」的形勢政策得失，有理有據，頗有見地。[9] 實際上，這套手段何曾下場過，只是上不得檯面而已。要不然，怎麼會這裏冒出個替死鬼聶樹斌 [10]，那邊廂，塞外蒼冥下，呼格的冤魂無地彷徨。

當其時，我幼稚，幻滅感頓生，彷徨而憤懣，不服卻無奈。總感覺，剛說《憲法》如何如何、法律面前人人平等、罪刑法定、罪責自負、證據定罪、一切依法辦事、「三機關分工合

---

9. 尹曙生：〈安徽「嚴打」的回顧與思考〉，載《炎黃春秋》2014 年第 1 期。參詳崔敏：〈八十年代「嚴打」的回顧與反思〉，同上，2012 年第 5 期；黃開發：〈1983 年，「嚴打」掃過村莊〉，見《東方歷史評論》微信公號。

10. 編按：聶樹斌案是指 1994 年 8 月在河北省石家莊市西郊發生的一宗強姦殺人案。此案定罪於 1995 年「嚴打」期間，被認為是中國該時期司法不公正的代表性案件。

36　法意今古

作」[11]，可你看看，轉瞬間一切均遭拋棄，這算哪門子事啊，還有一點信用沒有。再說了，三機關聯合辦案，速審速判，搞出許多冤假錯案，將來怎麼收拾？而且，可能不少沉冤致死，永無洗冤之日。我這樣說，有根有據，誰要辯駁，我願意隨時奉陪，公開討論。

說到底，還是年輕，未經世事。此非在下一人，而是大多數新鮮血液的同感。一位大學同學，畢業後分配到中部某省高院刑庭工作，做書記員，時常加班。正好趕上「從重從快」，目睹了台前幕後的表演，親身參與了整個過程。當其時，依照「從重從快」的決定，死刑覆核權下放給省高院，殺人容易多了。一天看完卷宗後，不放心，跟審案的審判員嘀咕：「這樣就判死刑，證據不足，將來怎麼辦？怎麼對得住死者和他們的親人？」這位年長一些的法官，頭都沒抬，低聲告誡他不要唱反調，不許說怪話，尤其不要在領導和同事面前吐槽。少頃，又自言自語：

「過幾年家屬鬧凶了，平反就是了。平反說明我們知錯必改，英明正確。幾條小命，算個俅⋯⋯難道死人還少嘛。」

法官說得平靜，聽得我這位同學心驚膽戰，惶然連着恍然，恍然亦復惶然，而終究悚然。

他後來把自己也折騰進去了，就不能光怪體制了。

---

11. 編按：三機關包括公安、法院和檢察院。

二、心智與心性

懷揣理想的凡夫俗子

話說回頭。1983 年 8 月底、9 月初，從重慶坐火車來到北京。頭一天，穿隘跨峽，一山連着一山，過了一溪還有一溪。時常霧鎖山巒，濃雲覆蓋大地，彷彿伸手觸天。待到暮靄沉沉，天地慢慢融匯於黑暗，觸景傷情，突然覺得生命是如此虛渺，恨不得跳車了結。也不知走了多久，終於不知不覺間暢行於中原大地，再入華北平原，寥廓蒼遠，頓感心胸敞亮，可又倍覺荒涼。火車晚點，半夜抵京，興奮而忐忑。待出站四顧，公交收班，商店打烊，只好開步走。那時火車晚點，如同今日航班晚點，家常便飯，大家也不埋怨，彷彿天注命定，承受就是了，頂多歎一口氣。對此表達不滿，乃至於有所交涉和抗議，甚至動用「維權」名頭，囂囂嚷嚷，是晚近十來年隨着權利意識勃興才有的公民心理，也是俗世人生的一種消費者現象。而抗議激昂，甚或訴諸暴力，動輒動粗，則又說明大家尚處於民權初期的公民幼稚狀態，既非古典民風彪悍之展現，亦非「刁民」二字所能涵括。

話說背着行李，長街搖曳，且走且問，約莫五六個小時，天亮時分，終於從火車站走到木樨地的公安大學。那時節，就算長安街，半夜也是偶爾有車經過，不若如今這般車水馬龍，晝夜喧闐不息。倒是有清潔工，三三兩兩，夜半即起，灑掃庭除，默默無聲，用自己的汗水和辛勞，為城市妝容。

太陽出來了，滿天地清爽，正是京城金秋時光。終於按通知來此法大「研究生院」報到，才知道此處已經不是入學通知書上告示的研究生院了。後來聽說，曾任司法部的領導劉部長劉大人兼任法大校長，才有此安排，可這會兒人家又受命出長公安部，於是收回成命，不願把公安大學劃歸法大了。一人命運遷轉，牽連眾人沉浮，而後者凡塵，自家並做不了主，只好順受，如同晚點就晚點，晚多少就多少。臨時變卦，說變就變，一干人馬措手不及，活該倒霉。那時尚無網絡，連電話也是稀罕物，大家不知情，便都先撲空，再改道，終究找到該去的地方。

「工夫不算錢」，這是農耕社會的觀念，少時家鄉老少，人人掛在嘴邊。其實，守望相助，古道熱腸，花了工夫和氣力，人家表達謝意，此刻以此自謙，類似「沒事兒，應該的」等等，並非真的工夫不值錢。

於是，趕緊問路，幾經倒騰，坐公交從木樨地來到學院路41號，今天薊門橋畔的法大研究生院所在地。四十幾個小時的火車路程，兩夜未眠，又餓着肚子步行半夜，再趕到學校，居然不覺其累，說明青春無價，理想風帆鼓蕩下的生命之舟不懼遠航，也經得起跌宕。我後來人到中年，遵照醫囑上手術台，術前作文，感慨「學問四力」，第一就是體力，繼之而有功力、心力與願力，實為來自生命經驗，有感而發，並非為賦新詞，虛托空言。

都是一批二十出頭的學生，比你們現在的年歲稍長。一茬新苗，青春啷噹，荷爾蒙萬歲的當口。這一屆學生，擴招的產物，總共180人，有北大來的，有人大來的，我是從西南政法學院來的，還有從「法大」就是北京政法學院本科畢業的。雖說校舍破爛，環境醃臢，早已斯文掃地，但滿懷理想激情，心

中風雲激蕩，彷彿舍我其誰。坐井觀天，小見識，大心情。一介草民，衣食不濟，而全球在胸，便也就忘了自己還是草民。其情其形，類似如今調侃之「地命海心」。從而，大時代，大心情，個個覺得必須擔當大事業，其實，恰為古今中外一切讀書人的通病。還有，凡夫俗子，不論貴賤，一旦聚集，成堆，廣場效應發作，便容易虛驕。顯山露水，前提是有山有水，否則便是出醜露怯。你看現今那些叫做什麼什麼二代的，要錢有錢，要勢有勢，呼風得風，喚雨是雨，頭頭是道，沾沾自喜，儳言「能力之外，一切等於零」，好像舍我其誰，其實，一堆凡夫俗子甚至酒囊飯袋而已，是同一個道理。

畢竟，一時代有一時代的問題，一時代有一時代的苦痛，從而，一時代有一時代的思潮，一時代有一時代的擔當，一時代有一時代的解決方案。當此之際，父子皆兵，兄弟上陣，各拿兵器，該出汗時就出汗，該拼命時就拼命，不要窩裏鬥，不要妄自菲薄，也不要偷奸耍滑。臨到頭，流汗出力，甚至流血送命，總得上，總要解決。否則，受氣挨打，認慫完蛋。所謂「80年代」，其學風與士氣，不僅是先知覺後知，先覺覺後覺，而且，藉此互動共振，造就出一個時代氛圍。凡夫俗子，販夫走卒，同樣裹挾其中，摩拳擦掌，「此生有盡願無盡，心期填海力移山」。此即「民情」與「風氣」，驍驍然，突突然，不用繞半天，勞煩借用托克維爾（Alexis-Charles-Henri Clérel de Tocqueville）評點北美新大陸的話來講。

毋寧，徑直借用美國哈佛大學法學院鄧肯・肯尼迪（Duncan Kennedy）教授，這位曾經的批判法學主將，在回憶自家青春時代的話來說就是，「但請記住，我那代人可是習慣於咆哮和怒吼！」

所以，自始至終，我們這一代人，正好比你們長一輩，說優點是似乎始終秉持理想主義，一開始就想解決這些大事，國家往哪裏去啊，社會該怎麼治理啊，公共權力必須謙卑受約啊，人生要往上提升啊，舉舉大端，鋪天蓋地。缺點呢，就是想得太大，志大才疏，雖說用功，卻無導引，有問題意識，無學理支撐，更無細密深刻、周至圓恰的理論體系，而終究無所建樹，難以超越，更不敢說「追求卓越」之類的話。學之不足，也就是功力不夠，徒有體力、心力與願力，雖說總有所補救，但終究無濟於事。過渡性人物與時代，用在此處，可謂至恰，不是自謙，毋寧自況耳。要是連此自知之明也無，那就真叫做個懵懂躁妄了。

　　是的，今天看來，雖說真誠，但討論方式有如侃大山，昏天黑地，席天幕地，大而化之，總不是個事。而激情澎湃，動不動聲淚俱下，也是優劣俱現，一則以喜，一則以憂。功力、情懷、視野格局、技巧方法，朋友，你說缺了哪樣行？缺了哪樣都不行。總之，我們這批人，「知青蜀黍」與「河殤蜀黍」[1]，讀書用功，廢寢忘食，但就學思發育及其體系化而言，只是個開頭，囫圇吞棗，有待後繼者發揚滋長。現代漢語學術積攢折騰到今天，若自新文化運動算起，大約六七代，也就才百把年，混到這一步，不算太差。家底子就這麼多，積養不過如此，因而，後繼者想要超越我們，也要下大力氣，吃苦耐勞才行。

　　我們這輩人中，很早就僥倖有機會出國深造的那一批人，後來各有造化，逸出此轍，情形彷彿略有不同，同樣優劣俱現，又當別論。

---

1. 編按：「蜀黍」是網絡諧音用語，指叔叔。

牟宗三先生曾著長文，記不住具體題目了，只記得牟先生品章先賢，褒貶同輩，力揭「學」之不足，無以致思。「無學以實之」，雖大儒奮發有所為而難為，可能，終究無所作為。其間不僅指涉梁漱溟、馬一浮、胡適之、馮友蘭和陳寅恪諸先賢，以及毛子水、任繼愈等同輩，而且直説乃師熊十力先生，光是嚷嚷「千元性海，體用不二」，太籠統，沒用。語多尖鋭，其辨識判教，「正説」、「正解」，亦可有誤，但事情擺在那裏，道理並沒錯。錢穆先生亦曾作文，談及讀書治學要靠「智慧」與「學力」兩項。前者天賦，不可強求。後者自助天助，全賴流汗流淚，好自為之。深根甯極，方能返本而開新。兩位先生，均為大家，但着眼點不同，語氣文風亦且迥異，然掃視炯炯，洞若觀火，點撥通達，直言而無諱，則一般無二。

　　經年磨礪，總會發現，拋開善惡，人性其實包含二柄，一為心智，一為心性。它們總綰分疏，同源異流，象殊理同，體用不二，在此冥冥中掌控凡間。我們大家既為肉身凡胎，受其框限，為其羈絆，便都掙脱不了。縱然不服，與命運抗爭，「窺測方向，以求一逞」，可任憑打滾翻騰，使盡吃奶的氣力，其實，還是在此框框裏。

　　此為宿命，也就是性命所在，運與勢，皆不管用，奈何。

二柄

　　那麼，什麼是心智呢？大約就是智商，量度人的感悟認知能力與思考解決問題的能力，以及決斷的意志力，其之有無、高低、厚薄與強弱，乃至於優劣，等等。但是，又不完全等同於智商，論內涵，論外延，似乎較智商這個概念所指更為深廣，也沒那麼絕對工具機械的性質。

就此刻語境而言，心智具有先天命定的含義在內。就是說，人生下來，天造地設。雖說眾生平等，但卻心智差等。前者旨在倫理宗教意義立論，也是在法政意義上為個體立命。後者表明心智純為自然機體使然，例屬生物意義上的。縱然後天開發，有所助益，甚至大有助益，但根本來看，無濟於事。刻下年輕父母相信智力開發之說，花血本，拼性命，令安琪兒彈琴畫畫，運動遊學，這邊「樂高」，那邊「奧數」，真是可憐天下父母心啊！

其實，通常世態，芸芸眾生，大家心智差別不大，大哥二哥麻子哥也。偶有超常，益且不彰。但是，若果為利益驅使，而集中於特種行當，例如華爾街投行或者律師事務所，則冠冕堂皇外衣之下——現代商業倫理及其法政安排恰恰為此裝配了一整套冠冕堂皇的衣缽，用法制或者政治這件外衣，將隨時伺機橫絕而出的巧取豪奪之心包裹得嚴嚴實實，光華萬丈——高智商叢集，嘯聚成群，遂狼狽為奸，興風作浪，為善為惡，端賴心性，要不然，終亦必害莫大焉。不妨說，無論是在商業倫理抑或生活倫理而言，現代投行律所，多為奸宄之徒。此為必要之惡，沒轍。

由此伸言，正因為心智差等，才更需要呼喚眾生平等，而以倫理之堤遏遏才智超群者挾智營私之狂濤惡浪，用法政體制的平等安排確保眾生無虞，而首先是弱者的生存和安全。這是我們這個物種之為一種道德存在的優勝所在，也是好歹這個叫我們多所留戀的人世間的一絲溫馨所在，更是判別一個社會是否良善可欲的底線倫理所在。

但是，縱便在倫理與法政意義上肯認眾生平等，也無法掩飾心智差等、造化不公這一殘酷現實，更不能硬性拉齊，「一刀切」，阻礙木秀於林。於是，蒼天厚土，如何平衡，怎樣兩全，使得對於良善人生與優良政體的追求，遂成政治的永恆目標，

也是人生的最大苦惱。而是否良善人生與優良政體，衡量標準之一，就看它們是否照顧體恤弱勢群體，盡力給予弱者以平等的關切與尊重。

一方面，你看現在中國都市的建築工地和富士康的工廠流水線上，務工的多為來自鄉村的青壯年，所謂「農民工」，他們構成了當下中國「新工人階級」的主要組成部分。在城鄉二元體制下，失利於起點，他們多半失學，換言之，喪失了獲得較好開示、啟蒙的受教育機會，從而喪失了展示揮灑心智與心性的更為廣大的可能性，而早早踏入體力勞動者大軍行列。先天缺乏或者喪失了提升社會階層的競爭力，只能掙扎在低端行業，求溫飽，求生存。濁世蒼生，兩個多億「農民工」，其間該潛藏着多少未來的錢學森、華羅庚和愛因斯坦，或者朗朗、姚明與馬勒當拿（Diego Maradona）。這說的是有無機運，特別是受教育的同等機會，決定了心智能否獲得開示開發，從而影響和決定了個體一生的命運。

另一方面，雖說有無機運、是否獲得同等的開示啟蒙的環境，決定着一個人的命運，但是，若果置身同樣的環境，同樣的機會在前，則比拼的就是心智了。也正是在此當口，你會發現，人比人，氣死人，不要比，比不得。例如，同是學習數學，我大不如女兒。不是不如，而是根本不在一個量級。她比我聰明，絕對比我聰明，這是沒辦法的事，同樣天造地設，爹媽給的。如同彈鋼琴，沒有天賦，再用功，累死累活，也白搭。你看如今那些爹媽，迫着娃娃坐在琴凳上，安琪兒苦巴巴的，哭兮兮的，我看着就很心疼。既為他們心疼，也不忍責備那些望子成龍的爹媽。雙方都難，難就難在不知這心智與心性，原是自家做不了主的。可不試一下，既不甘心，也不放心。於是，悲劇了，大家都悲劇了。

畢竟，昊天有德，一體同仁，眾生平等。在此，「只看成色，不論斤兩」。但天地造人，給予每個人的稟賦，對於每個人的安排，實實在在，並不平等。置此情境，動彈不得，只能各自聽命，盡心而踐性。雲泥之間，生民沒奈何，自求多福，老天爺給什麼就承受什麼，有時候只好用「人家投胎投得好！」來打發，既在自嘲，也是解脫，更是一種洞悉的智慧。要不然，自己跟自己過不去，難道盡拼命不成？《中庸》首章就說，「天命之謂性，率性之謂道，修道之謂教」，說明後天的教育啟發，所謂「教」，旨在開蒙、引導和涵養，由此而悟道，而知性命，但並非等於就能扭轉性命。戰天鬥地，不靠譜，最要不得。人定勝天，更是癡人說夢。知性命，常常意味着認命，以對於既有生命進程的豁然認可而主動結束自己向自己發起的戰爭，惻然，憫然，從而不再糾結，終獲超然。

　　就此而言，轉而言之，「心智」二字告訴我們，所謂「長相不重要」，或者，「出身不重要」，純粹是瞎話。用來勵志可以，當雞湯喝也行，但要真相信，就「圖樣圖森破」[2] 了。

　　我說這話，並非意味着達爾文主義及其生物決定論。毋寧，指謂特定歷史時空中，綜合條件和時代氛圍之於個體成長的重要性。並且，意在強調所謂政治德性與良善人生，就在於直面心智的先天差等，而突顯機會平等的意義，也就是美國法理學家朗奴・德沃金氏（Ronald Dworkin）所謂「同等的尊重與關切」之重要。正是在此，理想人間應為最大可能給予每個人以平等機會的正派社會，而將羞辱降到最低、減至最少。換言

---

2. 編按：網絡用語，是英文 "too young, too simple" 的中文字面音譯，意即太年輕，太膚淺。

之，在此社會，至少，可能也就是至多，讓好人少受點兒苦，叫壞人也不能太過得意。

除開心智，人性中還有一柄，叫「心性」。大而化之，相對於心智，不妨說，所謂心性是指個人的性情，關於興趣和審美的偏好，以及意志專注的傾向性及其敏感度，等等。莊子說「性者，生之質也」，孟子主張「心之官則思」，大意是從機能、氣質入手，辨別人性之心性之維，貫通的實為心性不二之旨。孟子更以「惻隱」、「羞惡」、「辭讓」和「是非」等心之四端，擴而充之，而成仁、義、禮、智之四德，形成所謂「四端七情」說，鋪陳的同樣不外是此間曲折，而更上引至德性、德行的倫理形上學。回頭細看，吾國哲思，至宋明理學，厥為心性之學，不僅論域宏闊，淵厚博大，而且至精至微，流派紛呈，橫嶺側峰，真是把人看得通透。比較而言，不妨說，此間積累蘊藉，古典漢語學思最為豐贍厚植，超邁各大文明，而有待申說，需要高人接續用功，往深處抉發也。

往小裏，就個案來看，論其個體特徵，如剛才的兩位同學，還有前面那位女生都講到，自己對法學興趣不大，而對歷史文化人文，其情節，其變遷，其背後的情趣與心思，特別是興衰存亡所彰顯的時代脈絡，機運性命，卻興味盎然。抑或，不喜歡「傳媒專業」，反更樂意於學習法律。凡此兩種，情形相反，而相反相成，說明了什麼呢？其實，活脫脫道出的就是一己性情，一種興趣、注意力與意志關注力的傾向性，而有此好惡親疏，而有此吐納迎拒。心性不能自已，導致心智上感知體會到自己對於它們的興味高低，從而，作出將其擁納入壞還是決絕捨棄的決定。未來的生活道路與生命質量，世俗的成就大小與成功與否，既取決於時代，也源自自家的心性，後者甚至是更為直接而核心的因素。

「時勢比人強」，講述的是時代的裹挾性。「性格即命運」，說明了主體先天質素於此具有的決定性意義。兩句話都有道理，分述隱情，各講一面，合起來，才能大致描摹出時代與心性之於人生意義的完整圖景。

　　你想想，要是不幸從事的職業不合心性，縱便「出人頭地」，可興味索然，甚至倍感壓抑與痛苦，又有什麼意義呢。許多文豪巨匠，包括德國詩人海涅（Christian Johann Heinrich Heine）、德國作曲家舒曼（Robert Alexander Schumann）、芬蘭作曲家西貝流士（Johan Julius Christian Sibelius）和俄羅斯作曲家柴可夫斯基（Pyotr Ilyich Tchaikovsky）、法國藝術巨匠塞尚（Paul Cézanne）和馬蒂斯（Henri Matisse）及徐志摩，均因心性不合，而從法學院逃逸，終成善果。雖說所有能夠稱之為「工作」的行當或者事情，都意味着某種程度的異化，因而，都帶有奴役性，都具有強迫性，如同學習一定意味着某種強制性與奴役性，不存在毫無壓抑的「快樂學習」，但畢竟有所不同，甚至根本不同。因此，有幸選擇了一種恰合自家性情的工種，該是多麼幸運而美好！

　　拿我來說，做個教書匠，晨鐘暮鼓，書齋裏聽風聽雨，黑板前修齊治平，倒是恰合心願，頗感怡然。偶或厭煩，無意義感陡襲心頭，心灰意冷，但畢竟稍縱即逝，而終究甘之如飴。否則，讓我去跑生意，或者，做行政，也許增收幾文，多吃幾頓山珍海味，但真會如坐針氈，一天都忍不下去。這兩年，間有少數官員，棄官不就，混跡於我們教書匠這一行，就在於他們感到「不適應」官場，對於那一套官場文化，深惡而痛絕。非要忍着，硬撐，心情不爽嘛，所以半道改行！其間無他，除開時代因素，恐怕蓋因心性不合，與自己的價值取向衝突。由

此可見，心性連貫於價值觀，正呼應了心性不二之說，印證了上述孟子的心性倫理形上學。

進而言之，有的人心性主要傾向於抽象思維，有的則津津樂道於具體世俗現象的觀摩推敲。還有的人比較奔放激越，傾向於形象思維的藝術層面，主要用右腦。那邊廂，另有些人，其心性偏愛條分縷析，秉賦一種對於規範世界的感悟、把握和解析能力。就我們這一行來看，搗鼓規範主義法學和醉心歷史法學的，可能心智無別，而心性就彷彿南轅北轍，不啻會計業務與鋼琴家生涯。當年奧大利經濟學家米塞斯（Ludwig Heinrich Edler von Mises）在回憶錄中縷敘同道行誼，指謂德國政治經濟學家馬克斯·韋伯（Max Weber）和德國歷史學家盧都·哈特曼（Ludo Moritz Hartmann），他們二位，「熱烈的性情最終戰勝了哲學上的焦慮，促使他們投入到了政治活動的領域」，說的就是心性對於心智的影響，進而，導致行為進路和生活方式的異同。[3]

至於先天秉此傾向之後，能否專心致志而強毅力行，以及將此傾向專注於具體哪一方面，則又關涉另一概念，所謂「心志」，以及類如心力、願力這類範疇，而牽連上了社會歷史道德內涵，允當別論。

本節前文曾經提及「新工人階級」，事關當代中國的社會構成、長久穩定與全體國民福祉，特別是國之隱痛，在此不妨多說兩句。說來吊詭，伴隨着 80 年代億萬「農民工」進城務工，90 年代的城市工人下崗，以及城市擴建過程中依賴拆遷而形成的新食利階層，曾幾何時，作為「工人階級」的那個城市群體消失了。代之而起的是沒有城市戶籍、註定只是城鎮暫住人口

---

3. 參詳【奧】路德維希·馮·米塞斯：《米塞斯回憶錄》，黃華僑譯，上海社會科學院出版社 2015 年版。

的「農民工」。細看今日華夏，他們構成了產業大軍的主力，蔚為「新工人階級」。幽冥的礦井、灼熱的轉爐和密麻麻的流水線上，無處不是他們的身影。可是，雖為「新工人階級」或者「新市民」，卻有如無根浮萍，例屬二等公民，既無組織化存在的可能性，也就無任何議價能力，從而，終究是一個呼之即來、揮之即去的虛渺存在。一遇經濟危機，或者，老弱病殘，不再具有勞動力，輒令其返鄉，也只能返鄉。在經濟學家沾沾自喜的眼中，農村遂為勞動力的「蓄水池」，蔚為所謂「比較優勢」呢。

諸位，晚近中國的經濟成長，原因眾多，其中之一，就在於消解掉了所謂的「產業工人」，而憑空製造出這一代之而起的億萬「農民工」，結果一石二鳥，屏蔽了勞資對抗的組織體制，而使資本盤剝暢行。同時，利用城鄉分治的便利，令權力的管束如臂使指。兩相結合，造就了今日的繁榮，並遺留下無邊的隱憂。

茲事體大，暫且不表，接着談二柄。

不是畫畫的料子

拿我個人來講，至 1979 年清明節，此前大約六年左右，起早貪黑，主要心思和精力都花在畫畫上。無師承，無觀摩，靠臨摹印刷品的粗陋畫冊，偶爾到手的幾本美術雜誌，就幻想「做畫家」，吃藝術飯，雅稱「學美術」，真叫白日夢。

貧寒子弟，居僻壤，心飛翔，俯仰天地，也有藝術夢，無分古今中外。細數下來，除了齊白石，多半只能是白日夢。而但凡做夢，就會有夢醒時分。那時節，惆悵風冷，寂寞星寒，蕭瑟人間，時光消逝如流水，只好想開點兒，善自打發了。該

做工，做工；該流浪，流浪；該頹唐，不妨頹唐。還有的想不開，一命嗚呼，又有什麼法子。

你看那位流浪漢，衣衫襤褸，蓬頭垢面，踽踽獨行，一眼瞥見路旁店裏一架鋼琴，不自禁走進去縱彈一曲，如醉如癡。黑白交錯，十指浮沉，這清冷人間，炎涼世態，一剎那，也彷彿隨之暫拋腦後。可能，他就曾經做過藝術夢，恍兮惚兮，而終究未能圓夢。次第風雨，何苦匆匆，乾脆長街安家，天地為憑，洒家不玩了！該流浪，就流浪，流浪漢選擇的是解放，而非自由。

朋友，藝術是個奢侈品，普通人家子弟，首要解決生計，輕易不要玩這些家什。那點兒藝術衝動，不論真有才還是貌似有才，忍一忍，就過去了。更何況，縱有才情，既無階梯，亦無奧援，也是白搭。有錢有勢的，他裝神弄鬼，瞎塗黑抹，叫藝術，也不過自欺欺人，你看在眼裏，笑在心裏，不要跟他比。至於如今先富起來的，盆滿缽滿，獨女一枚，卻還要壓抑天性，愣迫安琪兒退音樂學院，進商學院，讀 MBA，也實在太無趣了。你家財億萬，有本事這樣做，其心可憫，可擋不住伊人抑鬱，最終抑鬱的是你自己。事已至此，掙錢再多，你老兄說說，又幹啥子呢？！

這次第，如古人所詠，「寒來暑往何時了，世故催人老……落葉西風一夢，熟黃粱。」

話題收回來。當年音體美三個專業，每年招考，大概二三月份。春節前後，把自家的素描作品小心捲起來，按照郵址，寄到報考的美術院系，約莫一兩個月後，就會收到一份通知。如果他們認為閣下作品不錯，屬可造之才，就通知去覆試。否則，接受完蛋的結果。後來年長，交際多了，說起當年事，有

人告知，是否通知面試，如同是否錄取，也有許多的講究，不完全是作品說了算。我半生教書，位居大學最底層，從未一日做過行政，對此直到現在還是半懂不懂，更不會去費力琢磨。就平凡個體俗世人生而言，減免傷害的最好辦法，就是視而不見，就是遺忘，做聾子，當啞巴。

這是後話，暫且不表。單說生在窮鄉僻壤，卻心比天高，結果不免就是命如紙薄。從 1977 年到 1979 年，連續三年，應考美院，結果，一年比一年差。屢戰屢敗，心氣耗盡，從此自卑，外加一點兒憤懣。小女長大了，平日在家，有時調侃乃父，彷彿自言自語：「你個美院落榜生，還怎麼着？」然後得意洋洋，大鳴大放地觀看乃父的反應，以為一樂，而激發共樂。置此情形，仔細尋摸，這是什麼問題呢？這便用得着「心智」與「心性」二柄來作分析的概念工具了。就是說，不是我的心智太過低陋，所以然哉。而是心性不合，有以然哉。缺此秉賦，不等於一切皆缺，只是於此領域不行而已。而在此領域不行，也許，在其他方面倒有天賦，亦未可知也。

就像人生是一場接力賽，有若干比賽段落，第一棒落後了，不打緊，後面追趕就是了。就算每一棒都慢了，也不要緊，最後到達終點就是了。

這樣一想，慢慢地，漸能心平氣和地對待自己，這便發現，我對外在形象的感知，在造型塑形這方面，有心無力，有力無心，的確愚笨，不適合，而不適合就是不適合。面對天地的安排，先驗超驗，你別作，再作也沒用。所以，當年興頭正濃時，有緣見到陳永鎮先生，請教之下，陳先生徑直相告，「你不是畫畫的料子」，倒也並不驚詫——並非沒有悲哀，而是直覺凡事命定，該當承受，已成習慣了。

且將那悲哀壓抑心底，抬頭看天，低頭走路，「肯落兒曹淚，一笑付滄浪」。

　　陳先生是省內小有名氣的畫家，專攻兒童畫，畫了不少小人書，連環畫。中等個頭，相貌端正。好像面堂黝黑，濃眉大眼，絡腮鬍子刮得乾乾淨淨，雙頰發青。那時節，也就四十上下，不知為何在縣鄉混，據說「犯錯誤」了。那年頭，動輒得咎，誰也不知道何時自己就會突然被告知「犯錯誤了」，因此，大家好像也不太在意。承王本松先生引薦，得見名家請益，三生有幸。於我這個貧寒子弟來說，蒙省上畫家指點，不啻開眼界，毋寧，具有「劃時代的意義」。時隔四十多年，回瞰這短暫的會面，不妨說，這是一次成功的會面，這是一次勝利的會面，這是一次繼往開來的會面。寫這篇文章時，專門上網用百度搜索了一下，得知陳先生依然健在，已然耄耋之壽也。

　　我很驚詫的是，為何自幼及長，每遇欺負羞辱，都不覺驚詫，既不喊冤，也不叫屈，承受而已。所謂打掉牙齒和淚吞，是不是就是這個意思呢？生民多艱，它的兒女早熟，逆來順受，包括默認加諸己身的一切，靠的是生命深處提示自己必須生存下去的那股韌性，其若遊絲，若有似無，可能堅忍不拔，也可能不知哪一天繃不住，唭嚓一聲就斷了。不是不知有人欺負自己，只是不多想，無聲承受而已。不到迫不得已，不還手。

　　因此，五年前發生的一件事，還是循此慣性前行。當其時，我逃脫一劫，術後上班，身形瘦削，走路飄飄蕩蕩。那天主持一個研討會，不亦樂乎。法學院一位同事，齒德略低，平日素無來往，更無學術交集，明理樓電梯口偶遇，當着我和幾位學生的面，不知為何，突然咆哮：「你不是癌症嗎？你開會呀，讓你早死！」可謂傷天害理，狼心狗肺，我卻沒回一句話，看着他，這個禽獸，默默忍了。

天若有情，無須我説話。天若無情，同樣無須我嘮叨。

聽音樂是一大休閒，一大享受，世間為數不多的真正純粹的享受。偉大的音樂家是救苦救難的菩薩。旋律起伏，不免心潮澎湃。樂聲悠揚，心隨白雲翱翔。暗夜獨坐，惟樂聲相伴，卻彷彿萬馬奔騰，風雷俱至。而無論沉鬱頓挫還是盪氣迴腸，勾連起的常常是宇宙洪荒的時空意象，密實而曠達。記得 1978 年抑或 1979 年前後，恰逢中學在食堂開全體師生大會。是不是開學典禮，記不得了。總之，是開大會。午飯後，會前，食堂的廣播喇叭裏傳來中央人民廣播電台正在播放的一首樂曲，旋律澎湃，音調激昂，撞擊心房，瞬時心潮起伏，熱血澎湃，彷彿巨人撼山，天震地顫，竟至一時間莫名所以地熱淚盈眶。後來知道，這就是貝多芬的《命運》。各位，中國在閉塞三十年後才又重開大門，她的兒女，有的人屆中年，來不及補課了，有的剛好豆蔻年華，還有望趕趁兒補課，不至太過荒廢生命，有幸感知我們這個星球最為美麗造物的心聲激蕩。

我們這個年齡，僥倖，那時候十六七歲，趕上了，跟着走。時代好，跟着走就有溫飽，甚至允許個性張揚。時代不好，愈有個性愈遭殃。當時我就想，如有機會學習音樂，也許會成為一個作曲家或者指揮家。可那年頭，革命呀，運動呀，批鬥呀，其實就是無情整肅，千載江山君王夢，大家勒緊褲腰帶支援亞非拉，饑腸轆轆，哪管你什麼心智心性。巨型時代大機器上，人人都是個螺絲釘，無名無姓、沒頭沒臉的統計數字。一旦絞肉機開動，轟轟隆隆，花花綠綠，包括司機在內，俱成肉渣，悉數插翅難逃。

有一年，李敖先生來清華講座，説季羨林先生「其實很弱」，云云。他可能知而不知，當其時，人生如螻蟻，敢活下來就算不錯，能活下來更是不易。

前此十年，2002 年 5 月間，美國法學家朗奴‧德沃金蒞臨清華演講，喟言「生命不能被浪費！」——什麼意思？無須任何闡釋，用不着那些繁瑣的「所指」、「能指」的念經賭咒，但凡經此時代，一聽就懂，牽引得心頭悸動。

偶然進了法學院

諸位，説來無趣，以法學為業，對我純屬偶然。今生此世，在法學院教書，以此為業，賴此養家糊口，歪打正着，實非初衷。

1979 年，清明節前，又一次美院落榜了。不是什麼大不了的美院，是被安徽省藝校給刷下來了。從中國美術學院往下考，一直考到層次最低處，結果分數最低，屢戰屢敗，算是沒救了。清明節，家父回鄉掃墓，眼看青黃不接，跟我説，都這麼大了，家裏不可能總養活你。要是再考不上，只能要麼學個木匠，將來混一口飯吃；要麼就只好去種地，是死是活靠天收了；要麼你趕緊把那破玩意兒給我收起來，準備今年高考。所謂「破玩意兒」，就是畫畫的那一套家什，框框板板，瓶瓶罐罐，自己野路子想當然七拼八湊的。

看得出來，家父這些話，早在心頭盤桓許久，算是臨了終於説出來了。為了説這些話，他肯定沉吟復沉吟，背地裏跟母親商量再商量。一忍再忍，眼看沒辦法了，這才開口。父母不忍孩子傷心，只好自己傷心。抑或，父母不懂孩子傷心，以為只有自己傷心。

那時節，不分天南地北，大家依然半饑半飽，同樣，也還是觳觫立世。

如今家父墓木已拱，不用再戰戰兢兢過日子，而我也只能在文字中跟他聊天。「司馬子云，孔丘盜蹠，到了俱塵土」，況我億萬凡塵。

自幼及長，沒少見過做木匠活的。既是技術活，又是體力活，非心靈手巧不能為，非壯丁不可為。受僱人家，從早到晚，雖然有吃有喝，但是，每天長達十來個小時的活計，不遑稍息，太累太苦，還有點寄人籬下的流離感，委實滋味不好受。畢竟，一般人家請木匠師傅上門幹活，總得好吃好喝，否則他不給你好好幹活，到頭來損失的是自家。如果去種地，同學們想想，直到今天，中國還是兩種人最辛苦，一是中小學生，一是農民工，可能，農民還不如農民工。更何況，那年月的農民，不是嗇夫，毋寧，形同奴隸，就我眼光所及，多數食不果腹，衣不蔽體，卑微不如螻蟻。極權政制城鄉二元體制下，公然利用剪刀差血腥盤剝，中國農夫所遭受的苦難，可能是這方水土亘古以來最為酷烈的。君若不信，請曠野佇立，靜夜聆聽，那饑寒交迫中凍餒而死的數千萬冤魂，至今輾轉泥塗，他們呻吟，他們哀號。

所以，想都不用想，一咬牙，準備高考吧。

從四月中旬開始，複習，到六月底，花了兩個多月，僥倖考上。身居僻壤，也不知道外面的世界究竟什麼樣，都發生了些什麼。實際上，前工業時代，絕大多數鄉民，終其一生，生聚作息，半徑不會超出二三十里。勞生息死，硬撐，就在那方水土，真正的自然之子。由此形成的熟人社會，知根知底，溫柔如土，尖銳若刺，好壞皆在其中。所以，當其時，老師怎麼說就怎麼學，老師怎麼講就怎麼備考，自己啃書就是了。遇到好老師，一輩子幸運。否則，連自認倒霉的意識都沒有。而且，翻來覆去就那幾本書，敲門磚，能有多少含量。考了就考

了，趕緊畫畫。分數下來，還行，但不敢報好學校。亦有甚者，「家庭成分」不好，左顧右盼，依然戰戰兢兢。

教師與教育之重要，緊要到一言一行，可能改變受教者命運。但那多半是時過境遷，老師墓木已拱之際，這才突顯出來。因而，也就只剩緬懷，或者徒自感喟了。

打從中學起，隱壓不住的青春躁動，對於生命天然而生的反抗，對於包括課本在內的一切現實的強烈反感，與接受一切訓誡、咬牙默默承受的自我規訓，時常扞格，劇烈衝突，導致每每動念以自殺了結。可能別的記不住了，但活着沒意義、不想活這種心理感受，現在回味，彷彿依然是剛剛發生、正在發生的心路歷程。今天寫作此文，走筆至此，我想提醒天下父母，孩子年齡雖小，可苦惱同樣劇烈，切不可漠視，更不可以「小孩子懂什麼」隨便打發。

其間，許多緣由與我的「家庭成分」脫不了干係。說到我的「家庭成分」，或者說，我的父母在彼時彼刻的社會政治定位，我在「坐待天明」一文中有所交代。那時節依然有「家庭成分」一說，而法律政治專業例屬「保密專業」，據說需要「又紅又專」，後來更知道有「槍桿子、刀把子」的口徑，所以，高考結束填報學校和專業，也不敢報。教導主任和幾位老師說，你呀，根據你家成分和你的情況，不要報重點大學，報個一般大學的中文系吧，不然，就上歷史系吧，這兩個系都沒啥階級性，估計「政審」不會卡。其實，「利用小說反黨是一大發明」，以及「語言從來都是為特定階級利益服務的」，這些 20 世紀極權惡魔的話，彼時彼刻，言猶在耳。今天，一晃三十八載春秋已逝，回頭一看，我還真挺適合這兩個專業的，但當時哪裏知道呢？！

話說這位教導主任，自家孩子也參加高考，設法從縣城抑或省城買到了幾種複習參考資料，以為階梯。彼時這種資料寥寥，農村學子聽都沒聽說過。誰手上有幾冊這樣的書，相當於今日世界國家之有原子彈。他告誡貴子千萬不要讓其他同學看到，結果那小子顯擺，大家還是知道了有這種書。只是耳聞，無法目睹，也算長見識。後來，好像幾年下來，他的兩個男丁居然都沒考上，而且，愈見其隳，父母心血白搭。我那時聽說，心裏覺得挺舒服的。

我就想，讀中文系、歷史系，將來幹嘛呢？能養家糊口、報答父母嘛？終於要填報高考志願了，那天，教導主任和幾位老師帶着我們分數夠格的學生，為數不多，在一間教室開會，商量填報志願的事。主要是老師們合計，幫學生拿主意。於是有上述那些關於歷史系、中文系有無階級性的話。桌上攤張報紙，大概是《安徽日報》，登有當年的《招生簡章》，收列了在皖[4]招生的高校名錄。一方面，我對突然一轉身成為好人，居然能夠參加這樣的會議，跟平時見我總是惡狠狠的教導主任同處一室，還有些不適應──須知，他們可是從來不曾正眼看過我的呀，要看也是惡狠狠地審視，或者，鄙視。另一方面，我對大部分老師，心裏並不接納，甚至，深惡痛絕，故而，心不在焉。

懶洋洋，斜眼掃視，看到報上列有幾個學校，隱隱約約，一是「西南政法學院」，一是「北京政法學院」。當年分重點大學和非重點大學，前者是重點大學，後者則非。再仔細偷看，「西南政法學院」，後面還有幾個字，彷彿寫明校址位於重慶「渣滓洞白公館」。

---

4. 編按：即安徽

想到這地方遠，遠離這個居民齷齪而滿懷敵意的小鎮，為何不去那遠方呢。遠遠的，今生四海飄蕩，我不認識他們，他們也不認識我，無罣無礙，多好。少年，不更事，「屠羊，屠娜姨巫」。但是，的的確確，哪怕如今人到中年，我依然還是要說，小鎮不曾給過我任何溫暖回憶，哪怕一絲一毫。自幼及長，所見所聞，都是人心澆薄，饑寒交迫，環遭醃臢。除開鬥爭與運動整人，就是民俗惡劣，人心不古。所以，我確信，堅定確信，今天愈發確信，天下黃土都埋骨，人在哪裏，哪裏就是故鄉。而且，「生命始者，今日是也」。

　　長話短說。結果，偷偷摸摸的，就在去隔壁交表的這兩三米的空當——從這個教室門到隔壁教室門，中間有那麼幾米的距離——可能，就一兩米吧，生怕被看見，把志願單，那種薄薄的紙片，貼抵牆皮，趕緊在重點大學一欄寫上六個字，「西南政法學院」。於是，雷公地母啊，有了九月初，那個初秋，生平第一回四天四夜的長旅。黎明啟程，穿過平原，跨過高山，鑽過關隘，長程更短程，行行重行行。這才知道，祖國山河壯麗而蒼涼，生民恢弘卻如螻蟻。人畜世界，滿目瘡痍，我們是自然之子，天造地設，無所逃遁。

　　這樣看，人的命運十分偶然，實實在在，我們都是蝴蝶效應下所謂的“Mr. Nobody”，微不足道。若非責任概念，也就是起自養家糊口、報答父母這些念想而油然升騰的責任感，賦予人生以尊嚴，這肉體裝點的身體，這身體託付的生命，實在就是虛無。而所謂命運，基本含義就是偶然，一連串的偶然的糾結。偶然的盡頭是必然，叫死亡。怎樣死亡，何時死亡，連自己也做不了主，只能交由偶然，還是要聽命於偶然。尤有甚者，如同一種主義之宣諭，死亡之必然，使得生命這個概念本身成為一個笑話。當此之際，什麼「追求卓越」，什麼「成就自

我」，冷酷的功利主義者的冠名堂皇大詞，也是不明所以者的自欺欺人，除開扯淡，還是扯淡！

直到現在，也搞不清楚學習法科對我究竟是否適合，自己是否對得住這門學科。但是，這門學科無法提供心性之需，無趣無味，卻是一開始就感受到了的。豈止感受，直是一種強烈撞擊心扉的明確體認。可能，有這種感受和體認，也與教授者的無趣無味有關。那時節，以中國之大，法學師資情形堪憐，實非今日所能想像——再說一遍，實非今日所能想像。而且，「大江南北，長城內外」——借用當年的流行套語，所有法學院，無論哪一所法學院，無論「京內京外」，例皆如此，無有例外。

此外，還與法學之為一門學科的屬性特質有關。

為什麼這麼講呢？在此，略須鋪墊，從頭講起。

畢竟，人生一世，肉眼凡胎，起居塵間，徜徉四顧，走一趟，不外乎「生死兩頭，天人之際」。從空間來看，我們生活在天人之際。從時間來講，我們徊惶於生死兩頭。就一己身心而言，這便是宇宙，蒼茫寥廓，卻又幽冥隱微。既然身心在此，生死之際的中間場域，這樣一種既定的初始條件下，則吾人必難避免宿命與困惑，而終究引發一些思考，甚至嚮往超越，怔忡而決絕。於是，靈肉衝突，肉體不聽身體的話，身體不受心靈的規訓，靈魂出面調停，要約束它們。而且，靈魂有時也不聽話，時刻想要掙脫身體，再擺脫肉體。可無論肉體還是身體，本身自有規度，總有極限。於是乎，生死問題終究突顯，愈往後愈突顯，直至有人，「不得已，忽分飛」，以自殺來了結。

說到底，個體的存在是一個不斷向死的過程，打從娘胎出來，萬事難定，唯有一事是肯定的，其他都是偶然的。這件

事不是別的，就是早早晚晚，你一定會歸於塵土。大白話，太陽底下無新事，但於每一個體而言，都是新鮮事，真要切實體會，須要付出漫漫生旅，直至性命。

但是，如前所說，生存於死亡之旅，其時間、地點和方式，還是要聽偶然的。在此蒼冥，你是宇宙的工具，不是目的。只有當自我意識萌發，才有人之為人的主題和主體的叫囂。太過叫囂，便又走向反面。正是在此，恰恰法學無法回答，也回答不了這些問題。而我這個法科生，天天縈迴腦際的偏偏就是這些。這便是學科屬性特質與自家心性之扞格不鑿帶來的苦惱。因此，這才有轉系轉專業轉行之舉。對此容忍，甚至積極創造、提供必要條件，於公於私，不僅可能，而且必要。縱便認定一個專業與行當，終其一生，也可能隨時調整研究方向，而終以熨帖自家心性為宜。當然，做到這一點是幸運，做不到是常態。

所以，值此情形下，大學四年，碩士階段三年，對所學課程，只有聽天由命的順從隨大流，根本談不上任何興味。只不過兌現讀書混個飯碗這一生存希望而已。尤其是極少數教員和學生幹部，資質窳劣，雖當時，也能察覺，益增反感。

家國天下，一旦斯文掃地，文脈斷裂，再找回來，接續上去，是多麼的艱難。

諸位，當年魯迅先生說，人家生孩子了，來客賀喜。有說這孩子將來大吉大利，竭盡恭維，賓主皆歡。有說這孩子將來必死無疑，形同詛咒，實在不該。之所以不該，就不該置此場合，雖為實話，可是違和，不吉利，無論是在禮儀還是倫理層面，均形同畜生。我見過這種畜生，高學歷，高職稱。轉借此意，只想說的是，天人之際，生死兩頭，茲事體大，無論順逆

禍福，一不小心，它們就會作為問題，一種對於存在本身的永恆焦慮，尖銳鑽心，如鋼針般刺入心窩。而且，時輪流轉，更會成為一個事實。這時，你就會真切地聽到心碎的唭嚓唭嚓聲響了。

是啊，生是偶然，死是定數。被拋到這個世界上的偶然生法與基於自主意志而決絕自我了斷的死法，迥乎不同，但都源於生命意志。前者意味着身體的創世紀，後者才是生命的加冕禮。普天之下，人類是唯一會撒謊會自殺的物種。拿刻下中國來說，每年有那麼多人自殺，為什麼？就人口分佈來看，一是青年婦女自殺多；二是老人，尤其是孤寡老人或者困苦無依的農村老人，以「（上吊用的）繩兒子」、「（農）藥兒子」和「（跳）井兒子」三子了結；三是處於奮鬥期的青年，包括每年數目不詳的大中學生，將自己的生命定格在青春年華。農村留守婦女、生活困苦的老人和奮鬥期的青年，是中國刻下自殺率最高的風險人群。他們為什麼要自我了斷呢？可能，人生的困頓與現實的難題，如山一般，橫亙眼前，深感熬不過去，實在忍受不了，絕望了。生存既已無趣，頓覺生命虛無，遂以結束生命的方式與世界打一個平手，而向生命致敬。

就是說，「行了，老子服了，走人！」

可能，世間男女，一生之中，許多人都曾萌發過自殺念頭。只是，有的下手了，有的沒下手，或者，下不了手。生命之美好與脆弱，懸吊吊的，端在一念之間。畢竟，昊天有德，生命多愁善感，而生計無情，人與人之間有時如狼似虎。網絡用語「在這個無情的世界裏深情地活着」，說起來容易做起來難。我們凡身肉胎，絕大多數，平凡如螻蟻，遭遇恨愛情仇，尤其是不公與背叛，又尤其是愛情的背叛棄絕，兒女親人的無情無義，想到沒處想了，生趣既無，心碎了，只好自我了斷。

諸位，捫心一想，顧影自憐，小試芳菲，醉裏憑欄，是這樣嗎？難道，不是這樣嗎？

除開生與死，則禍福取捨、義利之辨，還有進退出處，凡此關乎我們生活基礎與基本意義的問題，同樣必然會在一己生命中引發激盪。此時此刻，你就會發現什麼東西最能撥動你的心弦，什麼東西讓你流連忘返、廢寢忘食，乃至於捨生忘死。就是說，什麼是自家最感興趣也最難忘懷的東西。

於是，遂有取捨之間的煎熬與決絕。

不要跟自己為難

回到心智和心性這個話題。當其時，我一看刑法類書籍，就頭疼。不是頭疼，是無趣，知識論意義上的無趣，徹底的絕望的無趣。掩卷擲書，不免驚訝，這叫做刑法學的，可是一點學也沒有呀，當然，更是毫無任何思想氣象。看不下去，不等於刑法學就不是學了，只是想說，其與自家心性是如此鑿枘不投。而直覺其太過淺陋，道出的是它不符自己理論要求和思想預期的事實。那些標明「刑法學」的文本，實在說，不過是一種工具使用說明手冊，外加「專政」、「懲罰」和「打擊」這類意識形態行頭而已，談不上多少學理。尤有甚者，等而下之，不過刀筆師爺那一套。可是，既然毫無生趣，也了無意義，而從業者長年累月，終其一生，在此打轉，實在叫人佩服其 —— 借用當年的一個說法 ——「專業思想牢固」。的確，缺乏有關人類尊嚴的理念，了無對於社會和體制的批判意識，這套刀筆師爺的巧智機心，巧則巧矣，機則機矣，怎可能吸引上等心智呢？

本科二年級上刑法學課，幸運有兩位老師，伍柳村先生和趙長青先生，學問好，口才也不錯，把個乏味的東西講得頭頭是道，掩飾了學科本身知識含量不足和理論思想性闕如的尷尬。因而，閱讀規範條文所歸納羅列的人類越軌行為，其形態，其後果，其評判，居然興味盎然。後來才明白，此乃純然對於案情的好奇，進而是對於這個物種及其棲居的社會百態的好奇，看過了，如同風過耳，不會也用不着再看第二回。畢竟，它們本身並無多少知識含量，世世代代，陳陳相因，一種機械性的羅列與歸納，只適合較低心智從役其間。後來碩士階段讀的也是刑法專業，便懂得它們不僅沒有多少知識論內涵，而且面目可憎了。特別是當年的所謂「刑法學泰斗」蓆講，開口「專政」，閉口「鎮壓」，彷彿陳年陰溝裏爬出的蟾蜍，令人渾身起雞皮疙瘩，愈發堅定了我的直覺和判斷 —— 他哪裏是讀書人嘛，也確實沒讀過多少書，簡直一個打手，毫無反思能力的跟屁蟲與是非錯亂的絞肉機上的零件。

　　重複一遍，實話實說，其知識和理論含量太低，實在無須耗費高貴心智。這個學科涉及的知識邊緣就這麼大，所處層次就只有這麼高，你的心智和心性往那兒一放，它裝不下你。相當於什麼意思呢？這麼說吧，你巨量投資一個礦山，但礦藏有限，不過兩年就採完了，再挖下去只剩渣土。而富礦不然，蘊藏浩瀚，幾十年採不完，甚至幾代人也採不完。其間軒輊，大致是這麼一個道理。又好比說，紮風箏，到一定境界就差不多了，你不可能把風箏紮到月亮上去，那還得是宇宙飛船的活兒，對不對？相反，若是探索宇宙起源，諸君，那沒個盡頭啊。就像人類追索生命意義、探尋人生價值、討要活着究竟是為了什麼，它們是些什麼東西？這才是無盡藏，也是無底洞。

朋友，此身有盡，此生有限，而生死無涯，天涯無處覓嘛，要求每一代人接續拷問，從而，人人面對，代代相續，世世重溫，構成了一個自我啟蒙的永恆事業，永無盡頭，永無盡頭，永無盡頭呀。除非人類滅亡，否則，存續一天，就得面對一天，就會存在希望與幻滅的艱險，追求與失敗的挫折，以及靈肉、理慾的糾結。這，才有意思，可能，也才有意義。

　　在此語境中，同學諸君，「心性」一詞多半狀述的是你的脾性、旨趣、志趣、人格特質、心理傾向、價值取向、情感表達方式等等，它呈現何種特質，會往哪個方向發展，展現出什麼品味、品位、品性和品行。

　　屢見不鮮的是，同一環境中的兩人，哪怕是骨肉兄弟，心智同等，但心性迥異。此君天生音樂家，為旋律而生，彼公註定擅長搗鼓瓶瓶罐罐，是一位化學家。那邊廂呢，佳人獨立，卻為人類德性的晦暗而光輝所苦痛，尋尋覓覓，成了哲學家，或者，高僧大德。還有一位，獨獨於電焊情有獨鍾，焊花四濺，便手舞足蹈，好像是材料學的料子。

　　你看，胡適之先生與金岳霖先生是同輩人，齒德相若，均為留美學生中的佼佼者。天縱聰明，允公允能，而致思進路與人生軌跡，兩位先生，就頗相異趣了。龍蓀先生就讀政治系，可天稟哲思。所著《論道》和《知識論》，尤其是後者，高蹈玄妙，跟政治系有啥關係呢。適之先生滯留哲學系，偏孜孜於現象界，一生游走於書齋與政治，雖有半部哲學史《大綱》，卻終究不見形上蹤影。其論禪宗，偏於考據，為日本禪學大師鈴木大拙所斥，蓋因二位心性異趣，雞同鴨講，三岔口也。如此這般，徽州適之與諸暨龍蓀，兩位各遂趨向，各有取向，各盡天性，而集苑集枯，箕風畢雨，適成心智同等，卻心性分道揚鑣的典範。

至於極少數人傑，如達芬奇，於多個領域皆有興味，心馳神往，而且，皆有造詣，甚至有偉大成就，其思其學，足以滋養千秋萬代，則屬百年千年難遇的人中之龍，只能歎為觀止。不要模仿，否則，自尋無趣，徒增煩惱。天才，是供人膜拜的，而非模仿的。是的，當此文藝復興之際，諸如達芬奇這樣的人物，是上天的獨子，只可驚歎，不要羨慕。各秉才具，象殊理同，均為造物的傑作，從而，各安本分，才有活路。

你看，「昔時人已沒，今日水猶寒。」

另一方面，縱便心性類同，都是所謂搞藝術的料子，或美術或音樂，有的成大器，名揚四海，有的玩不轉，純粹瞎搗鼓，除開條件機運，原因就在心智差等。當然，於此一行投緣溺陷之心性程度，所謂的心性高低，亦為原因。你想想，多少父母押送兒女學鋼琴，但終究只有朗朗雲迪出人頭地，有什麼辦法。「友友馬」（馬友友，Yo-Yo Ma）中間不幹了，跑去哈佛讀人類學，可天憐此才，終究就是拉大提琴的料，待回轉頭來，不鳴則已，一鳴驚人，同樣沒辦法。似乎人性中都有點藝術的衝動，可能源於遠古叢林生活赤裸裸面對大自然時，驚訝恐懼，而叫喊呼號這一動物本性的心理遺留。但心智高低有別，感悟和表達驚訝恐懼的勢能落差巨大，若論序列，存在着從無到有，再到萬有之遙，用「小盆友」[5] 們的話來説，叫做「甩出幾十條街」，對此，只能歎服，只好用心智差等來解釋。否則，講不通，也想不通，那日子還怎麼過呢！

說到這裏，我想説的是，倘若生而有幸，恰於青少年時代得遇偉大導師，其之慧眼獨具，高見遠識，觀察琢磨，看穿閣

---

5. 編按：網絡用語，「小朋友」的諧音。

下的心智和心性，而能預知你之適合與不適合，或璞玉，或頑石，從而着力曉諭，指明方向——如能遇到這樣的導師，告訴你，將來你適合到社會上去混，不適合在學術上打拼，或者，你呀，別到社會上去啦，做學問最合適，就算是做學問，挑選課題，你寫漢語法學比較委屈你，不妨寫一點德國哲學家叔本華（Arthur Schopenhauer）的超人哲學，對你更合適，那邊廂，另外一位同學，你最好不要寫漢語法學，這對你來說這未免高了一點，你就寫「論正當防衛」吧——朋友，倘若遇到這樣的導師，那就叫三生有幸，僥而幸也。

人生在世，絕大多數人無此幸運，只好自己瞎忙，盲人騎瞎馬，夜半臨深池，摸索前行。摸對了，混碗飯吃，甚至人五人六的。要是錯了，自認倒霉，也是生死一場。而這就叫命，面對人各有命、命與運相連這一堵大牆，這一終極理由，我們這些號稱理性的能動主體，據說具有自由意志的肉身，其實，還不是只能瞎忙活，誤打誤撞，一籌莫展。

要不然，又能怎樣呢？！

梁漱溟先生晚年喟言，自己一生，「誤打誤撞」，為「中國問題」和「人生問題」所苦惱，所糾纏，而追問不休，死而後已。聖賢尚且如此，況乎吾輩常人。

是的，心智差等，心性有別，若果遇到好導師，指點人生，則三生有幸。而我們這一代人，絕大多數恰恰似乎都無此幸運。其實，古往今來，這是絕大多數人的情形，而這就是命，加上後天撲騰，合共就叫命運。就我們入學接受高等教育那時節的情形而言，經過三十年的整肅，正如有人調侃，有些叫做「導師」的，上課頭天晚上趕緊閱讀台版教科書，第二天到教室，現炒現賣，如此而已。這還算好的，自鄶以下，更不堪矣。

一旦斯文掃地，三世不得復原

　　説到這裏，想起一件事。我在法大讀碩時有位同學，本科北大，專攻憲法學，尊姓大名段桂鑒，同學愛稱「阿桂」，山東濟南府人氏。有位同學，同為「桂」字輩，低一級，雖齒德略高，論輩份，卻仍稱「小阿桂」。話説「阿桂」畢業後進機關，在官府裏當個小頭目，也算是人五人六。一晃入職三十年，再幹兩年，估計老兄差不多也該退休了。這位老兄，當年二十郎當，常常於如廁洩洪或者低頭洗臉之際，突然發作，昂然問天，勃然大叫：「偉大的導師啊，你在哪裏呀？！」有時連呼三遍，聲嘶力竭，響遏行雲，即喊即止，吼完拉倒，若無其事，旁若無人，揚長而去。

　　他的吼叫發自肺腑，真正是青春的吶喊，也是那個學術斷層時段，青年學子嗷嗷待哺，苦悶至極的表現。反正吼叫不犯法，也不費水費電，依據某種心理學理論，為了身心健康和公共安全，不妨多吼幾聲，多叫幾次。後來講究養生的年頭裏，老頭老太們吼山，長籲短歎，驚天動地，直叫狗兔變色，鳥雀失聲，就是禍害了。

　　其實，偉大導師自古難遇，也並非遇到偉大導師就能怎麼樣。大家均為常人，論心智，論心性，中材而已。自身無慧根，無造化，導師本事再大，也點化不出來。我今天也在大學混，指導學生，明白「偉大導師」是稀罕物件，鳳毛麟角，不是吼一聲的事。更何況，縱便偉大導師在側，可就像德國詩人歌德（Johann Wolfgang von Goethe）所言，「僕人眼裏無偉人」，結果，多半不會發生什麼奇跡。師生互動，大致匹配，才能動得起來。遇到好老師，因材施教，找個合適的力度和角度，跟你動動，這就是上佳之境了。一般社會和學生不明所以，只能

看名頭，也只想看名頭。而名頭之下，名實不副，是高頻率的事。

畢竟，庸常是常態，可能，也是一種較為幸福的狀態。人間事，不像人物傳記裏寫的那麼玄乎。太過娓娓道來，如太史公文筆，樊噲[6]大漢，「怒眥欲裂」，反而不免令人心生狐疑。

此為從老師角度來看。再就從學生角度而言，你看看名校畢業生，或者出師名門的，有所造就的，幹出點名堂的，也就那麼多，不過如此。師傅領進門，修行在個人。據我觀察，把名校名師當做盔甲穿在身上的，整天掛在嘴上的，動不動就嚷嚷的，多半是中材以下之人，甚或更差。有本事的，無須玩這種把戲，可能，也不屑得玩。這就像真正通曉外語的通人，並非一定要不時蹦出幾句散裝英文不可。刻下的唯學歷時風與虛驕世風，多半是商業影響的結果，源頭在北美，而流佈我中華矣。另一方面，也是平庸之輩，慧根不濟，造化乏力，沒有其他貨色堪值自慰而自衛，只好紛紛往身上披盔掛甲。基此心態和智巧，進而形成一種做派，如同傷風感冒般風行，實在惡濁。

如剛才所言，我們這一代人之所以發出這樣的鳴叫，事出有因，就在於學術斷層，青黃不接。大家想必都知道，鼎革之後，至晚起自 1952 年，華夏神州便陷入三十多年全面清算和整肅知識思想的冥暗時期。讀書人因為讀書本身而背負原罪，知識就因其為知識而被視為邪惡，是吾國三千年文明史上的第一遭，也是那個叫做現代性的野蠻性之惡性發作使然。全球患病，華夏潰瘍。商鞅李斯式偏鋒與普魯士斯拉夫式（Prussian Slavs）激進左翼偏鋒，雙鋒交匯，於中土合流，砰然迸發，好

---

6. 編按：漢初劉邦旗下的戰將。

傢伙，一時間昏天黑地。「洗澡」、「三反五反」和「四清」，各種「運動」，摩肩接踵，你方唱罷我登場，更不要說「反右」和「文革」了。清算「封資修」[7]，整的是全中國，受害的是全體國民，讀書人受害尤深。其動機目的昭彰，就是要大腦放棄獨立思考，或者，乾脆徹底放棄任何思考，唯馬首是瞻也。

既空其腹，復弱其智，唯一夫頤指氣使。千年帝國，萬里江山，如此這般，無士諤諤，全民諾諾，人間頓成匪幫矣。

事實上，從 1948 年新主入京，城頭換幟，接管大學，直到 1952 年院系調整，還算是溫和的過渡時期。此後全面整肅，不僅撤併大學，收窄成單科學院，特別是工科學院。而且，更主要的是，打散隊形，致使清末維新開始歷經半個世紀方始積攢的那點學術底子，一夜之間，花果零落，不成氣候。至於「反右」之後，戮身戮心，噤若寒蟬，道路以目，就更不用說了。從那以後，基本上，中國沒出什麼卓越人才。科技上或許能搞實用性大項目，人文思想唯馬首是瞻，一地雞毛也。

值此情形下，1949 年至 1957 年這一時段畢業的那一代知識分子，如果依然健在的話，年屆米壽，九旬上下，而學力、火候與體力維持不墜的，恐寥若晨星也。尤有甚者，你想一想，要是畢業在那一時段，立馬踏進的是一種非常態學術環境，他或者她，是沒法潛心治學，在日積月累中陶養學問的。所以，如今這個年齡段上下的學者，多已凋零，若果依然在場，學養其實有限，而勝在歷經滄桑，以一己肉身，頑強挺立，蔚為這一非常時段的歷史見證人。至於「反右」之後、「文革」期間入學的，更不論矣。

---

7. 編按：封建主義、資本主義和修正主義的合稱。

所以，百歲老壽星，若果有些名氣，不管學問多少，是真有學問還是假把式，都是個寶呢！不信，你探頭看看北大園子裏，再列數一番，就明白了。

　　同學們知道吧，一個人治學，就人文社科思想性專業而言，從大學受教開始，經受碩博兩個階段獨立半獨立的研究，加上此前基礎教育，前後起碼至少要有二十年的連續學徒期。此後再曆練十年，換言之，要到 35 歲至 40 歲，才能算是小有積累。年屆半百，50 歲上下，基本上有無本事，就看得一清二楚了。要是真有什麼本事，至此時段，當能展露無遺，至少，有所展露。當然，天才除外，天賦較高、機會較好的，也除外。蘇格蘭哲學家休謨 (David Hume) 25 歲就寫出了《人性論》，愛因斯坦一邊在專利局當差，掙份口糧，養家糊口，一邊神馳八極，參透上帝的心思，替造物主向人世傳話，26 歲就創立了相對論，更是例外中之例外。對於他們，如我前面所言，只能膜拜，不可模仿，否則就是跟自己過不去了。

　　話收回來，倘若吾國晚近還有這種人，活着的話，起碼 100 歲了，但事實是我們沒有這樣的人。現在健在的老輩，八九十歲，基本上都是 1950 年代初中期畢業的。所以，這一批學人，其實學養有限，多數吃盡苦頭，臨到晚年才算有個安頓日子。當然，我說的主要是人文社科領域的情形，特別是法學界的情形，理工專業的事不瞭解，不敢說。至於現在七十上下至八十來歲這一批人，坦率而言，實為半個世紀裏最差的一批學人。有關於此，拙文「書生事業，無限江山」，略有闡釋，各位要是有心，不妨參看。[8]

---

8. 參詳拙著《法學家的智慧》，清華大學出版社 2004 年版。

這不，清華園裏有一種人，綽號「新工人」，大概指的就是這一撥。我不幸與其中一位同事，受其轄制，相當於重溫了一回小型「文革」，漪歟盛哉！

其實，遍檢神州大地，所有學府，包括自認為了不得的北大清華，都曾經有過並且還有這樣的「新工人」。

一般社會中人，尤其是多少恪守「敬惜字紙」傳統中人，如家父者，滿心善良，對於學府及其學人抱有敬意，甚至還懷持一絲神秘。在此，我想告訴大家，其間許多人，頂着輝煌頭銜，其實名不副實呢。猶有甚者，極少數品行窳劣，斯文掃地，不堪得很呢！論學品，論人品，都很不堪。可人家命好，運濟，不知怎麼就混在學府，要風得風，要雨有雨。至於賣身投靠，甘當鷹犬的，超出此轍，就不說了。要說「文革遺留問題」，這就是問題。

回到「新工人」這一話題。我們這一撥，70 年代末期至 80 年代初期入學讀書之際，他們五十上下，許多「站在教學一線」。我們很尊重他們，但實話實說，並不瞭解他們，更不遑在吾國學術史脈絡中給予他們以確切譜系定位。歷經整肅，挨整與整人，他們很慘啊，同學們。可以説，半生受苦，這時候方始真正得機治學，而受命於危急，亡羊補牢也。有的瞎混，改行搞黨政，從裏到外，一身乖戾，最終可能也是出力不討好，慘遭無情淘汰。有的繼續治學，做得很辛苦，縱便混到高位，卻註定什麼都做不出來。不過，話說回頭，縱便如此，就恢復高考後應急師資而言，他們有篳路藍縷之功，雖然言不足為師表，行難堪世範，但有苦勞，也有功勞，典型的過渡性世代。迄而至今，就學術界來看，這撥人基本上都過去了，不留痕跡。冷眼旁觀，「學術知青時代退位，政治知青時代登場」，可能，如同北大社會學系一位教授所言，慨乎其貌。

至於將 70 年代末期以還的學人，在某個意義上劃分為四代，以其問題意識和治學進路為標誌，告謂第一代學人談政治，第二代學人談文化，第三代學人談學術，第四代學人只管發表，也有一定道理。至少，作為一種現象，是明擺着的事實，想抹稀泥是抹不掉的，映射了這個急劇世俗化的社會進程與高度行政化的學術管理體制下，雙重擠壓，導致在情懷、心胸、視野與格局方面，學人心思與學術關懷之轉型轉向，以及，它的精細庸碌與日漸無趣。其之利弊一體，好壞俱來，既為學界景象，影響學術，也是時代景象，而勢必反作用於時代，等着瞧吧。

三、三種傳承方式

話題收回來，說說我們這一代人。自從清末廢科舉，興新學，屈指算來，現代中國的學術光譜上，我們這一輩，概為第五代。有關於此，我在上述「書生事業，無限江山」這篇論文中曾有簡扼梳理，大家自可參看。究其實，我們這一代人，所謂的「老三屆，新三級」[1]，多半沒導師，幸得教誨，鑿壁偷光，如今回憶，主要靠三種方式。

曾幾何時，有人以「吃狼奶」諷喻，太抬舉了，也太不瞭解了。哪裏有奶吃嘛，連狼奶也沒有。

有幸親炙

這三種方式中，倘若有緣親炙老輩學人，最為幸運。或聽課，或追隨，甚至有幸成為入門弟子，自此撥雲見日，開天闢地，肯堂肯構。少數有慧根，肯吃苦，而又機緣巧合的，「照着講」連動「接着講」，甚至可能講出點兒名堂。正是在這一點上，名校資源豐沛，陣仗大，派頭足，呼朋引類，沾溉後學，從而拉開了距離。

---

1. 編按：老三屆指「文革」期間於 1966 年、1967 年和 1968 年畢業的中學生，而新三級是指「文革」結束後、恢復高考進入大學的 1977 級、1978 級和 1979 級大學生。

當年依然存世的八十來歲的那撥學人，我說的是 1980 年代初期已然八十來歲的學人，例屬「1949」以前完成基本學業訓練，或者，已然邁過初期學術積累，而蓄勢待發，甚或已然有所發抒與多所發抒。在 1949 年後的社會語境下，他們常常又被稱為「舊社會過來的知識分子」。換言之，就是尚可留用，無須肉體消滅，但要「進行思想改造」的讀書人。今天開講伊始提到的陳岱孫先生、錢端升先生以及馮友蘭、金岳霖諸先生，就是這樣的「過來人」，資深的「過來人」。

　　這裏說「八十來歲」，涵括七十多歲至年近九旬，雖說在當時我們眼中均為老輩學人，而其間卻有師生代際的分別，因而，情形並不一致，甚至差別巨大，故爾存在「蓄勢待發」與「所有發抒」、「多所發抒」之等級。陳岱孫先生一輩，完成學術訓練後返國任教，已有二十多年的學術生涯，已然「多所發抒」，固為資深的「過來人」。而彼時碩博畢業，不過剛剛完成學術訓練者，有待假以時日續予深化，故謂「蓄勢待發」。

　　熬過劫難，僥倖存世，雖感重獲解放，但總歸戰戰兢兢。有的唯唯諾諾，虛與委蛇；有的武功半廢，魯殿靈光；有的老驥伏櫪，壯心不已。更多的，身心俱疲，「與時遷徙，與世偃仰」。三十年的整肅，一個世代，足以摧毀一個文明，況乎個體身心。不過，即便武功半廢，你還是可以看得出來，老人家布履素衫，溫文雅致，淡定淵博，磊磊落落，一身靈秀，展示着那久違的了清俊門風與書生氣度。是啊，相由心生，這叫知識分子，讀書人，真模樣的讀書人。

　　但凡學生入學，毛頭小子，黃毛丫頭，敏銳精進，好像了不得，其實兩眼一抹黑，哪裏摸得着門。一開始只能看相，自具象薰染，而揣摩精神，慢慢讀書多了，這才有望登堂入室。

因而，教師要有模樣，校園要有模樣，大學需有大樓，不是虛文，不是偽飾，實乃必需，蔚為必須。

相較而言，當年五十上下，如我今日這般年紀的，許多剛從公檢法「歸隊」，任教上庠，粗鄙直率，草莽風範，混同於工農兵。其於崇尚草根年代養成，在階級鬥爭風浪中度過青春，書讀得少，或者基本沒讀書，未獲良好熏育。其中一些，甚至缺乏基本文化基礎，連句子都寫不通順。多半用功，也不得不用功，但韶華既已流逝，烏飛兔走，而學問急就不得，因而，縱便庸中佼佼，也不成氣候。古人詠歎，「浮世匆匆如此，眼底風塵今古夢，到了誰非誰是」，此刻吟詠，正合意境。

於是，當年出現了一個現象，就是校園之內，祖孫兩代，頗為投恰。你儂我儂，山高水長。情形是，當年的青年學生，像你們這個年齡，喜歡與七八十歲的老先生們問學聊天，他們好像也挺喜歡我們。畢竟，年輕人雖然無知，但尚可原諒，也好像還有希望。人到中年，除非奇跡，否則，一切早已定型，斷無可塑性，甚至，一身陋習，面目可憎也。今日青年流行語，「猥瑣大叔」，概乎其貌。法過啟蒙思想家盧梭（Jean-Jacques Rousseau）當年說中年婦人身上有股酸味，「酸味阿姨」，但尚可享用，基於另一種心情，說的是另一回事。

因此，對於中間那一撥人，那些在 1950 年代末期逐漸走出校園的這一撥學生輩，也是曾經多多少少整過他們而自己反過來又被時代玩弄於股掌的那一批人，老先生們心中其實不感冒。平常不提及，偶爾說起來，彷彿淡然，其實言之耿耿，卻又多所惻然，五味雜陳也。但是，木已成舟，都是受害者，酷烈大時代的受害者，噩夢醒來，大家共事一堂，也只能共事一堂，而共存一堂，並盡量改善這個共同的家園。除此之外，無可如何也。

和解與中庸的哲學，有時甚至不得不裝糊塗，其實是一種生活經驗，風雨年輪，愈見純熟也。

給大家舉一個例子。想必大家都知道汪先生，汪瑄教授。似乎直到 1983 年，全校只有五位教授，正教授，汪先生其一。迄止 1983 年，政法大學才五名教授啊！當年江平老師好像還是副教授。江老師書生本色，不善經營，多年靠邊站，很晚才獲聘教授，到「風波」那年的年末，是的，那年年末，才獲批博導資格，開始帶博士生。據說，汪先生早年就職「中統」或者「軍統」，戴笠手下。後來得隙離去，就學美國康奈爾大學，自此落單校園。2015 年 10 月初在康奈爾開會，「第四屆世界華人法哲學年會」，會後想兩個題外之事，就是去看兩個「景點」。一是看看適之先生的故居。現在的住戶不知適之先生，無所謂誰的故居，只說老有中國人來，煩得很！還有一件事，是打聽一下當年汪先生在康奈爾大學有沒有留下什麼痕跡，可惜一無所遺。名校，牛得很，不做出「偉大成績」，混個人模狗樣，不鳥你 [2]。這個叫做大學的地界兒，無分東西，不論今古，其實都勢利得很，好像也不得不如此。名校的名人多，著名校友多，所以，愈是名校，愈是如此，別以為它們真的清高。伊色佳好山好水，長林豐草，當年許多學子去讀書，但要沒像適之先生那樣混出大名氣，就不會有人關注，也是順理成章 —— 想一想吧，那個乒乓球世界冠軍女士，一邊打球，一邊居然獲授劍橋的經濟學博士，明堂辟雍如此，你還有必要怪罪郊區殺豬的賣注水豬肉嗎？

話說回來，50 年代初期汪先生自美返國任教，屬「1949」前學養製備的學人，蓄勢待發，或者，有待歲月靜好，續予

---

2. 編按：安徽方言，意指不屑理會你。

積累，而縱情抒發。一晃三十載春秋飛渡，居然活命，此時此刻，駸駸乎老矣，但氣度神采，愈見純熟，一看就不一樣。記得有一次，大約 1989 年前後，他們幾位老先生聚會，走在路上，讓破陋校園頓生光輝，也是促使我下決心去國外讀書而不在學院路 41 號坐待老死的一個主要動力。朱奇武先生牛津畢業，「我們安徽老鄉」，北大的王鐵崖先生老紳士派兒，這幾位中國最有名的國際法教授，七老八十，哎呀，五個老先生，在那個破破爛爛的校園裏，踽踽而行，一身光輝，滿校生輝。當時我真切地感到什麼是活的、人格化的、行走在地上的精神。

在下當時二十來歲，看得心驚膽戰，以為這才是真正的讀書人。但環顧四周，覺得周遭環境，無論人文還是自然，學術抑或政治，太對不起他們了。暗忖一定不能就此束手待斃，無謂消耗，老死在這個邋邋旮兒。

有幾次汪先生和我們這撥小年輕聊天，說起海外留學的事，談到「中間那一撥」——這是他的原話——說你們可不能跟他們學，他們成長的時代不好，沒機會，學邪了，改不過來了，等等。說來有意思，有次站在校園馬路邊人行道上聊天，走來了「中間那一撥」，雖然話題無關彼輩，汪先生卻戛然而止，閉口噤聲。

是呀，「霜夜永，景蕭瑟」，想想他們中的一些人，當年的學生，曾經對自己高喊口號揮舞拳頭，甚至掄胳膊舞棍棒大打出手，雖說盡可以「年輕無知」、「隨波逐流」等口實打發，但這做老師的心頭永遠都不好受，想來就心疼，總不是不可理解。就像昨天還在甜蜜蜜，做謙遜狀，左一聲「敬愛的許老師」，右一聲「敬愛的許老師」，今天自己分數沒考夠，無緣讀博，立馬就惡語相向，甚至卑鄙構陷，面對此種無賴無恥，做老師的不心疼是不可能的。

總之，這祖孫兩代之間的對話，是我們這一輩承接師訓的一種方式，機會有限，但直接生動，具體而微，從而，感染觸動，既深且巨。

　　順說一句，近年不少地方修建的大學城，了無生趣，實為學生倉庫。其與牛津、劍橋、海德堡這樣的大學城，毫無相似之處。正如中國的「法碩」，雅號 MD，以美國的 JD 為樣板，其實根本就不是同一回事，是同一個道理。諸位，沒有教工住宅，老師下課走人，師生只能在上課時段，公事公辦，而了無交集，則此校園，只能說是工廠。三十年前，中國有一條監獄規則是「收得下，管得住，跑不了，改造好」。我看這樣設計的大學城，與此有類似用心和功用。這樣的用意和佈局，人際間隔，太過疏離，使得師生之間與教師之間，不知失去了多少不期然間的交流機會。不僅是老師的損失，更是學生的損失。

　　證諸上述與汪先生校園人行道上偶遇聊天的事例，可見一斑，即此記下，不知各位是否同此一慨乎？！

西學又火起來了

　　還有一種方式，或者，也算是一種方式，就是譯述西學經典，接引西學源流。經由文本分析，激發異域想像，服務現實批判，引領思想潮流，希望由此找到解決當下焦慮的濟世良方。此股譯述熱情，具體化為各種翻譯書系，由主要採擷英美文獻而擴展至各大文明體系，迄今未止，一波接續一波。一時間，林林總總，翻譯大盛，有人因譯作一冊，頃刻名滿神州。其優點是拓展了漢語學術視閾，提供漢語思想以多元的參照坐標，以及引入了各種理論與方法。缺點在於潮流紛呈，理論多

元，實在令人眼花繚亂，而不免反而喪失了問題意識，以他人之心思為自家之心思。

其流其源，不絕如縷，而時常命懸一線，得從頭鋪墊，稍微多說幾句。

是的，當其時，70 年代末期、80 年代初中期，似乎一夜間，西學重新火起來了。往昔藏諸箱底、隱於密室、投於火焰的西學典籍，此時此刻，大鳴大放，書肆置頂，案幾居中，彷彿神聖。希臘羅馬是最響亮的語彙，諸如德國哲學家黑格爾（Georg W. F. Hegel）、法國哲學家薩特（Jean-Paul Sartre）和英國詩人艾略特（T. S. Eliot），幾乎人手一冊。加上後面還要講到的傳統文化熱，兩股思潮，兩種取向，卻齊頭並進，相反相成，燈燈相映。

老輩學人自然當仁不讓，年輕一輩更是捷足先登，於是，風助火勢，火借風威，終於推導出一個十年左右的「文化熱」。迄「風波」潮湧，戛然而止，險些再遭腰斬。直要到「鄧公南巡」[3] 之後，此股熱情，才又復燃。

說是「重新火起來了」，是因為至少自「甲午」以還，並經「新文化」與「五四」之推展，西學西潮，橫貫華夏，蔚為潮流。在某種意義上，因為身後矗立着富強國族的樣本，一個個亮晃晃的樣本，得此撐持，經此表彰，地上的肉身與精神合二為一，西典西意，遂成不證自明的真理。也就因此，它們和他們，似乎也就秉具了不言而喻的道德說服力。包括全面封拒歐美學術，而獨獨接引日耳曼—斯拉夫（Germanic-Slavic）一系的鎖國年月在內，獨門開放的其實依然還是西學西潮，只不

---

3. 編按：即 1992 年。

過，另樣的西學西潮而已，卻同樣奉之為普世真理。並且，借由權力鋪展，數十年裏，頂禮膜拜，幾成天羅地網。

故而，自 80 年代開始，歐美學思，特別是現代早期以還涵養作育的豐贍學思，得隙躥紅，如原上離離，竄長逢春，不是新鮮事，不是「大姑娘上轎——頭一遭」，實為離人歸來，故而，「重新火一把」。

在此，作為「後發國家」，在此一波現代文明較量上，中國文明位居低地，成為純然文明進口國，則中國現代學術，尤其是社會科學，說得誇張點兒，其實就是西學總店的分店而已，幹的是零銷商的活兒。此前，清末以還的半個世紀裏，已然若此，不過如此，則此番功夫，看似學習西學，拐彎抹角，其實，依然若此，也就是在接引中國近代學統，那個曾經有過半個世紀積累，中遭腰斬的現代中國學術。

此潮洶湧，愈發洶湧，迄今而未止。學術分趨與理論分裂的結果，便是當代中國思想的碎片化與極端化，在某些方面，不啻一種絕對主義取代了另一種絕對主義。左右兩翼，勢如水火，幾乎沒有任何對話，剩下所謂新儒家這批人，左右逢源，徒有文明悲情，大白天說夢話。不過，近年反思日甚，各方均有檢討。經此作業，漸悟審美式的異域想像與歷史想像，均難免偏致，從而，要求對於學術、理論和思想，進行多元觀照，於深溯各自的根源性與普世性之際，明確其有限性與平等性，而杜絕其浪漫化想像與審美式建構。置此錯綜複雜的思想圖譜之中，無論何種學思，本土抑或舶來，再度翻新抑或自出機杼，再想獨佔鰲頭，均難乎其難。毋寧，一種審慎中道的包容精神，也就是中國式的經驗理性主義，拒走極端、俯察情勢的庸常，漸獲大家心儀，而為各方多所接受。

可能，正是在此，「月地雲階，剩追笑樂」，文教體系較宗教更為深廣而浩瀚，可能，也更加人道纏綿而令人心悅誠服。

實際上，80年代以降，二十多年裏，各個時代和世代的西學思潮，叢集一團，匯綜萬象，一股腦兒湧入中國心智，斑斕而錯亂，勾魂攝魄卻又不明所以，演繹的正為「時代的叢集」這幕活劇。此情此景，新文化運動之際曾經有過，今天重演，說明我們這個國族面臨的問題和壓力具有時代連續性。說到底，就是面對西方現代早期以還展現的現代性，華夏文明所遭遇而持續一個半世紀之久的文明轉型問題。因而，不難理解，如同新文化運動年代之西潮洶湧，為何80年代至今，居然也是它們在中國最為走俏而蓬勃的時段。後人回視，雖莫名所以，但於同情理解之際，亦當感慨系之。

那時節，比如存在主義、印象派和超人哲學乃至於英國社會主義團體費邊社（Fabian Society），更不用說古典自由主義和希臘羅馬那一套了，一時間裏，均為時髦而深具理論感召力的真理。在如饑似渴的知識社群，它們彷彿就是暗夜裏的光。最近十來年，視野更有擴展，除開伊斯蘭文明之犖犖大端，複增「兩施」，德意志一脈的德裔美國政治哲學家施特勞斯（Leo Strauss）和德國社會民主黨政治家施密特（Helmut Heinrich Waldemar Schmidt），以及美籍猶太裔政治理論家漢娜·阿倫特（Hannah Arendt），令此思想光譜益發斑斕。

總括而言，無論是現代早期的這些人物及其思想，濡染深重的啟蒙時代色彩，接續的是文藝復興人文主義，還是後現代思潮的五彩斑斕，好像只要是歐西的，就足以撥動當時中國知識青年、知識中年以及知識老年的心弦，而大用特用，胡用亂用。因而，添油加醋，借題發揮，望文生義，指桑罵槐，歪打正着，凡此手段與結局，不論有心插柳刻意為之還是三心二

意不期然間，均為西學落地後難免的命運。如果説今日漢語學術愈見深厚，得其嘉惠，那麼，卻依然難逃問題意識和致思進路的理論輸入地的虛脱狀態的話，則受害亦在此。正反兩面，前後兩頭，難得其全，道盡了時勢扭結下的左右為難，而勉為其難。

剛才提到西方的「現代早期」，這裏略微再説一句。大家知道，大約從 1600 年以還至 19 世紀初期，兩三百年，例屬西方這一波現代文明的萌發興盛之際，故為所謂「現代早期」。若果這一波現代文明，自西徂東，早已蔚為全球性現象，事實上也確乎如此，則此處西方的「現代早期」，也就是全稱性的、無視各個具體文明差異的「現代早期」。較諸公元前 3000 年至公元前 2000 年，這個千年時空之為「古典樞紐文明時代」，此刻我們説的這個「現代早期」，兩三百年時段，堪當「現代樞紐文明時代」。為什麼這樣説呢？因為這兩三百年所奠定的思想和趣味、體制及其理念，既是中經文藝復興承續希臘羅馬而來，同時又開啟了此後直到今天世界範圍內的國家哲學、社會理想和人文主義，以及連帶而來的國家理性與治理模式，是為這個叫做「現代」的大時代奠基的一套體系，徹古徹今，震古爍今。同學諸君，習常所謂「現代早期」，或者「早期現代」，就是指陳這一時段，一個現代人類思想社會政治發展史上的關鍵時期，由此而有「地中海—大西洋文明」勃興，而有它們的全球主宰性。

理解今天的中國，明瞭這個叫做「中國問題」的問題，此為切近的歷史背景和文明場域。歷史之交匯與世界歷史進程之浩浩蕩蕩，脈絡分明而強健。職是之故，不難理解，西學熱與傳統文化熱，分擊合圍，指向各自的樞紐文明甚至前樞紐文明，正説明每到歷史關口，人類便不得不返身回顧，為當下求助歷史，於歷史尋求未來。

三十年前，我們這一輩人，隔代揣摩的就是這一批思想遺產 —— 如果說還算思想遺產並且能夠揣摩出點兒什麼的話。學習模仿的過程，同時是一個在場感勃然而欣然的發育進程。但是，痛惜卻必然的是，封埋既久，對於古典中國和「五四」新文化運動以還積攢的思想人文遺產，倒是忽略甚至多所遺忘了。我記得，曾在校園邊的一家小書店，可能也是烈士墓小街僅有的一家小書店裏，見到分三冊簡裝的《柳如是別傳》，不但說對於傳主，就是對於作者，也是聞所未聞，遂視而不見，直接忽略不計。倒是記住了書名，十年後明白過來，後悔時光不再。

　　另一方面，同樣記得，有一本書，商務出的，黑翁的《小邏輯》，讓彼時的萬千學子是如何不明所以地膜拜。「閒隨月影到寒塘，忘卻人間天上」，可謂寫照。當時書價，大概三毛多錢一本，後來漲價，精裝本也就是八毛多錢，塊把錢吧。時至今日，除非專攻德國哲學，否則，沒幾個人看懂，可能，也沒多少人堅持看完。在下愚鈍，不僅看不懂，而且，此生此世，再也看不懂了。但這並不妨礙當時看到就買，不假思索，買了放在床頭，走路時很神聖地把它揣在懷裏頭。此非在下一條漢子如此，許多男女都如此這般裝模作樣，遂成時代現象矣。此刻我在法學院的同事，明理樓辦公室隔壁的施天濤教授，就同樣依然珍藏着一冊那年頭購買的《小邏輯》，說明都曾有過這樣的懵懂而美好的年華。

　　所謂幼稚與無知，理想與懵懂，不明所以而又心懷神聖，皆在其中，冷暖自知，唯任時光如水流。

　　諸位，人生最美好的時光啊，不外乎此。那時節，懵懂未開，世界的猙獰真面目尚且裹在面紗背後，若隱若現，似真似

幻。可是，青春，只要是青春，就總是懷揣理想。外面的世界悲傷而聖潔，對於代表着人類善好、美麗和崇高的一切事物，懷抱一廂情願。抬頭是天，俯看是地，中間一個人，而人是什麼，天知地知。若非如此，人世豈非地獄。

諸君，確切而言，那時候不叫天真，也不叫懵懂，而是以一己身心在表彰人類最美好的童蒙，一個指向過去的烏托邦時期。若說天真，是指自然純粹，光明磊落。等到年歲漸長，見過碰到的晦暗多了，心意闌珊，方始覺得，這也沒勁，那也就是那麼一回事。迄至「看破」，彷彿「成熟」，其實分明老來頹唐，說明離美好的事物越來越遠。像諸位今天這個年齡，不妨放任瞎想，聽任心思縱橫馳騁，漫漶無際，最是美好時光。

中國傳統文化也火起來了

還有第三種方式，即沾了當時「傳統文化熱」的光。

關於「中華文明復興」，以及為此而興滅繼絕，乃至於在生活層面的持敬踐履，日就月將，並非近幾年這一撥「新儒家」的創發。其實，伴隨着其衰微和危機，即已起航。如今這撥新儒家，嚷嚷得凶，內瓤卻虛得很，除了一二子，沒有一個有本事寫出優美中文。且不說甲午以還至「五四」之間，「我勸天公重抖擻」，為訓詁小學壓抑既久的經義闡釋，於中西匯衝之際，已然起航，傳統文化在體制坍塌之際反而復興澎湃，思潮洶湧。譬如漢傳佛學的再闡釋，對於中國思想的現代西方哲學史式梳理，康梁之托古改制 [4]，凡此種種，不一而足。而且，即

---

4. 編按：指康有為和梁啟超在「戊戌變法」前，為否定封建思想而推崇改制立法的變法主張。

就晚近三十來年觀看，歷經又一輪西潮壓抑之後，伴隨着當年的「思想解放運動」，傳統中國文化的復興即已同時提上議事日程。上世紀 70 年代末、80 年代初中期，不僅西學在中國湧動，「卷起千堆雪，江山如畫，雲濤煙浪」，而且，舉凡堯舜禹湯，文武周孔，先秦諸子，下迄程朱陸王，再至「新文化運動」，整個的一脈思想潮流，諸位，哪怕是當年作為遭受批判的對象登場，也意味着它不曾缺席，而且，從來就不曾缺席。百年來，一直慘遭批判，屢受討伐，也就意味着一直不曾退場。毋寧，不絕如縷，頑強挺立 —— 就在這方水土，缺了它們，能有什麼在場感，還有什麼好説的。

究其實，今日回瞰，中學西學，相反相成，其實構成了我們這個狂飆突進世紀核心現場的主要元素，不是配角，而是主角，實在是意料之外，而情理之中。

所以，三十年前，70、80 年代的中國思想舞台上，上演的是一出「雙重登場」。一方是中國思想，特別是古典中國思想，經史一體，另一方是西學，西洋古典與現代西方思想，特別是現代早期的西洋思想之再度整體襲來。循名責實，獻可替否，展現的依舊是晚近中國延續百年而尚未收束的「古今中西」這一偉大歷史時段，一種類似於地中海文明時段《馬基雅維里時刻》[5]之時代場景。如此一來，當其時，中國的思想場景，如同 20 世紀 20、30 年代新文化運動之際，遂成風雲激蕩時代背景下的交錯蒙太奇。

這一場大戲，起於清末，歷經跌宕，而延展至今，尚未落幕。在座同學諸君，此刻磨礪，厲兵秣馬，即將登場，也必將

---

5. 編按：英國學者波考克（J. G. A. Pocock）的著作 *Machiavellian Moment*

登場矣。再幹一兩代人，舊邦新命，必將迎來歷史終結的收場時節，那時節，「中國問題」不復存在，世界歷史的中國時刻可能登臨。

聽，落幕鐘聲叮噹，起航號角嗚咽。

正是這一既青春激昂又懵懂未開，既充滿憧憬又深懷現實苦悶的交錯時代，這一壯闊的時代大背景，以這種方式，涵養作育了我們這一代學生的心性和人生。拿我來說，若非歷此時代，直到「批林批孔」[6]之火燃遍國中才知道兩千五百年前曾有一位叫做孔丘的民辦教師，在批判聲中領教吾國古典文教風華，又怎會、哪可能再讀古人書，花大力氣去揣摩體會先賢的心意，而感佩欽敬，而若得天啟。因此，置此時段，以初學之身而期盼登堂入室，即就最短之學術訓練而言，也要十五年以上的淬煉。其中，溫習吾國文教風華，自讀先賢著作起步，為其中必有之環節，實受惠於其時伴隨着西學熱而興起的「傳統文化熱」。

故而，三十多年過去了，慢慢地，大浪淘沙，一些人經商，一些人從政，一些人頹唐，一些人奮發，一些人依舊懷持赤子之心，一些人老氣橫秋，還有些人吃喝嫖賭。進程過半，各就各位，也各得其所。我呢，「十年湖海，千里雲山，幾番殘照凄風」，中年幸未頹唐，也彷彿體會到並找到了自己的心智和心性，特別是它們的有限性，而以教書先生謀生，以教書先生自詡，也以教書先生自勵。究其資源，深省心性，多半還是來自吾國文教訓誨，感謝那個轉瞬即逝的「新新文化運動」，接續着當年的「新文化運動」血脈，造就出中國的文藝復興這一

---

6. 編按：是「文革」期間 1974 年 1 月 18 日至 6 月所發起的批判林彪和孔子的政治運動。

壯觀歷史畫卷 —— 大家都是時代的產物，因而，歷史性就是人性，至少，是人性中最為深厚的因素。

　　一己小我在大時代中的求生飄蕩，掙扎浮沉，真如常言所說，一滴水珠折射太陽的光芒。今日回頭一看，洒家[7] 從就讀碩士研究生開始，上第一節刑法課，幾分鐘下來，就已陡感這道菜不好吃，不合口味。從上得三心二意，到決意離去，不過半年時間，而要在體制意義上坐實，則超逾十年。當時授課的先生中，包括余叔通先生[8]。講槍桿子刀把子[9]，整日叨叨「專政」、「懲罰」的那幾位，不值一提。

　　說到余先生，今日法學界恐怕沒幾個人還知道他，而在當時，名聲大著呢，可了不得。余公聰慧之士，北大畢業，40 年代末就讀時的地下黨，搞學生運動。1952 年成立北京政法學院，余老師調過來，從此三十年，一直就在這個單位，直到1983 年不幸高升到司法部做個司長。其實，一介跑龍套的小頭目。據說，他的俄文特別好，50 年代初期蘇聯專家來華授課，講授點兒蘇聯政治家維辛斯基（Andrey Vyshinsky）那一套，陳芝麻爛穀子，青年余叔通現場傳譯。二十多歲，可能未及而立，表現搶眼。他的英文還行，不算好。據說還懂法語，至少能看，但沒聽他說過。所以，在那一代學人中，余先生可謂不簡單 —— 自打畢業踏入生計，黃泉路上，緊趕慢趕，西風緊，虎龍吟，趕上一個專門整讀書人的時段，他們吃了多少苦啊，受了多少罪啊！

---

7. 編按：宋元時關西一帶人的自稱。
8. 編按：中國當代刑法學家
9. 編按：政法機構

余老師來上課，好像就講過一次，ABC通識，心思全在行政上。我說，余老師，您教這種課有什麼意思呢？余老師當時就很不高興，我也覺得唐突而沒禮貌。後來，從青年到中年，愈發深悔造次。每次想到這件事，就後悔不迭，而余老師墓木已拱，再也沒法向他老人家道歉了。所以，十七年前，明理樓上課，開學第一堂課，還沒講幾分鐘，一個愣頭青[10]站起來發問：「今天講法哲學有用嗎？有什麼用？」我不僅不生氣，反而覺得他可愛得很，遂從「無用之用」到「不用之用」，嘮叨許久，這其中就有當年老師寬容種下的善根，而終究得點兒善果。

　　一生遇到許多好老師，你說話沒輕沒重，他們都不怪罪你，大不了說一句重話，但是事後一點後果都沒，很愛護學生，這是老師和黨棍的區別所在。

　　兩年前，初夏時分，晴窗展紙，寫了一篇短文，沒發表，打算收進下一本散文集。題名「先天不足，後天失調」，說的是1983年初秋，開學典禮，余老師講話。當其時，他剛辭去研究生院院長職務，就任司法部教育司司長，在行政官制上講，是提升了。研究生院開學，頭一遭，他位高權重，當然得蒞臨致辭。記得當時他說着說着，東拉西扯，不知所云，突然就冒出來這樣兩句：你們都聽好了，你們這批人，「先天不足，後天失調」，不要覺得自己了不起，云云。當其時，我們這幫學生，二十啷當，還在學徒階段，初來乍到，興奮而懵懂，聞聽此言，驚訝而忐忑，心裏不是個滋味。滿面蒙羞，一臉怔忡，不少女生都低頭不語。多少年後才知道，他這無名火，其實另有所指，如今的表述叫「戾氣」。學者不專心治學，去汲汲於官場，遂有此戾氣騰空。但是，雖說如此，三十多年過去，回

10. 編按：俗語，指魯莽的人。

過頭來一想，我們「這批人」，還真的就是這麼回事。是的，我們這代人，如同余老師這輩人，確實，就是「先天不足，後天失調」。

為什麼說余老師這一輩跟我們小輩一樣，也是「先天不足，後天失調」呢？朋友，這就是我們這個大時代之悲喜交加所在嘛！因為，他老人家念大學的時候搞學生運動，忙於地下黨，所謂「華北之大放不下一張書桌」，就未曾一心一意，好好用功。逮至畢業，旋即從役黨政，真正讀書積累的時段也就幾年，哪裏夠用。再往後，「反右」、「文革」踵繼，發配「五七幹校」[11] 勞動，彼此鬥得死去活來。直到 1978 年、1979 年高校恢復招生，這才重拾舊業，結果馬上出來做行政，又沒時間專心讀書寫作。而且，人到中年，心智漸衰，學業上若不下死工夫，再往前進，難乎其難。古人曾經喟歎，「魚乘於水，鳥乘於風，草木乘於時」，意思是各得其所，庶物群生，而要在天時地利。遇上好時代，母豬也會飛上天。時勢不濟，長材不展，只能鬱鬱而終也。

所以，余老師一生，雖說當時名頭很大，但既無一本著作，也沒一篇像樣的學術論文，為數不多的篇什，不過簡單介紹性文字，還算不上「研究」。你說，他老人家不是「先天不足，後天失調」，又是什麼！

若非時代弄人，聰慧若余老師者，哪會終其一生，竟無一篇文字存世。瞻前顧後，如古人所詠，「憶昔俱年少……到而今，高梧冷落西風切，一一消磨了」，誠可喟歎也。

---

11. 編按：文革期間對知識分子進行思想改造的農場。

諸位，英國哲學家密爾（John Stuart Mill）說過，原子化的個體以自我為中心，將自家的利益做無限擴大化，並以其有限理性對自己負責。天助自助，方始有所謂自由。自由意味着首先對己負責，也就是對人負責。在此基礎上，引出了德意志哲學家康德（Immanuel Kant）式的人，接着又衍伸出當世法政學人朗奴·德沃金定義的人。德沃金定義的人是個什麼樣子呢？不是別的，在辭世不久的這位大牌教授看來，在平等的社會政治條件下，我有追求幸福和愜意人生的自由。因此，反面來講，「我的生命不能被浪費」，不能因為外在非人道制約，特別是因為惡政，而虛度生命年華。一人只有一生，一生意味着一次，唯一性的「一次」，不可回溯的單程旅行，則「一次」浪費，等於永久報廢。「一次」中的關鍵時段浪費，就可能造成終生報廢。[12]

　　那麼，什麼叫「生命被浪費」呢？朋友，余老師「這一批」先生們，就叫「生命被浪費」掉了嘛！被動句式，正說明情非得已，時勢所迫。外力，強大的外力硬生生將命運改變。你想想，他們青春激越，懷揣理想，不少人曾經才情激越，才華橫溢，雖矢志治學，但天降橫禍，二十啷當，人生起步，即「下放勞動」、「洗澡」、「洗腦」，在接二連三的「運動」漩渦中，倖存下來已屬不易，哪有餘裕安心讀書，更無可能怡然治學。活着就不錯，還談什麼尊嚴與理想。二十幾年裏，為防傳播「毒草」，余老師們縱便能上講台，也只能教教外語。他還算是紅色出身，猶且如此，那些黑五類[13]，多半早就慘遭「斬草除根」了。

---

12. 參詳【美】羅納德·德沃金（即朗奴·德沃金）：〈認真對待人權〉，鄧淑德筆記，朱偉一譯，載《清華法學》第一卷第一期，清華大學出版社 2003 年版，頁 25–46。

13. 編按：指「文革」時對地主、富農、反革命分子、壞分子、右派等五類人的統稱，合稱「地富反壞右」，與「紅五類」相對。

據說，不像憲法、刑法和民法等「業務課」，外語之為一門工具，沒有階級性，而後來終究還是定性為具有強烈的階級性。

話說，1957 年之後的政法學院，一度重組後只有三個教研室，分別是「人民公安教研室」、「人民檢察教研室」和「人民司法教研室」，此外還有個語文教研室以及體育部。當年號稱「政法學院」，其實，相當長一段時期內，法律專業課反倒不復開設，涉及「業務」的只有三門課。這三門課程，所謂的「業務課」，分別是「人民公安」、「人民檢察」和「人民司法」。因而，諸如江老師、余老師們，統統靠邊站，只能教俄語，一度連教英文的資格都沒有，夫復何言。那邊廂，類如張子培這類魑魅魍魎，地痞流氓，沐猴而冠，得意洋洋，橫行霸道。

那時節，什麼學府？呸，斯文掃地也。

前幾年，王保樹教授還在世時，有一回說起他這一輩人在政法學院的就學經歷，坦陳什麼也沒學到，蓋因所謂「業務課」，只教三門「人民」打頭的課程而已。故而，一些人雖說大學畢業，其實，只算脫盲而已。這後一句話是我寫的，不是他說的。這也就是為何他這一輩人，「非五非四」，比上不足，比下也不足，學術上多半了無建樹，在一個青黃不接的特殊時期，靠資歷混，如此而已。而且，歷經「運動」，較諸余老師、江老師，其行其止，既粗且鄙，更不堪矣。[14]

我說這話，是感到非說不可，不吐不快，否則對不住逝者，也對不住今天來聽講的學子。誰要是不認可，想辯論，擺事實，講道理，在下奉陪。

---

14. 自清末民初，下迄 20 世紀末至本世紀初年，近代中國一共有過五代法學家。保樹教授這一輩人，既非第五代，亦非第四代，不成代矣。有關於此，參詳拙著《法學家的智慧》，清華大學出版社 2004 年版。

田建華教授治婚姻法學，是老師輩裏的校花，現在怕也有七十多歲了吧。我們上學那陣兒，她四十上下，樸樸素素，漂漂亮亮，大家都很喜歡她。有一次，似乎是 90 年代初期，田老師拍拍我的腦袋，說就你最調皮，我感覺像母親一樣。田老師講到往事，說她讀書時上江老師的俄語課或者英語課，江老師收集了一些西洋古典唱片，放給他們聽。結果有人揭發，告江老師用靡靡之音毒害學生，或者，毒害女生。言及於此，田老師不禁哨言，就我一個女生，其他都是男生，怎麼毒害我了呀。

在一個不講理的時代，偏要講理，在一個審醜的旮旯兒，偏要審美，結果可想而知。

所以，置此生存條件下，被迫處於非啟蒙狀態下過着一種奴役性生活，這就叫做「生命被浪費」。實際上，百年中國，遭逢「三千年未有之大變」，而恰處「歷史三峽」之驚濤駭浪，雖有豪傑雄起，但幾代人的生命，浩浩蕩蕩，許多就這樣「被浪費」了。尤其是一統之後，鐵蓋罩頂，觳觫立世，命在旦夕。諸君，想一想吧，諸如余老師這輩人，半百之年才開始光明正大做學問，你指望他能做到什麼程度呢？！

所以，同學諸君，大家正是青春年華，幸遇和平安寧時光，一定要勤奮讀書思考啊。

四、感性、知性、理性和靈性

　　有同學説，感覺《漢語法學論綱》濡有「後現代解構主義」色彩。在他看來，據其認同的王國維先生有關意象思維的理解，中國人擅長意象思維而缺乏理性訓練。德沃金氏《刺蝟的正義》（*Justice for Hedgehogs*），晚年命筆，所倡所説，其實不乏中庸之道。

　　放遠一點説，文化根子上的東西，翻譯時難以割斷，比如意象思維方式，猶譬作詩之慣用寫意，但終究要被理性所摧毀、所取代。所以 1980 年代開始的儒學復興，並非決然是老中國那種意象型思維的復興，其實多有西方的理性思維摻雜其間，移船就岸矣。

　　這位同學更由此追問，還有一件事不太明白，就是求學之際，究應更多追慕西方的理性思維，還是中國式的意象思維。美國心理學家馬斯洛（Abraham Harold Maslow）的需求層次理論（Hierarchy of Needs）説，人首先是要滿足基本需求，再是理性，最後是感性。先是物質需求，後是精神需求。由此，這位同學説，感覺感性比理性更高一層，不知道這樣的理解對不對。「在我聽到老師講述自己的上述經歷之後，感覺可能感性要比理性要高，是不是先應學會怎麼去理性思考，再學會怎麼去感性體認？」

　　上述這位同學的提問，其意緒，其苦惱，其措辭，我還不是完全理解，存在着一個修辭表述與接受理解之間的落差，

有以然哉，暫且不管。但在其看似跳躍而斷裂的陳述中，牽連浮現的是對於心智與心性之無比複雜奧秘的敏感，千般排解不開的糾結，則一目了然。而且，在此我還想補充說的是，親炙文本，激發思考，引申觀念，並進而聯繫到王觀堂先生與德沃金教授的論述，而穿插無礙，指東打西，其思其慮，極具開放性，可圈可點。青春年華，想到哪裏就說到哪裏，儘管橫行無忌，不要壓抑。至於如何才能表達精準貼切，怎樣遣詞造句以傳達心聲，好好學，慢慢來，在日征月邁中，必將日就月將。

這不，窗外霧靄，不見光日，而日子其實還長着呢！

理性賦予生命以莊嚴

為了說明這一點，我想不妨稍稍扯遠一點，再回到理性感性的話題上來。

先說一句題外話，觀堂先生不只是所謂國學家老夫子，他也是讀外文書的。有這樣一則逸事，來自學生晚年的回憶。話說，先生晚年執教清華國學院，居西院寓所，就是現今清華園西門進去，左側，北至校醫院，向東延伸至小河的那片平房區。現如今亂糟糟，「私搭亂建」，遛貓遛狗，彷彿「棚戶區」，實則院落井然，只是破敗而已。憶往昔，西院也曾是園子裏一處僻靜居處，楊振寧先生一家就曾寓居於此。當年國學院有個學生，叫姜亮夫，就是後來有名的文史大家姜亮夫 —— 姜寅清先生，以字名世。其治歷史，治小學，治文學，「寬無涯矣」。尤其是文字訓詁之學，追步乃師。當其時，姜先生二十來歲，就讀國學院，有天晚上如約到西院王先生寓所，推門進屋，看到觀堂先生正在讀德文版的《資本論》（*Das Kapital*），頗覺訝異。可見王先生不僅是所謂國學大家，外文也能看。

嗟乎，順說一句，王先生死時比我還小三歲，剛剛五十出頭呀，故爾遺囑喟言，「五十之年，義無再辱」。時當 1927 年，先生自沉昆明湖，棄絕肉身，了卻一生，已非「悲欣交集」所能概括。陳寅恪先生以「一死從容殉大倫，千秋恨望悲遺志」哀挽，陳述惺惺相惜之意，而表彰唇亡齒寒之義。

乾脆再扯遠點兒。印象中清末民初，兩個人自殺，都曾引發社會哀痛，都為落寞庭園唏噓。一是梁濟先生，就是梁漱溟先生的父親，另一位就是觀堂先生。一時間興議紛紛，痛陳家國悲情，哀悵世道人心。帝國衰敗，文明衰頹，人心迷渙，則目睹身受，孤臣孽子，瞻前顧後，痛徹心肺，只能以一死了之，概可想像。

世道遞變，不惟綱紀潰敗，而且，引發人心山崩海嘯，那次第，門掩黃昏，煙淡雲寒，早非一個愁字了得。痛至深處，只好一死。所以，陳寅恪先生才說：「此觀堂先生所以不得不死，遂為天下後世所極哀而深惜者也。」

回到此刻的話題，是的，彷彿觀堂先生曾說，中國式思維更多偏向「意象型」。他本人敘事說理，著名的一例，是曾經三度引用古典詩詞，描述三種境界，即為一種典型的意象型思維。王國維的《人間詞話》中的比喻，大家想必都很熟悉。其間，王先生總結，古今之成大事業、大學問者，罔不經過三種之境界：「昨夜西風凋碧樹。獨上高樓，望盡天涯路。」此第一境界也。「衣帶漸寬終不悔，為伊消得人憔悴。」此第二境界也。「眾裏尋他千百度，驀然回首，那人卻在，燈火闌珊處。」此第三境界也。

在王先生看來，「此等語皆非大詞人不能道。然遽以此意解釋諸詞，恐為晏歐諸公所不許也。」接著，王先生又說，「大家

之作，其言情也必沁人心脾，其寫景也必豁人耳目。其辭脫口而出，無矯揉妝束之態。以其所見者真，所知者深也。詩詞皆然。持此以衡古今之作者，可無大誤也。」以此評驚觀堂先生本人諸論，亦稱允當，「無大誤也」。

的確，中國傳統文論，包括敘事說理，不惟抒情，為了說明事理，闡釋道理，辨析情理，常常以聯翩意象構造紛呈義項，引領思維意向，在將理性思維訴諸感性體認之際，自有透闢而生動之趣。哪怕是司法判詞，也常常訴諸比興，其之駢散結合，既有花判，亦有實判，實在是精彩絕倫。有名的一例，是清代袁枚袁縣令准允商婦改嫁的判詞。商人外出經商，五年未歸，音信全無，少婦寂寞，乃求改嫁。袁才子憐香惜玉，妙筆生花，開篇直陳：「爾真可憐極矣。年未四歲，怙恃見背；嫁甫一載，槁砧遠遊。深閨幽闈，不免淒涼；秋月春風，等閒虛度。陌頭楊柳，絲絲牽少婦之愁；枝上鵑聲，夜夜起遼西之夢。」

鄭板橋對於僧尼風流一案的判詞，直接用彈詞體，異曲同工。其文思植於人性，而才情力透紙背，哪裏是當今法學院淺薄之徒所能理喻者也。[1]

---

1. 具體情形是，鄭板橋任山東濰縣縣令，有好事者將僧尼二人扭送縣衙，告以私通。細問之下，原來二人曾為同村村民，兩小無猜，青梅竹馬，未出家時已然私訂終身。惜乎女方父母硬將女兒許配鄰村老財做妾。女子不從，離家出走，直奔桃花庵，削髮為尼。男子也憤而出家。是年三月三濰縣風箏會，不料，有情人巧遇，乃趁夜色幽會，遂有當場抓獲一幕上演。鄭板橋問明案情，原情析理，判其還俗婚配，提筆下判，詞曰：

   「一半葫蘆一半瓢，合來一處好成桃。
   從今入定風歸寂，此後敲門月影遙。
   鳥性悦時空即色，蓮花落處靜偏嬌。
   是誰勾卻風流案，記取當堂鄭板橋。」

所謂大才子，絕非虛名。不是大家，再裝，也是玩不出這等氣象的。可能，由於漢字是一種象形文字，導致中國式的論說方式常常徜徉於天地人鬼心性心智之間，時有譬喻，比興迭出。大家日常習用的一句，形容人格人品，以「出污泥而不染」作譬喻，清新自然，氣韻流盼，而又若合符轍，透闢豁然。朗朗之間，一個君子立定眼前，比多少筆墨都管用。

　　但凡成熟文明及其語言，陳述心事，描摹心思，提煉心意，哪個不是如此了得。吾土諺語，「說曹操，曹操到」，大致對應的英文是 “speak of the devil”，而法國人則以狼作譬 “Quand on parle du loup, on en voit la queue” [2]。在此，「曹操」、「魔鬼」與「狼」，三個物件兒，描摹的是不同形象，而表述的則為同一意象，皆為習常而精粹之例。錢鍾書先生讀盡天下書，在此最有本錢，彷彿信手拈來，條分縷析，我們庸常之輩，不要輕易模仿。

　　其實，就意象比興而言，前現代與現代早期的歐洲學術，亦且類此。科技發展到今天，尤其是技術的精細化，侵佔一切領域，影響所及，造成人文意象的衰落，勢所必然，黯然神傷而無須絕望。就現代早期而言，比方說，有的同學可能讀過維柯（Giovanni Battista Vico）的《新科學》（*New Science*）。朱光潛先生的譯本，行文清雅高致，婉轉跌宕，卻又潔淨俐落。《新科學》是歷史主義的曠世之作，也是文藝復興之後、現代新學術產生以前，那個時段關於歷史主義之集大成者。就此一脈思緒來看，不妨說，既是總結性的，又是開拓性的。細讀該著，可以看到作者的比興迭起，模擬意象紛呈。再往前看，即便古典樞紐時代希臘柏拉圖的《理想國》（*Republic*），如《法律篇》（*Laws*）中，說理絮絮叨叨，卻也有很多比興。

---

2. 編按：意譯說到柴狼，就看到牠的尾巴

現代理性主義如此昂揚，或者説，這般猖獗，實在是最近一兩百年的事情。而過猶不及，優劣良窳，一言難盡。吾國王學末流，不明所以，褒貶古今，竟以腳注多寡論成敗，實在是皮相之論。嘗見一夫，時膺某政法大學副校長，動輒盛讚西人，「哇，腳注比正文還多，多麼嚴謹」，云云，知其愚陋。縱便如此，不等於説中國古代的思維，包括西人的思維，比方説古典希臘的思維，不是一種理性形態。但是表達理性與理性的表達方式，並不一致，卻也是真的，説明人類的心靈和大腦總是交錯利用，而用得其所，就是善用。

　　為什麼呢？這便説到普世人類心智及其表達的個性問題了。在中國人的心中筆下，「理性」一詞，梁漱溟先生就曾做過分析，與近代西方理性主義語境下的所謂「理性」，論語義，論指向，並不儘然。梁先生未遑顧及英美分析哲學一脈與歐陸理性主義唯理論的差異，但説西人所説理性，基本類似於中文的「理智」，就是冷靜、客觀、講邏輯，此一解説，洋溢着直覺的穿透與辨析力量，也是梁先生的高妙之處。如同對待一個不變的可剖析物體一樣來看待自己和世界，此種心智和心性，構成了西人所謂理性的主要內容，反映為主體心智，便是"rationality"。而事物固有的、本來的脈絡，可以條分縷析、置諸案端來解剖的，叫做"reason"。所以，"reason"一詞至少也有兩義，一個是説如何看待它，作為解説的理論及其心智，還有一個是事物本身固有的脈絡、理脈、格致。置此情形下，"reason"蔚為心性，轉化訴諸心智，便做"rationality"。所謂"rationale"，意思是説你要給我講清楚，所以籌組會議申請經費得有個"rationale"，陳述一下開會的理據、效用和意義，一二三四，等因奉此，雲山霧罩。

　　由此，它牽扯到東西方古典時代思維方式的異同，後來影響到科學革命為何發生在西方，而不曾發生在東方等諸如此

類的解説，而一切解説都不過猜想，一種可能性回應。包括李約瑟先生的著述與圍繞它們而展開的漢語學界的回應，連篇累牘，林林總總，概為自小概率事件推論大概率趨勢，通也不通，不通也通，端看是誰在說，什麼時候說，以及怎樣說。我們不是科技家，亦非科技史家，不敢妄言，但從文明演生史觀來看，說它們概為歷史還原論，用今天的結果和現狀來回溯成因，總有一定道理。

說白了，居於強勢，則表揚與自我表揚，自吹自擂，將優點發揚光大；屈處弱勢，就批評與自我批評，自卑自虐，對缺點無情鞭撻。前者多半發生在現代西方，後者成為百年來幾代中國人的詛咒。可我們同樣知道，任何一種文明，哪怕是希臘華夏美利堅，從來都是優劣參半，按下葫蘆浮起瓢。再說了，歷史從來充滿偶然性，一連串的偶然性，還原論無法將它們排出因果鏈條。可能，偶然性更是潛藏於因果鏈條下的歷史動因。何況，長期以往，一方水土養一方人，則形禁勢格，恰如西諺所雲，「此為珍肴，彼則毒藥」（One man's meat is another man's poison）。

就以剛才的例子來說，西方文明孕育了現代科學，似乎主要不是為了追求科學，而首先是為了解釋上帝，證真上帝，說明超越主宰的至高至上，萬有萬能。不僅是哥白尼（Nicolaus Copernicus）要解釋上帝，到了愛因斯坦也還是為了解釋為什麼世界是如此之和諧永恆，因為上帝不會隨便亂擲骰子呀。其念茲在茲，在於探求存在本身這一永恆之謎，確定我們置身其中的時空位置，追索其中的因果鏈條。一層復一層的原因，一重又一重地追問，「胡馬依北風，行行重行行」。我猜想，諸如牛頓與愛因斯坦倆老，其深心大願，必定是欽敬和信仰超過分析的用意，所賴為願力願心，誠心正意，以此墊底，激發思力，啟動思旅。曾經看過一本傳紀，描述牛頓之為「煉金術士」的

一生，彷彿更像那個世界的牛頓本尊。[3] 所謂科學是在研磨煉金術士之際的業餘愛好，一種副產品，就如同撒旦是上帝的拙劣的複製品。當然，這只是一種解釋，也就是一種猜想，可能，並非確然剴切的信史，但也不妨聊備一說。

順說一句，牛頓 1724 年去世，同年，康德出生。那一年，是清世宗雍正二年，諭令刊刻《聖諭廣訓》，頒發國中。

回到梁漱溟先生有關理性的理述。是的，無論是中國文明語境下，還是一般國人口中，所謂理性，與西方現代文明界定的理性，無論經驗主義學統意義上的還是理性主義語境中的，論意涵，論端緒，可能確有差別。梁漱溟先生是這樣定義或者「描摹」理性的：「所謂理性，是指吾人所有平靜通達的心理」，一種「清明安和之心」；同時，理性不僅是「人類心理頂平靜清楚的時候，並且亦是很有情的時候」，所謂「平靜通曉而有情」也。

瞧，人家梁先生，平靜指謂，安詳敘述，直指要津，切中肯綮，實在超凡脫俗，活生生一個關於理性的現場版。

進而言之，在梁先生體悟，它包括人人「相與情厚」之「倫理」，與「好善改過」的「向上心強」之「義理」，而不是西方理性主義意義上的科學的「理」、物理的「理」、事理的「理」、邏輯的「理」或數學的「理」。合此倫理與義理，恰成理性。從否定一面來說，也是梁先生畫龍點睛之筆，「理性就是強暴與愚蔽的反面，除了這兩樣之外的就是理性。」在他老人家看來，凡此理性諸端合一，乃形成中國人追求「合理生活」的人生向

---

3. 參詳【英】邁克爾·懷特：《牛頓傳：最後的煉金術士》(Michael White，*Issac Newton: The Last Sorcerer*)，陳可崗譯，中信出版社 2004 年版。

上的趨歸。[4] 竊以為，此間抉發，連接起心性和心智，極高明而道中庸，較諸分析哲學所揭櫫的理性，更加澄明透澈，而人生嘹亮。猶有甚者，其之極富同情心，絕非單純理智所能包辦，於融會一種東方悲憫之際，將同情融貫其間。前年錢永祥先生出版的大著《動情的理性》，似乎與此頗多溝通，堪為知音。[5]

可是，唉，説到底，如同法國哲學家帕斯卡爾（Blaise Pascal）所言，理性啊，是一種理性所不知之物呀。

靈性飛揚

就此而言，聯繫徐恒君剛才所言，今天談論這一話題，還可以放寬視界，作更為多元的闡發。並非哲學討論，只在一般庸常意義立論，比如，理性的反面不是情感，其對立面是非理性，是譫妄，是蒙昧，是愚蔽。在梁漱溟先生的意義上，也可以説就是無情。自然，情感的對立面是無情，無情無義，而非理性。「我對你掏心掏肺，你對我狼心狗肺」，這就叫以「無情無義」對「有情有義」，是有情無情之別，而非理性情感之別。所謂「在這個無情的世界裏深情地活着」，著名的網絡流行語，道出了其間的緊張與和解。不和解怎麼辦呢？朋友，人就是這麼個東西，根本上是頭二貨[6]，沒辦法。至於是基於理性考量後如此這般，還是一時衝動之下率性使然，才牽扯到理性不理

---

4. 梁先生的論述，參詳氏著〈鄉村建設理論〉(1937年)，收見《梁漱溟全集》第 2 卷，頁 181，186，259，267，314；〈中國文化要義〉(1949年)，同上，第 3 卷，頁 123；〈與丹麥兩教授的談話〉(1934年)，同上，第 5 卷，頁 571。並參詳拙文〈文明的人生態度與法律生活〉第 1 節「人性、理性與法」，收見拙集《説法 活法 立法 —— 關於法律之為一種人世生活方式及其意義》(增訂版)，清華大學出版社 2004 年版，頁 67–74。

5. 錢永祥：《動情的理性：政治哲學作為道德實踐》，聯經出版事業公司 2014 年版。

6. 編按：網絡用語，意指呆子或傻子。

性、感性並非只是感性這類問題。它是一種人生態度，背後有自己的生命哲學，並沒取消問題。毋寧，正面迎應，有自家的一套積極方案。

而且，更為重要的是，除開理性感性，我們的心性中尚有一維，此即「靈性」，講的是我們作為此在俗世存在，一介俗物，卻秉具超越性，以及對於擺脫肉身而超越此在的無限渴望。有限的人類理性，一己的心性，正是借此靈性，欣慰於大千浩瀚及其永恆，而一時千載，千載一時也。通常所謂放飛想像的翅膀，讓靈魂翱翔，無遠弗屆，即此之意。因而，對於超越意義的感知，漫漶於此在彼在的隔絕與溝通而油然不能自已，這才慨然生發出一種道德緊張，一種有關不知、未知、無知與超越界的無限冥想。此亦非他，靈性也。換言之，對於冥冥存在、生死兩隔及其永恆和諧的體悟，不論其為天然授受還是經由後天開發而獲秉，其為一種稟賦，一種感知的能力，一種體悟的能量，不是別的，正為靈性之明證也。

人類，一個靈性飛揚的物種。

例如，具體而言，我們看到，有些人總感覺冥冥之中存在着一種比我們更為偉大的存在，莊嚴浩瀚，不惟主宰世間萬物，而且，締造時空。不是因為迷信，但是覺得須要敬畏。而此種心性心智不是別的，庶幾乎以「靈性」名也。對於萬物及其造物的欽敬，賦予此在以意義，如同時間衡量的生命的一維性所造就的前赴後繼意象，其之單程旅行之失而不可復得，反倒恰恰造就了生命的莊嚴景象。而生命，原本並無意義，卻因為靈性所在，其之旅程短暫而靈性飛揚，因而，意蘊非凡。靈性潛蘊，時時感悟，理性收攏靈性的感悟，訴諸理脈，讓思想澄澈，從而，賦予生命以莊嚴。

朋友，立定聆聽，耳畔迴響的是貝多芬的《莊嚴彌撒》（*Missa Solemnis*），就知道此種靈性之深沉莊敬，非理性所能比擬，卻借助理性之手而行走於人世。理性與靈性聯手，將生死打破，令此岸與彼岸暢行，叫肉身不再沉重，但卻彷彿虛脫，沖淡空靈而包裹萬有。

啊，音樂，傾述不能言說之心聲，傾瀉不可明言之寓言，真是我們這個物種最為偉大的創造。

故而，靈性之下是理性，其之交貫纏聯於理性，既補助理性之不逮，並借助理性而現身，同時，又避免了理性之呆板規範主義，而為此在人世及其心靈，輸入靈動，鑿開一眼氣孔，敞開一扇天窗。天光自此透入，一線如電，塵霾無處藏身。「心靈」一詞依舊獲享語言合法性，一切語言之合法性，就是最好說明。

比理性更低一層，作為連接主體與主題的媒介，驅導我們認識這個世界，做事也好，看書也罷，首先藉由它的萬能把手來感觸對象，進而，認識對象，可能，就叫知性。比知性更低的，可能就是感性了。感性是什麼呢？可能，就是我不經分析，甚至不假思索，只憑感覺，第一眼，感覺你不錯，這個叫做「不錯」的感覺、印象和體認，就是感性——「一見鍾情，白頭偕老」，這感覺多好，這感性多準。

是啊，許多時候，論理由講不清，擺事實又不足，但就是覺着你不錯，對脾氣，有緣份。此時此刻，彼情彼景，必定是感性在發功。所謂感性，來去有跡，生滅無由，不過就是這麼個東西。也有些時候，明知有理卻講不出來，或者，不知有無道理，但就是覺得不對勁，不公平，氣不順，心不服，也是感

性出力發功使然。相比而言，智的直覺，彷彿更多的是靈性在發功。

職是之故，在此意義上，愛情或者情愛，多憑感性，更濡染着荷爾蒙深重喘息的霧氣濛濛。但凡認真考量、左右尋思後認定愛上那個誰誰誰，便意味着已然經由理性過濾篩選，多半難說是愛情。我就是愛她或者他，不講理由，不講情由；想她或者他，控制不住地想她或者他，壓抑不住地為她或者他神傷，甚至「直教生死相許」——朋友，這就是愛情，人之生而為人的可憐分，卻又尊貴而光華！但凡講理由，論得失，就難說是愛情。講理由意味着功利，走的是婚配的路子。學歷般配呀，門當戶對啊，經濟條件不錯啦，有房有車喲，乃至於對方「父母雙亡」也——嚇，當然是窮爹窮媽，若果是富家翁，或者頭頂高貴烏紗帽，那可死不得，縱便遍身插管子，也得留住那口氣。

朋友，這時候不是愛情，而是婚姻。婚姻可能基於愛情，也可能無需愛情。

錢鍾書先生說，「結婚無需太偉大的愛情，彼此不討厭已經夠結婚資本了。」雖說是借小說人物之口，卻實在是大實話。相反，只要是愛情，就排除世俗考量，喜歡就是喜歡，不喜歡就是不喜歡。一見鍾情、白頭偕老，是最偉大的愛情，可能，也是最美滿的愛情，從而，是最為稀罕的愛情。因其稀罕，如同公平正義與誠實信用，所以，小說裏、電影裏和傳說中，哲學匠的高言儻論中，小資麻麻的朋友圈中，這才頂禮膜拜、連篇累牘嘛。

朋友，世間的大半婚姻，多是搭伴過日子，道出了庸常世態，更是一般人情。對此，不要失望，更無須恐懼。毋寧，擁

抱這份平庸的幸福，才是人生呢，真正的人生，而有望渡過人世滄海，歷盡一生一世，平安抵達彼岸。

遠航終要泊港，一如風箏那頭牽着線呢。浪漫人生，絢爛愛情，可能，恰恰需要家長里短來滋養。

你看那海子[7]，爛漫如赤子，要是有這份滋養，此刻必定還在歌唱！

當然，自認面對陰陽，成竹在胸，已經「認真考量，左右尋思」，其實卻依舊不過為一己感性及其深處的荷爾蒙所驅使，這種情形，自古常有，是這一場景「人的境況」，尋常而正常。那時節，血往上湧，心跳加速，頭眼昏花，分得清感性理性嗎？待得悟覺，生米早已做成熟飯。故而，所謂「旁觀者清」，蓋言冷眼旁觀，心不跳，血不湧，拒為感性及其深處荷爾蒙所蠱惑，於是，那叫做理性的傢伙便挺立在側，出力發功，而獻計獻策矣。

講到此處，不免要發一點感慨。就是有時候想到人類的心性和心智，或者，什麼靈性、理性、知性與感性，其實，其為構成人之所以為人的質素，是在撕裂狀態中，逶迤加蜿蜒，遲延復推延，而逐步自我圓成的。而且，它們彼此交錯，明修棧道，暗度陳倉，也是亂成一鍋粥。作者信誓旦旦，下筆如有神助，這性那性的，正說明怪力亂神，所去不遠。

這樣說，大致含義包括兩個方面。一方面，此在個體立場立論，對於孤獨個體之立世存身，提出了極高的要求。因而，所謂「圓成」是一個世世代代的修行，一個以個體為單元的接

---

7. 編按：當代中國青年詩人，1964 年出生，15 歲考入北京大學法律系，期間開始創作詩歌，1989 年自殺，年僅 25 歲。

續的事業，是人類永恆的自我啟蒙。究竟是什麼造就了個體秉具內在道德緊張這一機理，絕非靈性或者理性這類解釋所能簡單打發，亦非進化演生之類的科技修辭即可一言蔽之，而另有深遠潛幽，有待窮追竭索。

另一方面，什麼叫「撕裂狀態」呢？最簡單的一點，也是最為原初的理由，就是我們之產生本身並非自家做主的結果，根本排除和否定一切人之所以為人的主體意志。毋寧，如哲人所言，「是被拋到這個世上的」。生死做不了主這一事實，讓自由意志與自由概念本身，成了一個笑話。

實際上，我們從何而來，無論科學、哲學、玄學還是神學，一切的什麼學，這個學，那個學，不管是後綴 "-logy"、"-graphy" 還是 "-onomy"，至今無一能夠提供足令人類整體放心而圓融的解釋。達爾文的「猴子變人」是「上帝造人」的另一版本，現代科學對此早已多所證偽。愈來愈多的證據證明，它是一個一廂情願的解釋，或者，只是多元解釋中的一種，最大功效，是將上帝老爺趕下了造物主的寶座，不過承接了文藝復興和啟蒙運動的人文思潮並且在為它們張本而已。而且，就是科學本身，歷經演變，也早成一種意識形態，愈往晚近，其意識形態色彩愈益濃重。近些年流行的所謂人類非洲起源說，如同大爆炸，同屬科學猜想，或者，表面看是科學，內裏不過是全球化及其逆向殖民事業，幾經輾轉，脫胎而為一種技術說辭而已。

說來有意思，人文社會思潮的潛移默化，內裏影響甚至直接決定着科學探索的意向，如同科學結論反過來作用於人文社會思潮的走向，並徹底改變其運思方式。兩家交錯為用，含沙射影，淮橘為枳，原本不是什麼秘密。當事人總是特定時代的產物，而為攜帶特定時代思想和理念的實踐者，雖為時代風氣

所塑造，以一己身心承受時代，並映照和印證着這個時代，卻自信滿滿，信誓旦旦，未必自知而已矣。可是，若無自信，昂起頭，還怎麼活呢，你說，朋友？！

就說這個人類非洲起源説吧，據説是科學，可我怎麼看怎麼像是白左[8]理論的科學版本呢？！

故而，值此情形下，人從何處而來，是科學、宗教與人文三家，共同須要解答的，但卻是有限理性難以即刻解釋清楚的。自然與世界的魅力在此，人生與人心的苦惱同樣在此。果真解釋清楚了，那多無趣，而且，也許離人類毀滅也就為時不遠了。因為一旦解釋清楚了，後果之一就是它意味着人類可以完全複製人類，控制一切進程，而人性卑劣，一旦獲此權能，後果不堪設想。正如此刻大家為死所困，孜孜於長壽之道，可不曾想過，萬一無死，是的，這世上無死，那千萬年的進化本身豈非又是一大笑話，而直要將人類送死嗎？！

縱便時至今日，宗教依舊在此佔有一席之地，令人意想不到，卻也無須大驚小怪。可能，走到盡頭，走不通了，無路可走了，只得靠宗教，在喚起關於彼在的內心信念之時給予我們此在生存的勇氣。這不只是一種擬制的宗教宣諭口吻，嗨，真真切切，也是社會科學實證研究的結論呢。

朋友，不為別的，就在於，一切皆可複製，唯獨人類不可能也不應被複製。人只能自然生產。若説理性賦予人類以莊嚴，則理性在此，既是莊嚴本身，也是一切莊嚴的起點。

---

8. 編按：網絡流行貶義詞，用於稱呼具左翼傾向的西方社會運動分子及政治經濟精英。

人性可知而叵測

　　接着往下説。置此語境，有三點可供抉發，在此願與同學諸君分享。它們既是一己體認，可能，也是千百年來，一代又一代人，口誦心惟，心思重重地反復申説的大白話。

　　首先，善惡一體，與生俱來，天造地設，道出了生而為人的悲欣交集。人性澄澈而混沌，人心明辨卻晦暗。人性既多冥晦，人心愈益隱曲，內含靈肉衝突，生死懸隔卻又匯通，則煎熬之下，局促之中，飲冰茹蘗，人性底層與人心深處，或多或少，陰暗重重，也就順理成章。畢竟，以自我為中心，將私利最大化，是生存的基本事實。它是我的一部分，它們構成了我們，如同陰陽之相反相成，如同光明需要黑暗反襯才成光明。揮之不去，只能藏諸肺腑，躲進一己私性生活。或暗自神傷，任憑世事絲絲滿鬢。或心懷僥倖，猶聽簫鼓村村繞月。倘能壓抑，阻隔其外溢，善哉。若能無害排遣或者轉化，則善莫大焉。

　　説到底，一切社會法政設置，包括立法司法，禮儀道德，天地鬼神，婚姻家庭，「念茲在茲，尚想孔伋」，就是繞此打轉，而將人欲善自轉圜。可情形常常是，一不小心，它們蠢蠢欲動，伸手展腳。稍有鬆懈，便會控制不住，它們大展拳腳。窮凶極惡之際，搗廟堂，毀田地，害人害己。千年訓育，萬年進化，擋不住人性一夜之間退回蠻荒。這不是猜想，更非杜撰，亦非聳人聽聞，而是屢次三番的歷史。實際上，就是日日上演、天天重複的眼面前的現實。個體而言，就説我們的一生，誰沒有過這種時候，誰不曾為其所俘獲，哪怕只是短暫一瞬，儘管不過心生一念。

　　是啊，「無辜之惡」，與生俱來，擺脱不了，掙脱不得。剪不斷，理還亂，我們為此神傷而無奈。若果對此無知無覺，

也就罷了，可我們偏偏天賦德性，秉具反思意識，這便輾轉反側，寢食難安了。正因如此，「道德之惡」，理當迴避，卻偏自覺自為，沖決底線，遂無任何藉口。惡人之為惡，就在於對此排遣壓抑不足。反過來說，徑隨惡念，遂離善好愈遠。故而，做好人不易，許多時候，惡人也是不得已。未曾滑落至惡，實在是僥而幸也。這不是在為惡尋找藉口，亦非為惡張本。毋寧，是同情人性本身，記住「沒奈何，真的沒奈何」，依舊是我們的生命常態，而為日常營生，為生民多艱，規行矩步的同時，拋灑一掬同情之淚。而這便也就是善好，一種基於同情自身而普泛化的盈盈愛意。記得一位哲學家，經歷過「二戰」與歐洲極權政制，就曾喟歎，「魔鬼經驗是我們自身的一部分」，好像說的也是這個道理。

其次，我們對於外在的慾望，對於未知之域探求的無限性，與探求能力和此在條件的有限性，從不相侔。可能，恆有落差。而且，其間差距，不啻霄壤。進而，人類理性所能歸納的存在之為一種無限性概念，和人類本身及其理性秉賦其實之為一種有限性存在 —— 極其有限的存在 —— 這一事實，此間之扞格不鑿，知之愈多，愈發顯豁，不僅讓我們深感肉身沉重，令生命沉重卻虛脫，而且，直要懷疑渺小人類何以泅渡彼岸，而將一切存在，包括思的意願及其能力，歷史以及人性就是歷史性這些原本賦予存在以意義的體系，釜底抽薪，徹底毀滅。恫嚇、戰爭，如同失戀後的蓬頭垢面，形式規模有別，查根源，論本質，都是慾望受挫後的自暴自棄。本來，這是常識，所謂「天意從來高難問，況人情易老悲難訴」。但是，其之無情展示，令人類灰頭土臉。以謙卑為幟，包裹得嚴嚴實實的那點兒尊嚴，孱弱兮兮，對於其實早已潰不成軍、屢敗屢戰的人類，根本不成號令。

也就因此，善惡一體，知與無知，有限與無限，及其所導致的肉身沉重，表諸生活是一個瑣碎而重複的無意義進程這一現象，一種將有死性不斷現實化的個體再現形式，既在證實我們之為一種此岸存在的基本特徵，更在毀滅一切超越的生命僭望。

可是，這本是人類心智與心性的卓越所在，也就是人類存在的唯一意義而已呀。

在此，宗教無能為力，科學與人文，同樣束手無策。一本糊塗賬，徜徉悠遊，可能，才是個退路。於是，人心惟危，道心惟微，淡水砍柴無非妙道，聖人滿大街。可這樣一來，連謙卑的資格都沒了。痛苦，痛苦吧，一種屬人的事實，成為純粹此岸的事情，與歡愉相伴，養育了生命的此在。泄慾之極致便是無慾，而無慾則剛。痛苦至極，可能，歡愉翩然而來，而歡愉或者喜樂，用肉體烘托起身體，以身體承載生命，這才營造出一個身心一體的人呢！

就此而言，悲劇實為喜劇，鬧劇才是正劇。反之亦然。好一個大千人世，哇！

再次，也就因此，如前所述，心性與心智，構成人性的兩維，意味着它是一個靈性、理性和知性、感性的統一體，一種複雜多元的無限可能性。以此狀述，優勝之處在於開啟了多維向度，意味着同時打開心靈的無數窗口，而開示了生命的無限可能性。同時，弊害不免，完整的生命與身心，由此不僅是碎片化的，也是除了死亡之外萬般不確定的。為什麼我們時常彷徨無主，無力無助，就是遭遇到並且借由「感性」、「理性」，這個性那個性的參與，而製造出了這種碎片化，其之不確定性，反過來同時證偽了這個性那個性的合法性。碎片一地，歸攏不

住，則收拾不住，意義破滅，身體只剩肉體，尊貴的生命頓時還原為瑣屑的生活。為什麼我們時常思進還退，欲言又止，實在是因為面對碎片一地，卻又不能自控，難以抗拒肉體在生活中延續的本能，進而圖謀身體，掌控生命進程。可是，天地有德而無情，我們終究徹底無能為力，不忍投降，而走投無路，遂無限尷尬，便以蒙昧自處，日復一日，年復一年，一代又一代，蹣跚走向那不確定的未來。

未來本身也是一枚碎片，光照之下，熠熠生輝，勾人。一旦暗夜覆蓋，兔走烏飛，不過土牛木馬。憧憬，想像，還有嚮往啦，希望啦，同樣是一種天賦德性，置此情景，如秋葉紛披，自身遂成碎片。你能，喙長三尺，夫復如何？

就此而言，迄今為止，人類發明的所有理論，一切的思想形態，均不過旨在尋求完整性，也就是心性圓成，而避免碎片化的心智努力。心靈下落為心智，便無稀奇，更無驚奇，人類搗鼓半天，不過如此。可就如同瀑布落歸，靜水流深，不若水性楊花，才會潤澤大地。所以，終究而言，旨在對於世界和我們自身進行統一解釋的無限嘗試，只能獲得有限結論，永遠都是有限結論，給自己做一個暫時的交代。此如觀堂先生所言，中國式的意象理性或者意象型思維，實為一種調和的折中，靈動卻實在，具象而實則無形。中國哲學家李澤厚教授說中國傳統思維是一種「實用理性」，以及其他種種說法，要亦不外乎針對碎片化的存在，而努力謀求系統化的解釋，從而為漂泊不定的人生和同樣漂泊不定並且更加捉摸不定的世界，找到一個穩妥的基點，暫時滿足心智而告慰心靈。其實，也就是找到一二達成妥協的理由，從而活下去的面子。

是的，一旦意識參與，外在世界便確定無疑了。可意識多元，外在世界遂復搖撼，又不再確定不移。你可以信誓旦旦，

正是這種努力賦予生命以意義，但也可以揶揄，正是這種努力，讓我們永遠無法達臻彼岸。不僅不可能獲致終極答案，而且，恰恰是在新造愚蔽，自尋煩惱。

可是，煩惱，一個生存論的事實，是生命的本質，不也就是意義嗎！

造物弄人，欲擒故縱，一點不假。

因此，在人生論立意，則對於意義的探求，只能是在漫長歲月裏，一步一步地挪移，而以慰藉當下人生為極致。故而，一人、一生、一世，一代人或者一個世代、一個時代，只能是這樣一個人、這樣一種人生，也只能是這一世代和這樣一個時代。它們連綿接續，不可贖回，以今天為明天接生，讓明天為後天送葬。

有一句老話是這樣說的：「放眼長遠，萬事皆悲；立足當下，好自為之」，對譯英文的 "long-term pessimistic, short-term optimistic"，好像是在錢鍾書先生的某部著作中看到的，記不清了，大致就是這麼個意思。本來，人生如寄，命如悲風，恰如宋人歌詠，「聚散摶沙，炎涼轉燭」、「到頭一夢，螻蟻王侯」這歌詠，空靈沖淡中內涵着悲切美感，儒釋一體，只有古老文明才有的心智感悟，慣看滄桑的心靈美感，實在是因為世界本身高渺不可知，而我們寄身在此，渺若塵沙，那彼岸遙不可及也。

哈，「傷心秦漢，生民塗炭，讀書人一聲長歎。」

五、學思源於問題

翟顯赫同學就「讀書與寫作」發抒感想，說許老師的心性傾向於文史，而自己最折服的就是《漢語法學論綱》的語言修辭功夫，當然包括廣征歷史文獻資源，以及凡徵引皆有文獻出處等等，則對於如何經由閱讀文獻而凝煉學思，紬繹問題意識，再錘煉修辭，進而，「轉化成自己的東西並運用」，頗感困惑。

此外，在翟君看來，此書的文字「近似於古文」，則老師借此修辭風格「論述漢語法學」，是如何掂量取捨的？又是如何下這番功夫的？

凡此種種，不一而足，翟君希望老師作一解答。

「搞」什麼？

對此，我想說的是，本書文字尚算通順，力爭雅馴，但既非「古文」，談不上功夫，更未足堪效法。近代漢語學人，處古今之變，積中西勞慧，百年之間，墓木已拱，早有定評，而高山仰止，足堪效法者，不在少數，下面還將敍及。先秦與宋明兩大時段之後，清末以還的此一時段，尚在行進之中，必成華夏文明第三輝煌高峰，有好戲看，在後面。至於徵引必有出處，例皆本分，做學問的底線，更為題中應有之意。晚近學風隳頹，墜落底線多矣，徵引必有出處這一本分居然還受褒獎，

怪而不怪。其實，縱便認真查證，小心校對，仍然難保無錯無訛，這便有賴編輯、讀者和同仁，指正匡謬。就以本書第一章為例，《清華學報》刊發時，編輯仁心慧眼，便曾指謬多多。「集體大腦」，這一奇特組織結構，如一位學人所言，至精至誠，集思廣益，是人類優勝其他動物之處。有關於此，涉及今日漢語著述的表意體系與學術規範，暫且不表，後面再說。

這裏先就心智心性，接着再說兩句。每個人的心智，難免高低之分，多半是中智之人。但心性，則無高低，只是一種傾向性。拿我自己親歷的一件小事來說，可能有助講清道明。

公元 2000 年初，回國，落草清華，要評職稱，走程序。春天，草長鶯飛，花絮翻舞。明理樓內，夜晚的燈光溫煦而不可測度，隱隱射向四壁。法學院評審會上，一位當時花甲出頭的先生，就是我前述「最差的」那一撥教授，實話實說，也是我最鄙視的那一撥，以重複句式——姑且也算是一種句式，再三追問：「你到底是搞刑法還是搞法理的？你到底是搞刑法還是搞法理的？」

面容峻刻，口氣兇惡，不像是「同一個單位」的同事，卻彷彿是在審問犯人。「文革」十年，此人行走邊疆，確實就在執掌「刀把子」。我直感「鬥批改」回來了，一下子印證了時常縈繞在心，卻又多所模糊的希臘古話，「最高的已然落下」。故而，訝異之餘，卻又差點想笑出來。嗨，不就是評職稱嗎，不就是奉旨行事嗎，多大個事，何苦來哉。但是，說真的，究竟何所來哉，用今日網絡語言，「什麼仇，什麼怨」，我不知道，迄今還是不知道。可能，他也未必就真知道。

其實，何須追究，一個「搞」字，說明了一切嘛。時代，還是時代，決定了一切，每個人都逃脫不出。「天地中間大，過

雨璿空濕。無事微吟，會心微笑，逢場微醉」，集古人句，道今人情，何必呢，老人家。

記得當時我的回答是，在下不存在您說的這個「搞」什麼的問題。食草食肉，抑或葷素雜食，天定命定，難能苛求。又好比吃稀飯呢還是乾飯？可以早上吃稀飯，中午吃乾飯，晚上既吃稀飯又吃乾飯，胃以喜為補，無妨。總不能說早上吃了稀飯中午就不能吃乾飯吧！因而，後來幾年裏，在下打雜，不僅教授過刑法、刑訴和犯罪學，還講授法理法史，也應約教過憲法（一年講了五個來回，從此聞聽二字就要嘔吐），甚至還遵命教過什麼「法律英語」。東「搞」西「搞」，遠取近譬，雖說牽扯精力，分心勞神，但終究開卷有益，相得益彰。不在「成功」、「卓越」打轉，僅就求知問道而言，倒還廣種薄收，愜意得很，好玩得很。晚近十年，在下心思主要放在政治哲學，深感全體國民政治上的和平共處蔚為大端，遂離法學愈遠，卻反得遠觀之效，於比較中掂量，在互助中抉發，而於法意體會愈深，也是跟着疑問走，由着性子來，而燈燈相映，而心心相印。

其實，朋友，求知治學，多半從一個學科知識出發，在此基礎之上，如果心性飽滿，心智好奇，心力強健，自當不斷擴展，以求廣聞博學。我最近十年的研究領域主要不在法學，而在政治哲學，再拓展至文明史場域，算是經由自我修習而自覺提示的例證，全憑心性驅導。經此轉折，無妨於法理法意旁敲側擊，遠瞰近觀，終亦必匯聚一堂。如此轉折，有可能「一事無成」，但也可能「修成正果」呢！有人打趣，說我現在不是法學教授，毋寧，更合適做史學和政治哲學教授。要是真有此間資質，倒也不是壞事。其實，如果你心性飽滿，也有這個能力，當然可以作無限擴展。通常而言，吾輩常人中智，若有事功追求，則須收心，專治一科，「多發核心期刊」，不能像我這

樣任性。任性要有本錢，我們不是梁任公[1]，也不是司馬賀[2]，生計職業所迫，中智常人，只好老老實實，「幹一行愛一行」。但是，縱便如此，「餐秀色，挹高致」，讓心智開個小差，滿足一下心性，又有何妨！

說來好笑，直到現在我還在主編《犯罪學》教材，剛完成了第四版的修訂。要是上述那位惡狠狠發問「搞什麼？」的先生在世，不知會說什麼。

元代郝敬作《寄繆大質茂才》，文中喟言，「捧腹一笑，世上機阱都盡。每暗中摸索白晝觀想，真崎嶔歷落，可笑人也。」

具體情形，拙文「落草」，收《坐待天明》，有所敘述，大家自己去看吧。

---

1. 編按：即清華國學院四大導師之一梁啟超。
2. 赫伯特・亞歷山大・西蒙（Herbert Alexander Simon, 1916–2001），漢名司馬漢，認知心理學和人工智能開創者之一，榮獲諾貝爾經濟學獎的心理學家。一生治學廣博，獲獎無數，歎為觀止。其中包括：
諾貝爾經濟學獎（1978 年）
美國管理科學院學術貢獻獎（1983 年）
美國政治科學學會麥迪遜獎（1984 年）
美國總統科學獎（1986）
美國運籌學學會和管理科學研究院馮・諾伊曼獎（1988 年）
美國公共管理學會沃爾多獎（1995 年）
美國心理學會傑出科學貢獻獎（1969 年）
美國心理學基金會心理科學終身成就獎（1988 年）
美國心理學會終身貢獻獎（1993 年）
美國計算機學會圖靈獎（1975 年）
國際人工智能協會傑出研究獎（1978 年）
美國國家科學金獎（1986 年）
國際人工智能學會終生榮譽獎（1995 年）

話說回頭，拿你這位同學來說，現在修習法律，未來某日，突然於《易經》興味盎然，而「改行」習易，也不是不行呀？誰說你不能「搞」《易經》呢？說不定鑽研日深，闡幽發微，另闢蹊徑，成了易學大家，跨越高亨，直趨俞樾，氣煞金景芳。今天以政治儒學名世的蔣慶，三十七八年前不就在法學院上課嗎！心智潛能無限，興趣導引，放飛想像，直要神馳八極，席天幕地嘛。之前發言的兩位同學，你們都是傳媒專業的在讀學生，但卻對法學更感興趣，其實兩不妨礙呀。既可以攻讀傳媒，把玩現代傳播的理律及其撥弄人心的陰謀陽謀，也可以研習法律，窺察人間規度的流轉分合，乃至於合二為一，而專注於所謂「傳媒法」，釐辨隱私權與知情權的邊界，查考憎恨言論與誹謗挑釁之於新聞自由的緊張。若果真成雙棲人才，上引至憲政層面，而有助於安頓世道人心，朋友，那才是你的本事，也是你的本錢呢！當下中國，還真就缺這樣的人才呀。

行文至此，彷彿發現，每個人的成長，自是孤單個體的一己奮鬥，但實際上又何嘗不是時代的產物。或者，更且是時代的產物，而終究是時代的產兒。時代躲在身後，大而無形，席天幕地，手指尖輕柔一撥弄，你就完型啦。要麼像個人，折騰。要麼輾轉泥塗，命都難保。

就拿我們這代人來說吧，接受基本教育的時間段落正好在 1970 至 1980 年代，而於 80 年代初期完成高等教育，裏裏外外，身心靈肉，都烙遍那個時代的印記，不可能擺脫那個時代的影響。翻開當年的教材，你會發現，竟然有那麼多的扭曲歪曲，那麼多的謊言讕言，那麼多的無恥無賴，而這就是時代，並且同樣是時代的產物，而合力發功，進而造就了我們這些時代的產物。

此情此景，有詩為證，恰如雪萊《頌天》所詠：

住口吧，塵芥！對你這猜測
蒼穹只報以輕蔑，淡漠
天是誰？你又是誰？
你只是它的無垠的瞬息
太陽和天體在飛，
你是那飛行精氣底一粒

與此同時，雖說我們只是「一粒」，瀚海一粒，荒漠一粒，但好奇心、求知慾、讀書慾，以及好勝心、慈悲心、不二之心，凡此種種，個體涵受與表現程度有別，畢竟皆為心智所固有。縱便勢禁形隔，天空滾雷，也無所畏懼，不可遏止。它們恆在而多情，驅使着你走進明堂，邁步辟雍，埋首經卷，撥開歷史的迷霧，瞻望世界浩瀚，而人生不出須彌，近則當下，遠則千萬載，先賢的心思，居然一如今日的焦慮。此時此刻，端詳前輩的著作，他們如何下筆，怎樣收官，其文采斐然，邏輯井然，意義浩然，而心思愀然，這下「如雷灌頂」了，這下「恍然大悟」了，這下「脫胎換骨」了。此情常有，此景常有，程度不同，影響不同，但凡讀書，用心沉潛，總有體會。

比如，有段時間，我閱讀吳經熊先生的著述，欽敬其輾轉神俗，「中英俱萃」，自成標格。有此坐標，則法學境內，一覽眾山小。其他種種，不妨類推。

總而言之，世界廣大，一己微末。不僅所知有限，更且所能有限。久困人間，伸展不得，甚至動彈不得，是吾人的宿命。所謂「久困人間」之「人間」，實指你我所在的具體情境，一個常常是給定的、在境性的具體社會關係網絡，一個特定時代下的家庭、社區、學校、單位和國家，一條河流旁的村社或者一座山巒下的街道。雖說天大地大，它就這麼大，而它就是你的人間，有什麼轍。「光！便有了光。」嘿，從沒那個事。

因而，一旦走上讀書治學黃泉路，漫漫求知旅程上，如何顛簸前行，有所體悟，進而，將自己的心思圓滿呈現，並形成一種言說方式，凝煉為表達的套路，貼心貼肺，直須苦苦求索，經年累月的磨礪。結果可能有所成就，也可能一無所成。春種秋收，是常態，但冬雷夏雪，顆粒無收，也是常態。

記得木心講述的《文學回憶錄》裏有句話，大意謂政治和軍事不以成敗論英雄，凱撒項羽們均為悲劇英雄，卻世代為人景仰歎息。但文學藝術不同，「必以成敗論英雄」，不行就是不行，[3] 所論正為常識，道出了人間常情。

不過，話說回頭，不正是求索本身，包括「失敗的」求索，給當下的人生以意義支撐，從而滋養涵育了人心嗎？！否則，肉身沉重，靈性虛脫，意義何在，朋友，那還咋個活嘛！

文如其人

這便要說到「文字修辭」了，也是剛才翟君的關心所在。從一則掌故說起。話說，當年余英時先生在美求學，與錢穆先生時相鴻雁往還。錢先生曾給弟子寫過一封長信，細敍先賢與同輩學人的文字，每多辟見，最為感人。[4] 比如，1960 年 5 月 12 日的信中，論及陳寅恪與胡適之兩位先生，所見歧異，不同流俗。在錢先生看來，陳寅恪先生的文字，「冗遲而多枝節」，而且，「臨深為高，故作搖曳」，一文刪去十之三四，方始可誦。記得當初看到錢先生這段話，心驚膽戰。因為我讀陳先生的文章，高山仰止，景行行止，只能感佩，沒想在錢先生眼中，居

---

3. 木心講述、陳丹青筆錄：《文學回憶錄》，頁 1007，廣西師範大學出版社 2013 年版。

4. 余英時：《錢穆與中國文化》，遠東出版社 1993 年版，頁 231。

然若此，則驚顫不免，而惶恐不已。讀之再三，揣摩比較，把玩品鑒，末了，堅定己見，並不完全認同錢先生的說法。但在錢先生，自有道理，非故作高論。在他看來，陳先生的文字須要刪減之後方始可讀，說明尚須提煉，抑或，二人審美有別，而審美是典型的心性機能，千枝萬葉，一花一世界，隨個體而有別，任心性而不同。

又如適之先生的文字，我斗膽以為，不少急就章，頗隨意，潦草拖遝，真正須要刪減規整。但錢先生卻說胡先生的文字，清白如水，蔚為一大優點。當然，適之先生對此自有主張，因而，連《丁文江傳》也非寫成《丁文江的傳紀》不可，正為篤實踐履自家語言哲學的顯例。可能，缺點在此，優點也在此。錢先生最推崇章太炎先生的文字，認其「最有軌轍，言無虛發，絕不枝蔓，但坦然直下，不故意曲折搖曳」，堪當論學之正宗。就是說，若非文學之筆，而是治學問、寫論文的話，則太炎先生文字，最堪效法。

後來讀書，揣摩比較，深感錢先生的文字同樣堪為論學正宗。看看他的《國史大綱》「導言」，敘事說理抒情，水乳交融，即一目了然。入室弟子余英時先生的文字也好得不行，把中國古人文史表達的典雅精煉和現代西式句法所講求的邏輯性、透徹性，合二為一，行雲流水。近世歐西，以建築與音樂，最為令人欽佩。特別是歐西的交響音樂，其以樂段表現意思，而成旋律，千變萬化，意蘊無窮。相較而言，中國的古典音樂及其樂器，如古箏、古琴與琵琶，是一個音一個音，一撥一彈，線性展開，深淺輕重之間，注重音色，盡在一個「韻」字，讓你去體會。因而，要求閱讀者、欣賞者的造詣和演奏者合轍，才能形成共鳴，最後達到圓滿的呈現。與此不同，交響樂以樂段為單元，一段一段連綴成篇，其旋律呈現，調動和聲，當下造

成極大感官衝擊。即便你領受力有限，但在其強力衝擊下，多少也能有所悟覺。

我讀余先生的文字，感覺其以「樂段」為單元，似乎即有此種效果。不像沈從文先生或者海子，余先生的文字是可以學的，可以模仿的。同代人裏，我最喜歡的是唐德剛先生的文字，出神入化。在下行文寫作，受他老人家影響很大。他把文史研究的典雅行文與說理抒情結合起來，舉重若輕，雅馴高致，不屑故弄玄虛，讀起來曉暢明白，卻非功力深厚不能為之。

對於唐先生的書，還有我的文字，淺薄之人以「半文半白」歸結，實在不靠譜。怎麼叫「半文半白」呢？其非文言，亦非粗糲白話。毋寧，就唐先生的文字而言，是最為典雅的現代漢語，一如《管錐編》是最為雅馴高致的文言。新文化運動以降，現代白話文字漸成通用語文，分歧出兩脈。一脈是革命話語，經由延河浸潤，至「文革」而登峰造極，迄今餘脈婉轉。我們這輩人上中小學的時代，滿眼所見，多是「大刀向鬼子們的頭上砍去」、「不須放屁」這類詞語，肆行「社論體」，粗鄙粗暴，假大空，把中文的優美雅致，糟蹋殆盡。還有一脈是從梁實秋、林語堂、豐子愷、沈從文到唐德剛們，將古典漢語的雅致溫文帶入現代，而成典雅溫馴的現代漢語。而且，文字不是口語，固有其特點，而展現個性與風格。正是在此，或細膩婉約，或奔放激越，或豐贍雍容，或嚴謹周至，正所謂，「一花一世界，一葉一菩提」。

有人說英語的一個好處，或者，一大優點，就是口語與書面語無甚差別。這是誤解，或者，無知。你想想，英語詞彙浩瀚，歷經千年，積累了萬千典雅修辭，載述了多少細膩感受與迤邐夢幻，而映照著自家的苦難與歡欣。牛津知識分子的遣詞造句和紐卡索煤礦工人的口語，差別天壤，該如外語一般吧。

因此，今日中國須要的不是什麼「語言大眾化」，更非語意不明的什麼「人民性」。毋寧，經由語文作育，體會傳承古典中國語文的典雅、精緻和深邃，而提煉修行出典雅溫馴、精美高致的現代漢語。具體修習，依賴萬千讀書人的造化，須要數代人用力，但此為方向，朝此勉力前行，為此用功，以此表彰現代中國文明之盛大雍容，總是不二法門。唐代劉知幾感慨，「文之為用，遠矣大矣」，則其遠大，莫不在此矣。

在此，說到傳承，就有一個閱讀、觀賞、揣摩和模仿的問題。有些模仿得了，有些是模仿不來的。比方說，黃仁宇先生的文字了得，不僅是在運用文字，簡直就是在創造文字，而出神入化。但黃先生的文字不能學，因為他的文字如同詩歌，是天才的文字，而天才只供膜拜，學不得，不能學。否則，綆短汲深，自尋煩惱，找死，作死。因為，他能做到的，你就是做不到，這是天意，而天意不可違。當年趙樸老作《某公三哭》散曲，其三嘲諷赫魯曉夫（Nikita Khrushchev），「實指望，賣一批，撈一批，算盤兒錯不了千分一。」

拋開其所指，而伸展其能指，可算是道出了人算不如天算這一老道理。

想一想吧，莫扎特只活了那麼點兒年紀，可作品浩瀚，而且，無一闕莫非精品，一般人怎麼學？怎麼學得來？再想一想吧，那個德國作曲家理查德·施特勞斯（Richard Strauss），20世紀的人，耄耋高齡，而情如泉湧，居然創作了《最後的四首歌》（Vier Letzte Lieder）。你們聽過這部作品嗎？晚年心事如浮雲，某天讀到一闕情詩，而觸景生情，想起已逝的老伴，旋律油然心生，遂縱筆寫下。夜深人靜，聆聽這部愛意款款的作品，不免感慨，老人心力強健，而又細膩如水，情感如此奔放激越，卻又深沉內斂，有如深谷溪流，迴還九轉，奔騰不息。

不可思議啊，不可思議啊，是不是！你看我們這些人，五十來歲，「愛不動」了，哪裏還有這等心性和心智。相比之下，高下立判，但也不要因此就尋死尋活不是。

> 「噢，奧雷里亞諾，」他歎氣道，「我知道你老了，可現在才明白你比看起來的樣子還要老得多。」

這是哥倫比亞作家賈西亞‧馬奎斯（Gabriel García Márquez）《百年孤獨》（*One Hundred Years of Solitude*）裏的一句對白，大家翻到范曄先生的中譯本，第 215 頁，看看究竟是怎麼回事吧。

歷史學家汪榮祖汪先生，我們徽州鄉賢，亦逾古稀。前不久在人大《蕭公權全集》首發式上，還曾見過一面。老先生謙和，神清氣爽，不卑不亢。自美退休後，汪先生到台灣一家大學任教。論其文字，則精準雅致，無浮詞，無雜質，沉鬱厚重而又文采斐然，在我看來，屬勤學苦練而可臨摹者也。汪先生的作品包括大家熟知的《史家陳寅恪傳》，堪為漢語論學文字之典範。

總之，像錢先生的文字，就是那一輩讀書人，書念得多了，用功寫作修煉，自然水到渠成。唐先生的文字多少就有點才子氣質了，雖說也可模仿，但若無這份才情，弄不好，東施效顰，難免妄自取巧，流於油滑。黃先生的文字是天才性的，孤獨歲月裏沉寂既久，而積蘊厚實，乃輕靈出之，不要學，欣賞就好了。汪榮祖先生的文字大致是可以學的，細心揣摩，下苦功，庶幾乎致達。

放眼當代中國法學界，除二三子外，多數法學從業者文字一無是處。如今存世，八十以上的，雖說名頭不小，但實則無一文字好的，亦且毋庸諱言。諸位，這是今天為師給各位師弟

師妹們說的一句大實話，本於誠，出於恭，而止於戒。至於現在五十來歲這一批人，梁治平教授、季衛東教授的文字好，賀衛方教授也不錯，我們都是師兄弟嘛，不說客套話。朱蘇力教授的文字初讀不錯，細讀恐怖。不過，諸如「雨水打濕了湖面」這樣的句子，實在是很好的詩句，不是形式邏輯解釋的對象。衛方寫短平快的文字，俊逸飄灑而俏皮，偶爾也有點兒典雅。治平早熟，文字沉斂，張弛之間，講法度，近年略顯遲澀。三十來歲的法學家中，文字好的不少，說明歲月靜好，文明化育，經由體系性科班訓育，穎慧之士，終將頭角崢嶸，尤為令人欣慰者也。

心中有所思，筆下能落墨，是個漫長的過程。猶譬知行合一，難乎其難。好的文字，看上去信手拈來，其實那邊廂，作者苦心孤詣，雕龍雕蟲，一改再改，霜晨月夕，不知打磨了多少遍。而且，不光自己改，更須相互觀摩，彼此指謬，於映照中求提澌，在印證中開心境。除開少數不世出的天才人物，此於絕大多數學人，均為漫長的修煉過程，是個寂寥的終生事業。

是的，有的人啊，雖然不是天才，但早慧，弱冠嶄露頭角。秉才華，逢機遇，有本事，你一點辦法都沒有。梁治平教授就是這樣的人物，他是我們這一代人中最早成名的，真正屬少年得志。二十來歲，文章寫得才華橫溢，排比有度，而意思澎湃。這麼多年來，他的文字勁道不減，充滿張力，雖說已然不免遲澀，卻愈趨老練，難怪傲得很，傲得莫名其妙。

還有的人，早年爆得大名，而後勁不足，又不用功，沾沾自喜，未及大衍，即已隳矣。

如前所述，現今三十來歲的這一撥法學家，不少文字不錯，腹有詩書，「小荷已露尖尖角」。假以時日，杜門卻掃，內

裏自己用功，別玩虛的，更別搞「團團夥夥」，尤其是不能心生趨附妄念，而外在風調雨順，無「運動」，少干擾，必有大成。

趨勢所在，豈惟望焉！

六、漢語法學的文明背景（上）

　　同學們納悶，為何要用「漢語法學」這一修辭。對此，剛才徐恒君講得好，其實已然代我作答——的確，茲事體大，須要從深遠處逐層道來。

語言就是世界，有時候，沉默就是語言

　　是啊，這個世界之所以美好，是因為存在差異。差異令人驚訝，引發思考，伴隨着「啊呀」一聲的，晨鐘暮鼓，便是心智的澎湃、情志的升騰與自然奔湧的歡喜。男女有別，生死永別，你我恆有差別，日月相伴而永分，山河偎依卻異途，更有那「霜前月下誰家種，檻外籬邊何處秋」，這便催生出遏制不住的好奇，也才有吸引力。它們默然無聲，長河流月，在將人心勾引得癢癢復癢癢之際，不知不覺，已然將世界轟然洞開。如果你我一模一樣，男女了無差別，而山河混沌，天地不分，那還有什麼令人驚訝的呢，哪裏還會有什麼吸引力呢，這個世界有什麼好留戀的呢。至少，僅因如此，我便無從產生你我究竟差異何在、為何存在如此差異之疑問，更無燦爛的生命之花為何如此不懼嚴寒競相怒放這一大哉問，而泯滅了不能自已、油然升騰的好奇心。倘若如此，世界之門緊閉，宇宙洪荒，可能，死之恐懼不復盤繞心頭，但生之樂趣也就遽損多半了。

　　説來吊詭，「好奇害死貓」，但智人恰恰就是因着這一份好奇，對於尋常世界的驚奇，一種永恆的孩童般的好奇，這才成

長為今日的人類。是的，人類是一種秉具永恆好奇心的物種。秉此天性，經磨歷劫，這才有運用有限理性，自此渺小星球，而四顧蒼茫，暢想浩瀚宇宙的心智。想一想，真神奇，站在渺小地球，輒言千年萬年文明史如何如何，透視億萬光年宇宙怎樣怎樣，這是何等的稟賦，須要懷持何等的心胸。放置天宇，它們不過一瞬，區區一隅。可就在此一瞬，人類經營有方，積攢了這麼多天文地理，突破局隅，而將視界無遠弗屆，這是多麼神奇的造化，這是何等偉大的勢能。追根究底，還不就是因為心底深處總是存在着一份壓抑不住的好奇心嘛！康德以上帝存在、靈魂不朽和意志自由，凡此三端，力證善好人生的可欲，一如華夏先賢借由天命大化、聖人垂教與反躬自省，收拾精神，自作主張，砥礪俗世人生，雖進路不同，理念有別，但在在呈現的都是人之為人的良知良能，而其大其德，幽冥而浩然，真所謂，「與天壤而同久，共三光而永光」。

說起來，這人世間，波詭雲譎，白雲蒼狗，唯一不變的是變，僅有的同即不同。所謂處常得終，此變與異，才是常，也才是終。男女的差別，老少的差別，每個人之間的差別，此一民族種族與其他民族種族的差別，諸種文明板塊之間的差別，更不用說春秋遞嬗，冬夏懸隔，山形地勢大起大落，生死靈肉牽連分裂，而蓮花之上有天空，蜻蜓腳下是無垠大地。他們和它們，我們與你們，渲染得此在俗世五色斑斕，輪兮奐兮，讓人類充滿了基於遏止不住的好奇心，以及深沉悠遠的恐懼，而帶來的百般美好感受、千般綺麗想像和億萬絢爛憧憬。

德國詩人赫塞（Hermann Hesse）說過這樣一句話，大意是，「人生十分孤獨，沒有一個人看出另一個，每一個都很孤獨」。大白話，他說出來，大家覺得了不起。我想補充說的是，正因為此，才更須要擁抱對方。而瞭解他、她與它，就是

在瞭解自己，也就是在撫慰自己。擁抱自己，這個世界才真實存在。前提則是意識到並且承認差別，永恆而普遍的差別。當然，另一方面，誤解、紛爭和衝突也緊隨而來，血流成河從來就是這個物種生存事實的一部分。所以才有自己與自己打架幹仗這檔子事。將自我當作他者，一分異化，兩分驚訝，三分坦然，六道輪迴之中，迎來的卻是真正的自我。想想「二豎為虐」，便知「我」是許多個「我」呢，也正印證了弗洛伊德氏的本我、自我與超我這疊床架屋的繁複學理。

凡此種種，都是老生常談，命定中有人事，人事終究逃不脫命定。所謂「到老始知非力取，三分人事七分天」，大家想必早已多所思索，而縈念徘徊，不能自已。

愈是置此情形下，同學諸君，則文明的規模和秉賦，其之生聚教訓的身家背景，特別是它所遭遇的苦難和應對苦難的方式，決定了它如何存養自己。反過來說，它如何存養自己，造就出了自家的規模和秉賦，其門風與氣度。而這一切，身受力行，沉諸心底，幾番回味，多所提煉，必將訴說，終亦必訴說，大聲高亢訴說。於是，嚶其鳴矣，這個叫做語言的奇跡，太陽底下最大的奇跡發生了，一個個鋪天蓋地的語義系統，羌無故實，喧嘩問世。它是獨唱，淺斟低唱，又是多聲部的合唱，複數的共鳴，瓦釜雷鳴。由此，人類在俗世肉身之外，為自己營造了另一家園。

語言不是別的，就是這一家園。風雨兼程，勞於斯，息於斯，我們才叫人類。

語言既定，承載存在，肉體蛻形為身體，身體隨之輾轉，忙忙叨叨，汲汲惶惶，墨突不黔，編織起繁複的意義秩序，叫文明。於是，我們是文明的產物，換言之，一種語言的物種。

也就因此，語言是時代的觸媒，領風氣之先。時代遞變，必自語言嬗變起始。回溯語言變遷，可知時代軌跡。因此，語言轉換，意味着文明改宗，禮俗法制，一套地上的生活方式，隨心蛻變，而顛簸翻覆矣。

比如，在此刻話題語境之下，可能，愈是一個小型的地域性文明，若新加坡這樣的城邦國家，規模雖微，卻並非了無底蘊，因而，愈有可能經由模仿先進文明而實現跨越式發展，創造性伸張。再如，香港與澳門，曾經為大中華版圖上的飛地 —— 其實，它們如今不同程度上依然是飛地 —— 類如城邦，其生聚作息，也有相似之處，而各持異稟，各有甘苦。為此，甚至可以在一兩代人的時間裏實現「文明改宗」。類似於宗教改宗，文明亦可轉向，甚至整體性皈依，史不乏例。你看波斯文明的伊朗怎麼就成了什葉派的天下，而菲律賓一會兒講荷蘭語，一會兒講西班牙語，未幾轉頭又是英語，就明白此間有跡可循。就此而言，港澳飛地逐漸過渡，一直過渡到徑以漢語普通話為正式工作語言，統一的教學與媒介語言，那一刻，才算是真正回歸。曾經的殖民宗主國之所以大勢既去，卻依舊略施小計，而誘使兩地續奉英葡為語言正宗，其因在此，不可不察 —— 朋友，起居於大中華，卻自外於其語義體系，於私於公，總不是個事。此間生聚，教訓多有，拙文「哈耶克的英文」，略作闡釋，可資芹獻。拙文「漢語哲學普世心思的詩化敘事」，[1] 亦曾就此稍作發凡，略抒情義。

六百年前先賢曾經喟言，「慮天下者，常圖其所難，而忽其所易；備其所可畏，而遺其所不疑。然而禍常發於所忽之中，而亂常起於不足疑之事」。語文作育者，天下難易皆在其中也。

---

1. 載十《學術界》2017 年第 4 期。

走筆至此，猛然想起方孝孺文正公《深慮論》裏的這句話，還真覺得就是這麼回事呢。

如所周知，所謂新加坡，世上本無此國。立國雖晚，躍升卻速。「想當年，良辰已恨」，被迫無奈，於是揭竿而起，單挑，分家過日子，而真的說立就立起來了。位處要衝，真正的彈丸之地，可能比昌平還小，以華人為主，另有馬來人、印度人和歐洲諸族。五方雜處，話語紛呈，華人主要操粵語，少數講普通話，其他各族各宗，各擁自家語言。置此情形下，若要成為一國，則語言是紐帶，非有共同「國語」不可。於是，開國者決定以英文為國語，實則等於皈依盎格魯—撒克遜（Anglo-Saxon）強勢文明，由此為自己充氣壯膽，並進而搭上這趟優勢文明的班車。事實證明，李光耀們做對了。不過，話說回頭，要是當時中國有現在這般國勢，且優良政體已立，說不定新加坡就以漢語普通話為「國語」了，亦未可知。既然無此「話說回頭」，則英文成為國語，下一代人，至少是上層階級，英語遂成母語，其文明傳承中接受的便是英語的表意體系及其連帶而來的生活世界，及其深藏積蘊的政治世界和歷史世界。

換言之，此時此刻，誰是文化祖先？何為文明母邦？一旦改宗，不是別的，就是盎格魯—撒克遜的英國或者英語文明——曾幾何時，你看新加坡與港台的華人同胞，特別是香港的歪瓜裂棗，不少自認高等華人，沒啥大不了，還牛逼哄哄的，就可一窺其間的端倪。

體量小，掉頭快，可能在一兩代人的時間裏就能完成語義轉換，以工商立國取替農耕文明，而重締文化。但是，此於積蘊深重的大型文明共同體，則絕無可能。例如，巴基斯坦和印度，均為前大不列顛殖民地。三百年的殖民，將英語流佈至方方面面，蔚為文明象徵與高尚行頭。逮至「二戰」結束，殖

民身份解除，留下的一大遺產便是英語成為官方語言，或者，官方語言之一。除此之外，印度的印地語，巴基斯坦的烏爾都語，也都是官方語言。一轉眼，這麼多年過去了，縱便英語人口不少，在印度據說更達兩三億之眾，但它無法改變印度文明或者巴基斯坦文明的固有底色，其稟賦、傳統與特色。

為什麼呢？

可能，大型文明，人口億眾，而植入的外來因素，輻射半徑有限，其對核心文明與固有歷史積澱的穿透有限，縱便苦心經營，希圖化成天下，也無法剔除固有文明底色，難以撼動歷經千萬年積蘊乃成的文明結構。當年太史公辱而後發，仰屋著書，心事浩茫，不禁喟言，「雖曰人事，豈非天命」，復歎，「雖曰天命，豈非人事」，蓋在看穿牽連糾結，難能臆斷，而徘徊沉吟不已。轉用於此，以狀語言與文明的離合，彷彿亦稱恰切。

因而，像華夏中國這樣的國族，廣土眾民，齊煙九點，歷史人文積澱深厚，禮俗倫理浩瀚淵博，在國家規模意義上施行文明改宗，絕無可能。當年錢玄同諸賢，欲以拼音文字取代漢字，更是窮迫情急之時，「遷責弒父」，不着邊際的天方夜譚。毋寧，可取可欲的選項，歷史已然證明，是博觀約取，老樹新枝，以數代人的奮鬥，億萬心智的磨礪，在「中西古今」冶於一爐的意義上，最後實現文明的自我更新，於自我更新中脫胎換骨，迎頭趕上。而且，有所創發，多所創發，也必得致力於創發，而最終以地方性生活經驗向世界人類貢獻普世生存智慧，迎來一個世界歷史的中國時刻。

朋友，華夏吾邦，載浮載沉，克愛克威，可不就是這樣一種世界歷史民族嗎！而將近兩百年來，一波三折，顛沛流離，這個世界歷史民族不正是循沿此徑一路奔騰而來的嗎！

語言造就文明

近代以還，置此情形下，初始階段，面臨西方文明的強勢壓頂又該如何呢？

朋友，認慫服輸，見賢思齊，善善而惡惡嘛，有啥子好說的！見賢思齊，從學習它的語言起步，而且，非學不可，非學好不可。實際上，此一進程迄今而未止。「君不見，眼前事，豈保須臾心勿異」，從幼稚園到博士後，億萬國民，以巨量投入，慘淡經營，還在拼命學外語嘛！其中，主要學的就是當今世界霸主所用的母語，這個叫做英文的世界語嘛。放眼當今華夏，可憐天下父母心，孩子母語沒說好，卻不惜鉅資入讀「英語幼兒園」，已非「見賢思齊」所能解釋者也。學外語學到舉國上下，官學工商，大中小學生，不分男女老少，母語水準普遍下降，詞不達意，沒大沒小，這是何等的代價，又是怎般的吊詭！

朋友，從語言入手，理解另一套表意體系，進而，探索其意義世界，蔚為常規套路，入門的必修課業。蓋因領略其生活世界，考察其政治世界，窮極思變，不禁就會追問國家強盛之道與斯文鼎盛的因果。由此，必然刨根問底，深究其義理結構，而自其表意體系起步。以華夏晚近實踐為例，將探索的心得轉換成自家意義系統，變成中文表述，納入中文世界的意義體系，從而，在有所選擇的基礎上，建構中華文明的意義秩序，貼合落地為中文世界的生活體系，整合提煉為中文世界的政治體系，既是理想行程，迄而至今，多多少少，也是實際的進程。

這不僅是一個語言學現象，也不是簡單的文化移植或者比較文化樣本。毋寧，這是一個生存論事實，也是一個進化論

的理路，更是一個國族求生存的當下歷史。它是那般赤裸裸，無所遮擋，千百年來，早已上演一齣又一齣。只不過，此番登台，攜帶了一個用社會達爾文主義編織，而美其名曰「文明開化」或者「現代化」的光燦燦行頭。

就是說，經此輾轉折騰，中華文明吸納新型異質因素，不僅增擴了自家心智的體量，而且，同時提升了自家心性的層次。在文明論和線性發展的進化眼光，這叫「從傳統向現代的轉型」。晚近四百年，大家都在轉，一轉而百轉，自地中海諸國轉向大西洋兩岸，再拍岸東來，引發東亞世界的山崩地裂，終引致全球山河重整，導領出這個叫做「現代世界」的人間秩序。

其起始和終局，都會、都要、都已然落實在語詞上。一整套話語體系的嬗變，自現象界而超越界，是時代變革的顯著標誌。譬如，今日我們開口閉口的「民主」、「法治」，中文世界意義體系中的重要語詞，男女童叟，自廟堂精英而江湖草根，早已脫口而出，見慣不驚，蔚為母語。但是，大家想想，倘若一百五十年前逢人說項，能有幾人會意，又會有多麼拗口！更何況，那時節，幾番風雨，中文世界裏還沒有這樣的語彙，有的是情義連綿，有的是吾皇萬歲——抑或，明末曾有的中西交匯成果及其漢語表意，未幾，竟遭人為遺忘了。

其實，此不惟近世西學東漸，有已然哉。往前深究，所謂漢語，就曾吸納無數佛義，歷經數代沿承，語文作育，早已積澱華夏心智，構成漢語意義單元，滋養萬眾心靈。若果異想天開，細辯華梵，非要標榜什麼純正，則今日國人幾無開口說話的可能了嘛。

時移世易，滄海桑田，現在大家說起「民主」、「法治」，人人朗朗上口，個個心潮澎湃，自然得很，自然得成了母語，而

母語才是心聲，是發聲物種的自然嘶鳴。實際上，它們也確實早已變成了中文表述，對於後來的繼受者來說，不妨說就是中文母語「固有的表述」，更是秉持公民心智的億萬國民的公共訴求。換言之，愈是懷持開放胸襟，廣泛吸納，語彙愈是豐富，則文明的意義含量愈大。好比說，會說四川話，也會說上海話，既懂英文，又懂法語，你想一想，這大腦 CPU 裏儲存了多少東西，其意義含量該有多大啊！而所有的意義，均對應於生活世界的柴米油鹽與生老病死，林林總總，形形色色，置此情形，則日程起居所能調用的資源又該是多麼的豐沛啊！

營養豐富，涵養周全，調養有方，則身心茁壯，何懼風雨。

每一代人都生活在自己的語詞繈褓中，受其養育，並反哺以新生語詞，接續連綴為語詞的家園，也就是存在的家園。漂流異鄉，一旦失語，始知我們是語詞的物種，須臾不可離散，一如肉身不可或缺空氣，精神只能用精神來養育。

是的，語詞是思想的單元，最小單元，濃縮凝煉着一個文明的核心理念，提純表述着它最為重要的價值觀念。[2] 其之串聯組合，有機盎然而千變萬幻的耦合，將意義世界聯翩帶來，營建的是一個紛呈萬象的意義秩序。而它們無不源自或者對應於生活世界，引領、照拂着俗世人生。置身人間，我們這一物種，所謂能哭會笑而感知生死的高級靈長類，恰恰就生活在也不得不生活在此意義秩序的屋頂之下，靠它為我們遮風擋雨營造家園，賴此生聚作息而延續至今。此於個人如此，此於種群如此，其於家國天下，同樣如此。則天下為一家，世界如一人，所有的戰爭都是內戰，一切的悲辛皆為物傷其類。唯有語

---

2. 例如，《西方觀念史詞典》收錄了對於西方文明來說最為重要的核心語詞，包括「自然」、「自由」與「信仰」等，堪為表徵。

詞營造的意義空間，好歹，讓我們受苦時尚能傾述，遭受刑戮時儘管嘶鳴，良心發現時趕緊懺悔，從而，庶幾得救。

是的，語詞愈豐，賴以搭建思想大廈的材料富足，則創造的資源愈多，而創發的可能性與想像力隨之增大。時當中世紀，英語即從法語中借用了不下一萬單詞，其中不少就是所謂的「法律英語」，英語這才脫胎換骨，「上檔次、成規模、入主流」，再一轉身，伴隨着生活世界「做大」、「做強」，取替先前的老師，反客為主矣。現如今，法國人一面宣示「老子不講英文」，一面以英語流利為榮。究其實，當今法語中，據說也有三千英文單詞呢，而且有增無減，搞得文明規模縮減、反成逆勢的高盧雄雞[3]人心惶惶，時不時基於語言侵略恐慌症與文明危機感，疾呼「保衛法語」，或者，「捍衛法語的純潔性」，而蕩起文明自愛與語言沙文主義（Chauvinism）的漣漪，一圈又一圈，一波更一波——你看那些法國影片，拍得那麼美，街巷里弄，酒肆茶樓，衣香鬢影，各色人物聚散，總是唧唧喳喳，喋喋不休，大家卻不煩，所賴就是法語嗰啾的這股勁兒。喜歡聽，這歐洲的吳儂軟語，就是好聽，嘮叨得不行，彷彿人人都是碎嘴子[4]，可大家還愛聽，沒轍。

話題收回來，不但說兩種異質文明，差異巨大，勢如天壤，縱便親緣悠久如英法之間，一旦遭遇，同樣必有溝通融匯、綜合為用的難題。解決不好，它們糾結混雜，同樣打架鬥毆，輕則人格分裂，重則分崩離析，反而壞事，亦未可知。

把視野再縮減一層，回瞰今日北京，雖說一城，但彷彿兩個世界。一邊是所謂「老北京」，另一邊是「外來戶」，包括我

---

3. 編按：法語 Le Coq Gaulois，或稱高盧公雞，是法國的擬物化形象。

4. 編按：北方等地方言，指說話嘮叨不停。

們這些在此安居三四十年的居民，而活生生將個北京撕扯成兩半，涇渭分明。至於舊日所謂「大院文化」與「胡同文化」的區隔，同為例證。偌大北京，其包容在此，其疏離亦在此。京城之大，居不易，確實不易。放眼一望，倫敦巴黎，紐約上海，但凡現代超大都會，同此一景。小小寰球，同此涼熱，人間熱鬧着呢！單就北京而言，其間判別的標準，也是最為外顯的一個標誌，就是你「外地的」講不來那一口京片子。許多老北京對於這帶有滿語口音的京片子，自豪而執着。你再看看倫敦，東城一世界，黑黃為主，西城非富即貴，屋宇軒昂，濃蔭蔽日，又是一世界，好像也挺分裂的。由此，語詞表述也就分成了兩個世界，一聽就明白，明白了就那個了。那個就是那個，不是這個。但這就是北京，但這就是倫敦。比如，老北京説「你少給我來裡格兒隆」，用普通話把它轉述出來，並不太容易。因而，方言國語如此，兩種根本不同的語系，起源和套路迥異，背後積蘊的是數千年不同的文明，所要傳輸和表述的是如此浩瀚的文明意蘊，則一旦遭遇，更且如此。

轉進一層，圍攏來看，則「法言法語」是社會方言，情形尤甚。如同「這躺着的酮體的每一寸肌膚和血脈，無不斑駁地融匯着祖先、河流和山嶽」，而「眼睛和指尖上，棲息着無數的星辰」，哪一個法律語詞的背後，更不用説法律格言了，牽連帶動的不是規範世界千百年的成長歷史，而它們涵蘊作息於生活世界並服務於生活世界，進而，融貫通匯自浩瞑蒼穹的意義世界。如此這般，則一詞一語，一判一例，單薄紙頁的身後站立着一整套法意體系，再牽連於整個文明嘛！

另一方面，既然是文明系統，不是自然狀態，而文明總是屬人的，則又意味着終有理解融通的可能性，也有此必要性。否則，大家都沒法過日子，更不用説過好日子。在此，單就英

漢轉譯來看，將英文的"constitution"或者"constitutional law"譯為中文的「憲法」，將"constitutionality"譯為「憲法性」或者「合憲性」，都是近似的表述，尚須在深層意義內核和歷史脈絡上連綴詮釋，牽扯上「道統」、「法統」或者「政道」、「治道」一類語彙所勾連整合的意義世界，才能慢慢融入漢語世界，也才能為大家所相喻而共守。至少，首先成為行業之內，特別是法律共同體之不言而喻、富有規範性的意義單元。

　　例如，大家知道，近幾年美國學者福山教授（Francis Fukuyama）在中國走紅，火紅火紅。其講現代國家建構，以三要素，即「可問責的政府、法治和現代國家」，作為基本構成單元，也是現代國家建構的必要條件。較諸古典中國的政治理念，其將土地、人民與政府之「諸侯三寶」，另作紬繹，別樣編排，追問與說明的還是何種人間秩序得為可欲生活、也是可能生活這一大哉問。此為邏輯起點，也是他的全部論述的義理大框架，雖說搖搖欲墜，東倒西歪，卻也算是個框架，端看後續論述，其材料，其理脈，能否下氣接住上氣。在此，「可問責的政府」，就是"accountable government"，導源於"account"，意在強調可計數、能衡量，從而，必得負責任等義項。但是，這個詞又不僅僅是「可問責」這幾個漢字所能全然傳情達意的，以「可問責的政府」這一詞組來轉述"accountable government"或者"accountability of government"，大意不差，但於其歷史文化背景不甚了了，則會有所遺漏，或者，指向上有所取捨。因而，漢語世界繼受其表述，引用其名意，而落實其體制，須於長期的使用中，逐漸凝煉語意，形成確定的語義，再積蘊為心意，而投射於體制安排，逐漸積澱為操持漢語的言說者的心意。如此這般，方始後成，活生生一個鋪墊現代秩序的煎熬。

而且，愈是高度凝煉文明意義，蔚為獨立單元的語詞，其意義含量愈是豐盈複雜，往往於歷史遷延中多所演變，則翻譯愈是艱難，乃至不可能。不説別的，英格蘭皇室譜系複雜，迭經兩度歐陸征服，其一把手老大的名號，中譯究竟用「皇」還是「王」，抑或「帝」，只能端看時代，取諸具體情形。中、英兩種語境中的「法」字，可謂牽一髮而動全身，同樣概為其例，清末變法修律，為此傷透腦筋呢。即就 "liberty" 一詞而言，今日輒以「自由」為解，但自始初的「特權」而漸為一般國民的憲法權利，同樣是歷史的產物。吾人瞭解其身世，方能了然其真義。而一旦移譯成功，圓融於植入的語言體系，意味着繼受者將其成功吸納，融匯於自身，不分彼此，則拓展了自家的意義邊界，豐富了自家的生活世界。英譯中如此，中譯英同樣如此。你想想，「道可道，非常道；名可名，非常名」，無論怎麼譯法，都會掛一漏萬，便一目了然。

　　凡此皆為淺顯通例，其他類推。譯者蔚為冰人，其於文明溝通與人事調停，功莫大焉，怎麼説都不過分。這也就是為何楊憲益、戴乃迭（Gladys Yang）賢伉儷[5]，兩位先生，備受中西學林欽敬矣。

　　職是之故，諸君，文明之間的「撩撥」，「你濃我濃，忒煞情多」，梁孟相敬，御溝紅葉，既煽情得很，但誤打誤撞，也就在所不免，因而，誤會叢生，危險得很，須要輾轉之際，千般兒小心，萬般兒耐心，億萬人關心，最後，才會有全體之所欲隨心。尤其是大型文明之間進行語義轉譯之際，可能會漏掉一些什麼，也許會添加一些什麼，有時候歪打正着又突然冒出來

---

5. 編按：中國著名翻譯家夫婦。

一些什麼，盈虧增刪，雲期雨信，非人力所能掌控。其引人入勝在此，其令人心驚膽戰，亦且在此。

就近代中國歷史而言，全面的文明交匯進程已然持續了一百多年，翻江倒海，席天幕地，初見成效。若從明末起算，則斷續之間，宏微間距，超逾三數百年。此刻往下，再過一兩代人，若果不順，或者略微再延長一點時間，這一進程可望大致完成，則作為一個大型樞紐文明的中華文明，必然會在參酌整合之際，建設性地造就出自家吞吐裕如、脈絡有致的文明傳統，一種新型的現代中國的文明格局與文明氣象。中國重回大國行列之旅，已然啟動，但中國重新成為一個文明出口國，展示一個文明型國族的規度，特別是提供普世性生存智慧和天人義理的能力，則有待繼續努力，眼下好像欠火候呢。假若「天命」一詞今天還能有所指涉，並且必有生命力的話，則此為華夏文明的天命所在，而天命就是人命，其為啟示，也就是此刻自當奮發擔承的任務。

不過，在此之前，過往百多年裏中西交匯而西洋文明佔據強勢的不平衡狀態，還將延續相當長時日，還會出現許多奇怪現象。比如，今天同學們上法理課，一講到法學流派，不是自然法學派、社會法學派，就是實證法學派、歷史法學派，乃至於批判法學、女性主義法學、種族身份法學。它們各有源頭，各守本分，林林總總，一齊上陣，攪成一鍋粥。究其實，這些法理流派與法意脈絡，源於別人家的生活世界，展現了別人家的規範世界，打理的當然也是別人家的家務，就本初的學思淵源和實在的致思對象而言，跟我們並沒多少關係。中國存在類似的法理與學思，但別有理緒，另有唱本，更作周章，正須鉤沉理述，繁衍接續，正本清源。長此以往這麼講，將人家事當作自家事，講到彷彿世上就只有這麼一種講法，造成並達成的

是一種對於當今世界歐美佔據的主流文明的虛假參與，實則遮蔽了很多本來不應掩埋的文明傳統，就是說，中國文明語境下的人間活法、說法與立法，恰恰是中國法律哲學失語的結果。

比如，當此先秦之際，諸子學說對此作何感想，有何心意。後來董子援儒入法，春秋決獄，乃至於宋明諸家，又是怎樣沿承接續，自出機杼，於增刪之際善善惡惡，在顯隱兩頭是是非非。歷朝歷代，官家注律，私家注律，各有什麼講法，特別是有何私隱曲衷。近代以還，中西古今之際，現代中國的法學家們面對此種學理脈絡，又是如何各作闡揚。凡此種種，其間騰挪輾轉，日就月將，一定自有學理脈絡，而且，勢必積蘊深厚，哪能說忘記就忘記了呢，怎麼會永遭遮蔽呢。晚近百年間，自沈寄簃而梁任公，而楊鴻烈，而瞿同祖，而陳顧遠、張晉藩，法制史研究者們於此多所發掘，篳路藍縷，已然奠基，有待灌注法理水準，而予系統提澌。一般的法理學者，無法史底蘊，只能大而化之，人云亦云，根本不可能做切實研究。結果，迄而至今，於一般法科生而言，乃至於對不少法哲學同行來說，這脈傳統彷彿不曾有過，悉遭遮蔽，而一旦遮蔽，就等於不存在，實在也是怪而不怪。

這一切說明，起始於文明間的遭遇衝突而引致的交匯理解，再到自我積蓄創發，「溯洄從之，道阻且長」，行則將至，須要數代人的打拼，於積勞積慧中日積月累，終亦必日升月恆。因而，能近取譬，說到底，用功才行。數代人用功，一點一滴，始望於成。當然，除了用功，還要看天時地利，而恰恰是後者，非人力所能掌控，既不待人謀，復多意外，才令我們忐忑不安，從而，反轉過來，促使吾人倍加用功。也就因此，盡人事，聽天命，用功進取而不求功利，神馳八極卻又中庸審慎，不因小成而虛矯，考驗着大轉型時代的國族心智，要求它

的知識大腦，一種千千萬萬頭腦連綴而成的集體大腦，時刻警惕。畢竟，審慎是政治的第一美德，如同注重自我而又勤謹奮勉是國民的應有德性，道問學而尊德性，同樣以審慎為要。

　　諸位，接續上述話題，在文明交通的意義上，對於西方文明及其他一切文明，倘若我們明瞭其家譜，摸清其脈絡，洞悉其甘苦，察識其得失，特別是晚近四百年來的來去因由，再將自家三千年來的傳統翻騰溫習，更張推陳，而融會一體，於全球文明地圖上重繪歷史圖景，則華夏文明站得更高，看得更清，積蘊既深，抉發必弘？！

　　在此，如同百年來的做法，從梳理語詞起步，向意義世界要說法，自規範世界求立法，在生活世界討活法。如此作業，既要借助語言和語義，終亦必凝聚積澱為語詞和語義，而成就一種以精準、優美和雅致的現代漢語所表彰的法意語義體系。它們所建構的表意體系及其意義秩序，它們所營造的規範體系及其生活世界，既是一切的前提，也是一切的結果。

七、漢語法學的文明背景（中）

留學是樁公共事務與文明現象

　　再往縱深申論，具體而微，便不免說到「留學」或者「遊學」了。平常時光，歲月靜好，此為尋常私事，不驚不詫，無風無險。有心、有錢又有力，儘管去折騰吧。有心無錢，那就拼智力與氣力吧。別指望走運，那玩意兒靠不住。但於時代板蕩、苦難深重的近世中國而言，「留學」是一樁超越私人活動的公共事務，而構成一種顯目的文明現象。不寧唯是，因為存在甚大文化差別與文明落差，所以，這數萬華夏青年留學歐美日俄，宏觀來看，其所牽連的是現代中國歷史，影響其進程選擇，聯翩帶出了文明遷移的流脈款款。微觀而言，考諸當事諸公，則一己微末，置身大潮，身不由己，只能載浮載沉，所呈現的恰為濁世滄桑，與時代相映照。

　　當年陳寅恪先生喟歎，「群趨東鄰受國史，神州士夫欲羞死」，可見茲事體大。也可見其為一時代現象，絕非尋常私事。對此因果，其俯仰取捨，其春華秋實，實在須要細予檢討，於檢討中批陳往事，進而，燭照時勢。此間情形，如同海通以還，一般性的移民，不管是匠人巧工，還是書生商賈，均為尋常私事。但是，遣唐使留學東土，以及，時當「二戰」，數十萬歐洲文理知識分子，特別是猶太裔讀書人和十幾二十位諾獎得

主，齊刷刷跨洋出走，移民美利堅，以及今日百萬穆斯林舉家搬遷歐洲腹地，定居德意志，可就不是尋常小事了。

朋友，浪打堤岸潮天湧，更那堪，浪濤零落，都成了水花。可水花再聚集起來，嘩啦啦，轟隆隆，不就又是滔天巨浪嗎！

幾年前，任劍濤教授著書立說，發所未覆，對於近世中國的留學運動和國運國勢，其關聯，其因果，曾有梳理，而將晚近華夏政治路向之失，悉數歸責於留洋回來的袞袞諸公，特別是留德歸來的「洋學生」。大意是，其為當樞，卻不識嫡庶，情急之下，莫辨是非，視丹如綠，導致路向既錯，則丁一卯二，種瓜得豆，跳蚤與龍種錯位，這才有了後續的種種。換言之，這些留學生娃娃們，要為後來的苦難負責。劍濤詞鋒勁健，其偏正，其對錯，姑且不論，但好歹挑明話題，提供了一個檢索的視角，也是一景。他人若有興味，正好接續爬抉也！

今天同學們「放洋」去國外，無論觀光遊覽，做交換生，抑或攻讀學位，少則十天半月，多則三年五載，旨在接觸異域文明，增廣見聞，修煉心性，彷彿不再像清末民初的士子與後來留洋插隊的知青們那般悲壯了，也無須如此悲沉壯烈了。畢竟，鬱鬱乎文哉，時代變了，「咱不差錢」。人窮錢壯膽，況乎祖國日新月異，我們不是劣等民族，無須自卑，不再膽怯。至於少爺小姐，讀書只是個名目，混日子，享受一把青春縱慾，除了花錢如流水，連外文也沒見多少長進呢。各位，在今日語境下，別一聽說留學生就如何如何，他們中的一些人，不少一些，沒讀過幾本書，看點兒西洋景而已。當然，不少還是想好好用功的，至少，是想看看不同的世界，在行路中揣摩這世道，於切己生計裏窺伺那人生。

兄弟上陣，各自修行，從不同方向，躡手躡腳，探頭探腦，還不就是因為這世界忒大，看不過來，想多看兩眼，看了也就心安了，將理想放飛，飛過了還要落地。所謂「自求多福，殷之未喪師」，而這基於遏制不住的好奇，也就是求知問道之志。古話「行萬里路」，絕對好事一樁也。對此，我曾草撰一聯，無邊對仗，抒情加調侃，自況復勉人：讀書行路，猶如耕田織布；閱人無數，還得做人有度。

　　再說一遍，現在放洋海外的中國學生，許多瞎混，自己並不想讀書，有點家底子，這邊掏銀子，那邊花錢，可憐天下父母心。期望他們來進行平等文明對話，而於對話中激揚心智，積養新知，進而，人文日新，根本沒指望。

　　可是，小舟無緒，天涯羈思，這世上既無萬全之策，更無周至完美了無瑕疵的方案，跌跌撞撞，歪打正着，遂成歷史，造就時代嘛！

　　至於用腳投票，落地生根，變成我華夏民族海外新枝，乃至假以時日，漸生齊魯之變，則又自成一脈，順理成章，另當別論。不過，極少幾位，小確幸，對於北京霧霾籠城，難抑幸災樂禍，而間接收穫一些兒優越感，也實在毫無必要。

　　說來有意思，就對於東西兩方的體認而言，要是好好用功，某種意義上，可能你們比他們懂得還多呢，或者，更有可能懂得更多呢。所謂「他們」，是指某些你們奉為導師的洋人，或者，看做先進國家的「先進國民」的當地居民。不過，這不等於因為自己是中國人，對於中國的事就一定懂得比專治中國學問的洋人多，不管東洋還是西洋。現象堆在眼前，錯綜紛紜，雖說如數家珍，而無力洞悉其妙，說不出經緯，則其奈之何！現象如散金，必串聯成器，方始有道。毋寧，不好好用

功，是幹不過這幫中國通的！這樣說，非意氣之爭，亦非文化比拼，只是說，畢竟，今日中國是昨日中國的延續，也是明日中國的起點，是中國之中國，也是世界之中國，其深邃幽微，其浩瀚壯闊，非在場就能洞悉，更非一時一人一力所能講清。更何況，無論是承平經久的學養蓄植與人力財力，還是種種基於文明落差乃至於種族緣由的便利，更不用說言論自由與學術尊嚴，國朝學人，一時半會兒，還比不得、趕不上呢。有些出洋讀書的愣頭青，面對西洋強勢話語，課上課下，有心抗爭，無力回應，不明底細卻又冒冒失失，當場鬧出笑話的，不在少數。話題放遠，即便是做中國學問，洋人積養經年，培育了數代專家，蔚為大觀。中國通們，混久了，京油子[1]，衛嘴子[2]，還有小妹子，身分特殊，特殊身分，神通廣大着呢！

話題收回來，就你們這代人來看，中國的東西多少知道一些，而書本上教的和媒體上天天傳播的，許多是洋人的東西，所以也多少知道一些。反過來，他們中的許多人，因其在近代文明昌達與國勢獨大而保有自足性質，幾代人下來，無須開眼看世界，因而，一般普通人基本上對於中國這一套不甚摸門，甚至一竅不通。此乃帝國晚期病症，也是它的文明病。此時此刻，面對此景此情，我才說要是好好用功，可能比他們懂得還多。關鍵是要好好用功，而客觀環境也允許好好用功。

現在中國少數頂級大學招收外國留學生，慨允英文寫作，還專門為其開設英文學位課程，甚至設置專用英文教學的成學院建制的機構，無論是硬件行頭，還是軟件作息，均網開一面。在自己一方，美其名曰「國際化」，自認如此「國際程度」

---

1. 編按：北京人的外號
2. 編按：天津人的外號

就提升了，而沾沾自喜。就所謂國際排名來看，此舉還真的有助於提升名次，買賣雙方皆大歡喜。然而，究其實，抖露的是此間學府缺乏文化自覺的不明所以，說穿了，也是面對依然強勢的西洋英語文明之無可奈何。此不獨中國，就連一些歐洲國家，也不能倖免。初始階段，面對強勢文明及其語言，沒轍，可以理解，但要以此自欺欺人，甚至沾沾自喜，獐頭鼠目，就不免那個了。至於標榜本校本系有多少多少教師用英文開課，乃至於有「本院共 50 位教師，其中，34.31% 能用英語開課」這種統計數據，更不知所云何來。

各位，僅從此例即可發現，文明之間的跨越和溝通是多麼艱難。知己知彼，將心比心，從來都是罕之又罕。此亦非惟站在今日中國文化立場面對「古今中西」之浩歎，當年歐洲從 15 世紀到 19 世紀，甚而直至今日，兄弟鬩牆，指東打西，也遭遇此等情形，而在此很下過工夫呢。

這不，下述三件事，是他們做過的，而為後世大業奠基，一路下來，至今還在影響着我們這個紛紜人世。

羅馬法復興運動

第一件事，就是所謂的「羅馬法復興運動」。

經由理述古典規範世界，追溯復原這方水土曾經有過的人世生活，而反觀現實生活世界，從而，為可欲與憧憬的人生奠基，伴隨着當下生活世界共同成長，是古典羅馬法在歐洲復興之際的基本情形。中世尚在，而俗世瀟瀟，回溯式烏托邦運思以指向樞紐時代，竟至於前樞紐時代，而為當下開道，早已為「羅馬法復興運動」和「五四新文化運動」所證明，亦為近世的

伊斯蘭原教旨復興運動所佐證。就歐西羅馬法復興運動而言，經此作業，其所發掘彰顯的規範世界反過來為新興市民生活張本，於反哺現實生活世界之際促進了現實生活世界的發育，構成了羅馬法律文明遺澤後世的核心所在，也是羅馬法復興運動對於緣起於歐洲的現代世界之強力促發的支點。歐洲文明近代復興成長，並逐漸獨佔鰲頭，引領了這一波全球性現代文明潮頭，今日站在還原論回瞰，其之堪為先聲，厥功至偉。

公元 395 年，西羅馬帝國坍塌後，以拉丁文一統的歐洲意義世界，雨打風吹，落花流水，降落為方言割據的地方性生活，一個紛紜戰國時代。漫長時光裏，「西風依舊潮來去」，只有教會一脈遷延，守候着這份文化遺產，鼓瑟鼓琴，惟精惟一，靜候啟明。若非教會借由拉丁文一統文明，於分享慧根之際保有溝通的可能，還不知分崩離析到何種程度呢。在此，所賴不啻信仰，同時靠的是文字的堅韌表意勁道。否則，「言之不文，行之不遠」。這也便是拉丁文的「文以載道」，而一脈綿延矣。

羅馬法就是以拉丁文載述的法律之道，也就是羅馬法籠罩之下廣土眾民的生活之道，雖説彼時彼刻教會法漸據中心，亦無法脱其形制，而不絕如縷矣。

於是，今日回視，我們明白，歐洲 12 世紀開始的整理「國故」運動，詮釋古典羅馬法意這份學業，不期然間引導造就了一個立基於此的新型法律文明。此一文明形態，的確，骨子裏概以原子化個體及其私利為樞紐，此刻孜孜於以規範世界籠罩生活世界，並配合着悄然滋長、沛然興發的工商文明生活方式，催生涵養了現代生活方式。風助火勢，火借風威，於是，立國立憲，立教立人，呼啦啦，轟隆隆，一個席捲全球的現代世界出矣，一種世俗理性、和平導向與萬民政治的生活方式，

歷經酷烈戰爭和更加酷烈的連綿革命，包括種族屠殺在內，終於獲享普世認同。其生髮創育，其日升月恆，幾經修正而後發，實為肇端者始料所未及也。歷史從來就是一連串的歪打正着，彷彿自有鐵律，不待人謀，卻又似乎不過展現為無數的偶然性。它們和他們，是那般的紛紛然，卻又總歸森森然，不可輕辱，不能兒戲。如此，如同面對浩瀚宇宙，吾人對歷史同樣只能懷持敬畏，而為己身深陷其中無以自拔一掬惻隱悲憫之濁淚也。在此，羅馬法的復興與現代世界秩序成長的故事，事實連帶着想像，可堪樣本。

其實，僅就法典化而言，羅馬法的程度並不高，實為各類法律法規、學說學理和法學教材階梯之類資料，分門皮集，別類編纂而已。以其中最為主要的《優士丁尼法典》（*Code of Justinian*）為例，凡十二卷，整理、匯總和刪改了其時已然有效的歷代羅馬皇帝敕令，按頒佈時間順序，依循教會法、法律淵源、高級官吏的職務、私法、刑法和行政諸項，概予排列，集輯章節。時當耶誕 6 世紀，曾經浩瀚的羅馬帝國，西壁早已坍塌，東壁江山零落。此刻收拾家業，雖有重整旗鼓之意，奈何帝國衰敗與文明腐朽大勢已定，絢爛繁華轉為平淡，則居家過日子，其實，已然含有收尾的意思了。此後延祚不絕，凡八百年，如絲如縷，殘喘而已，終為強悍奧斯曼所滅。

「百代興亡瞬息，徒留紙上陳言。」是的，「紙上」是又一個世界，羅馬法就是寫在紙上，用拉丁文寫在紙上。如同孔孟陳言，如同耶穌碎語，如同一切號曰嘉言懿行而實為家長里短的長歌短歎。

相較而言，古典中國至少至隋唐兩朝以還，以諸法合體為骨架的法典，高度體系化，也高度法理化，是那個黃河中原氣象凝聚的結晶。《唐律》諸篇，自「名例」而「衛禁」，而「職

制」，而「戶婚」，一直到「捕亡」、「斷獄」，凡十二篇，三十卷，五百條，統縉分紋，體大思精，秩序井然。尤其是歷久錘煉，其法意凝練，表諸法言法語，既高度專業化，又要言不煩，體現了華夏典章不尚繁瑣的精簡門風。其之下則描摹生計，上則通達經史，而終究禮法融合，儒法一體，天理國法人情交融不悖，鋪陳為成熟的法律規範主義所打造的法理體系及其概念金字塔，可謂理脈清晰，精緻優美，而尤勝一籌。那邊廂，如剛才所言，6世紀優士丁尼大帝主導下的羅馬法編撰，更多的是一種彙編，就體系化程度和內在法理統貫性而言，的的確確，彷彿稍遜一籌呢。當然，羅馬私法規範之發達及其概念化程度之高，並經此刻我們正在講述的羅馬法復興運動而一轉為現代私法體系的基礎，斷續之間，牽連婉轉，貫通古今，實在也是冠絕人間。有意思的是，就法意闡釋而言，《唐律疏議》是偉大的律學著作，晚後千二百年的英國法學家布萊克斯通（Sir William Blackstone）所撰《英律疏議》（*The Commentaries on the Laws of England*），或者《普通法釋義》，算是私家注律，庶幾乎近，而勢禁形格，汲深綆短矣。惟德國法學家薩維尼氏（Friedrich Carl von Savigny）皇皇巨著，追步意法先賢，刨根究底，條分縷析，將個死法律硬生生演變成新傳統，終於烘托出一個蔚為大觀的德意志法學流派，流佈全球，可堪依託。

就羅馬法的近代復興而言，此間文脈，概分三股。一股是法國，一股是意大利，然後才是德意志。就前兩家而言，他們同為拉丁民族，於羅馬法古典研究，更具有拉丁語系語源上的天然優勢。值此中世夜濃、現代尚待破曉之際，拉丁民族的法學家們，一方面迎應正在躁動成長的市民生活而積攢法律得人文主義，一方面整理發掘古典羅馬法，允為市民生活的規範世界及其現代法典化基石，不啻引領學術潮流，走在時代前頭。實際上，拉丁一脈的人文主義法學思潮，以「回到羅馬法原文」

為口號，既在詮釋上下工夫，同時，實為法學歷史主義的近代先驅，不僅區別於當日的注釋法學派及其後續之法律規範主義，而且接續啟發了以普魯士（Prussia）德意志為中心的歷史法學思潮，同樣是自有軌轍，丁一卯二，不待人謀。

　　凡此流脈，時移世易，待輾轉移至普魯士德意志，已到18、19世紀之間，則再予拓展，更作更張。其孜孜矻矻，門牆廣大，體大義深，兩百多年間積攢下浩瀚學業，令人歎為觀止。當其時，德意志學人發憤圖強，懸樑刺股，歷經兩三世紀努力，後來居上，終成羅馬法研究重鎮，其間一腔真氣，盪氣迴腸，就在於身處東西文化衝突，面對英法強勢和意法文化優勢，「你們是先發國族，瞧不起我德意志蠻族，好，老子表現表現給你看看」，因而，狂飆突進精神與民族主義，齊頭並進矣。普魯士蠻勁一上來，朋友，擋都擋不住嘛！

　　古往今來，兄弟登山，各自用功，但也確實存在爭一口氣的意思在內。更何況，逼急了，兄弟鬩牆，大打出手，血流成河，終至於玉石俱焚，同樣史不鮮見嘛！你看那李世民，一代明君，可為了當一把手，也曾兄弟相殘，而無以復加矣。因此，濫觴自12世紀意大利博洛尼亞大學（University of Bologna）的羅馬法復興運動，至16世紀前後拉丁一系以「博古學派」名世的人文主義法意發軔，力主將法律研究從神學體系中解放出來，變成一種神人之際的世俗性知識體系，再下迄《拿破崙民法典》（Napoleonic Code）問世，徹底於此世落地生根，終至百年之後，以概念的金字塔而燦爛炫示的《德國民法典》（German Civil Code）和《瑞士民法典》（Swiss Civil Code）相繼橫空出世，尤進一層，再展一脈，等於歐洲歷經四五個世紀的羅馬法復興運動，與兩個世紀的法典化運動，就此收官也。至此，自意大利羅馬法學的復興，至羅馬日耳曼法系成型，這一脈法律

法理法意所支撐的規範世界與生活世界，恰逢海權時代（Age of Discovery）降臨，遂借助殖民拓殖與帝國征服，而涵括四野，籠罩歐洲，擴展全球矣。

居然混到這個份上！當年肅然面壁、皓首窮經而食薤懸鶉、斷齏畫粥的博洛尼亞衰衰經師，怕是至死也不曾料到也。

此一次第，差不多與通常所說的資本主義與現代民族國家的成長成熟及其全球擴張進程，同始終，相表裏，共進退。羅馬法的近代復興運動既為其先導，同時亦可收攏進這一歷史進程，而且，並在此歷史進程中獲得了解釋其復興原因的索引。在此，以人文主義或者市民生活提示，意在說明，在市民生活的意義上，綿延幾個世紀的羅馬法復興運動對於人間治理方式，尤其是對於經由法律來區分公私，規範私域，保護私權，尤其是私有產權，從而實現社會治理這一方式，多所提煉，適予迎應，恰好對應的是「私人」這一新型人種及其工商社會市民生活方式的誕生，其為後者的誕生而降生，順天應人，堪稱絕配。漢語文獻通常所說的羅馬法的復興「為新興資產階級反封建鬥爭提供了思想武器」，就在於包括近代自然法學說在內，其古典淵源所力挺的自由人在私法關係上的平等與自治，正好滿足了此刻市民階級的生活需求。而自由人是且首先是「私人」，或者，馬克思語境中的「偶然的個人」（Persönliches Individuum）與「現實的個人」（Zufälliges Individuum）。

哈，誰說法律只是政治的晚禮服 —— 抑或，是嗎，不是嗎？

順說一句，同學諸君想必也都知道，其實，早在《拿破崙法典》頒行之前十年，普魯士即已制頒了《普魯士大典》或者《普魯士邦法》。作為一部法典，其之形制初具，介乎古代法典

與現代法典之間，允為過渡也。這不，煌煌巨制，先叫「法典」（Gesetzbuch），再改名為「邦法」（Landrecht）。考慮其諸法合體，卷帙浩繁，不妨譯為《大典》，更為允恰。1793 年末，《大典》初定，續予修繕完工。翌年 2 月 5 日，腓特烈‧威廉二世（Frederik William II of Prussia）頒行，同年 6 月 1 日施行，直到 1900 年為全新《德國民法典》所取替。《大典》厚重，凡上下兩編，43 章，一萬九千餘條。上編是私法，概分人、債、物權各章；下編包括親屬法、商法（票據、保險、海商）與公法（憲法、行政法、刑法、警察法等）諸章。

晚近半個多世紀，英美主導下的主流國際話語體系，對於包括近世法制成長在內的法律史敘述，多有選擇。影響所及，漢語學術有關於此敘事，同樣自我遮蔽。就此刻主題而言，如同後來一說到德國歷史法學派總是以「落後」、「守舊」等標定割裂，在割裂中展現政治正確，對於此前普魯士製作的這部內容浩瀚而雜亂的法典，同樣多半不提，要提的話似乎也是遮遮掩掩，三言兩語打發了事，或者，譏諷交加而已。

今特提及，無他，裨便諸君瞭解羅馬法復興與近世法典化的完整景象，特別是它在歐洲的多元淵源，從而，有助於在近代全球體系中理解此時此刻漢語法學的文明背景與歷史縱深，而明瞭文化自覺與法意啟明的深重寓含也。

阿拉伯世界的文明成就

第二件事，是借由阿拉伯文明復興希臘哲學與羅馬文化的努力。

歐洲中世降臨，意味着古典文明時代歷史終結，歷史就此停滯，有待文明突破，呼喚一種新型現代軸心文明的誕生。而既有的想像力和政治智慧無法再作更張，一時間無所突破，只好原地折騰，左衝右突，遂劫難生焉。其間，蠻族南下，普法三十年戰爭，諸如此類，打成一鍋粥，更是讓生靈塗炭，生產力水準急遽倒退。

歷史遇到了僵局，如黃仁宇先生所言，只好用戰爭來破局，則帝王將相業，百姓遭殃時，古今如此，從來如此。

當其時，世界文明的中心在阿拉伯世界和中華帝國。10世紀前後，世界上最大的城市在中國的長安、開封和洛陽，以及後來的杭州。歐洲的巴黎、倫敦，凡此近代世界性都會，其時人口不過區區幾萬，最多的時候也就十來萬人。小城小鎮，小打小鬧，哪堪媲美東方的通都大邑。就阿拉伯伊斯蘭文明來看，阿拔斯帝國（Abbasid；公元 750–1258 年）蔚為文化鼎盛時代。值此時段，今日的伊拉克巴格達，當年人口百萬之眾，而敘利亞的大馬士革，據載人口亦且接近百萬。它們均為繁華富庶之地，四通八達之都，因而成為世界性的學術思想中心。以巴格達圖書館和大馬士革圖書館為例，其之庋藏豐富，堪為當日世界最大文化中心。阿拉伯文明治域，包括阿拉伯人佔領數世紀的西班牙，十步芳草，斯文鼎盛。著名的阿爾罕布拉宮（Alhambra），是奈斯爾王朝（Nasrid dynasty）在格林納達（Emirate of Granada）大興土木的結果，其之美輪美奐，堪稱奇跡，至今令人歎為觀止。遊人至此，除開讚歎，只能美得窒息，以一聲「哦……」打發。因而，當時的巴格達與大馬士革，細數一下，匯合了波斯、印度、希臘和羅馬的文明，輻輳了猶太教、基督教、摩尼教（Mani）、拜火教（Zoroastrian，即

祆教）和薩比教（即曼達教，Mandaeism）等宗教，而以阿拉伯語為載體，與曾幾何時拉丁文之「文以載道」，恰相媲美也。

其間，阿拉伯文明的百年翻譯運動，及其對於歐洲文明的存養和對於文藝復興的回饋，明修棧道，暗度陳倉，尤值載述。往昔耶回齟齬，耶教文明昌盛獨大，對此諱莫如深，這幾十年「後……」什麼什麼的學問大興，不息解構，着意糾偏，這才和盤托出，大方談論。不談不知道，一談嚇一跳。話說，大約在阿拔斯朝代中期，即基督紀元 830 年至 930 年前後，百年之間，受哈里發（Caliphate）的倡導資助，阿拉伯學人將諸多文明的典籍庋集整理，移譯為阿拉伯文，由此推展增益，形成了文化史上的「巴格達學派」。這個著名的「百年翻譯運動」（Hundred Years Translation Movement），彙集了包括古典地中海文明在內的各大主要文明的遺世典籍，造就了阿拔斯王朝「五百年文化黃金時代」──朋友，今日伊斯蘭阿拉伯世界興衰互見，若非文明內涵豐潤，積養滋潤，指東打西，光靠教義，特別是光靠石油，是撐不下去的。

約在耶誕 830 年，在宮廷翻譯研究機構和皇家圖書館的基礎上，阿拔斯王朝哈里發馬蒙（Al-Ma'mun）正式創建了著名的「智慧宮」（Bayt al-Hikmah）。在哈里發曼蘇爾（Al-Mansur）和哈倫・拉希德時期（Harun al-Rashid）所設。作為伊斯蘭世界國家級綜合性學術機構及高等學府，這一機構分設翻譯局、科學院和圖書館，其中，圖書館庋集收藏了數萬冊哲學、科學、人文和宗教、語言的原本與手抄本，包括希臘語、古敘利亞語、波斯語、希伯來語、奈伯特語、梵語和阿拉伯語，其中就有數百種古希臘哲學和科學著作的原本和手抄本，包括亞里士多德（Aristotle）、柏拉圖（Plato）、希波克拉底（Hippocrates）、蓋倫（Galen）、歐幾里德（Euclid）、托勒密（Clandius Ptolemy）、克

羅丟、普林尼（Pliny）、普羅提諾（Plotinus）等人的作品。幾個世紀裏，阿拉伯學人，其實是來自整個歐洲與阿拉伯文明世界的學人，孜孜矻矻，惟精惟一，整理、譯述、校勘古希臘、波斯和印度的典籍，並對早期譯文再予修訂或者重譯，不僅保存和翻譯了先人著述，而且，創造了輝煌的哲學人文與科學成就，並通過貿易、征服和大量以英國數學家阿德拉德（Adelard of Bath）為代表的「知識朝聖者」的艱苦譯介，再回歸反饋西方，為後來歐洲的文藝復興和近代文明崛起，傳薪播火。

哈里發多方搜羅，重金禮聘，一時間，群賢畢至，既有阿拉伯人，也有非阿拉伯人；既有穆斯林，也有基督、猶太、薩比和祆教徒。馬蒙任命的第一任館長就是著名基督教醫學家和翻譯家葉海亞‧伊本‧馬賽維（Ibn Masawaih，公元 777–857 年），身為景教徒的侯奈因‧伊本‧伊斯哈格（Hunayn ibn Ishaq，公元 809–873 年）受命擔任翻譯局局長，譽為「翻譯家的長老」。著名的穆斯林數學家和天文學家花剌子密（Muḥammad ibn Mūsā al-Khwārizmī，公元 780– 約 850 年），國人對他多有傳頌，也擔任過圖書館的館長和天文台長。據說，智慧宮時常集會研討，也曾舉辦過一次神學辯論會，辨析基督教和伊斯蘭教之微言大義，馬蒙以學者身分出席，面對基督教主教西烏杜斯的尖銳陳詞，馬蒙與其他伊斯蘭教學者不以為忤，於各陳己見中各抒心意，實為今日耶回兩大陣營，劍拔弩張，時日曷喪，所難想像者也。公元 1065–1067 年，塞爾柱王朝（Seljuk Empire）宰相尼扎姆‧穆勒克（Nizam al-Mulk）在巴格達創建尼采米亞大學（Al-nizamiyya of Baghdad），智慧宮併入該校，續為伊斯蘭學術中心。

人世滄桑，白雲蒼狗，南阮北阮。今日巴格達，幸獲和平，不知何時，輝煌重歸乎？！

諸君，論及近世西方文明及其現代復興獨大，此為重要一環，不可或缺。寫出《阿拉伯通史》的那位美國東方學者喟言，「在 8 世紀中葉到 13 世紀初這一時期，說阿拉伯語的人民，是全世界文化和文明火炬的主要舉起者，」並非誑語，亦非誇張。[3] 僅就興發於歐洲的現代科學中諸多天文學術語和行星的命名，均源自阿拉伯文明，可窺一斑。[4]

　　本來，文明溝通，心意交流，等於積聚億萬人腦，而激發心智，增擴智慧，才會有所謂的文明進化。一味閉鎖，黨同伐異，視癩疳為特色，護贅疣若家寶，則格局促狹，形勢衰微，必至形銷骨立，心衰力竭，而終至家破人亡也。考諸中世回教文明之昌達與文藝復興之際耶教文明對於前者之借重，而兩小無猜，交相輝映，相得益彰，可知古人不予欺也！

　　此間經緯曲折，大家亦可參看《穆斯林發現歐洲：天下大國的視野轉換》（*The Muslim Discovery of Europe*）一書，是東方學大家柏納・路易斯（Bernard Lewis）所著。據他描述，當其時，歐洲的典籍，拉丁文希臘文的文獻，歷經戰火和災禍，在歐洲反倒散佚，只好去這些地方查看。沒有原文的，再據阿拉伯文回譯，這才歷經幾代人的筆路藍縷，聚沙成塔，風水輪流轉，促成了歐洲的文藝復興。至少，沒有中世紀阿拉伯學人對於亞里士多德的重譯、彙編和詮釋，以及由此引發的經院哲學，可能，歐洲早就把他忘了。

---

3. 泛詳【美】P. K. 希提（P. K. Hitti）：《阿拉伯通史》，馬堅譯，商務印書館 1979 年版。

4. 依據史家所敘，譯自希臘語的，約一百多部，包括亞里士多德、柏拉圖、希波克拉底、蓋倫、歐幾里德、托勒密、克羅丟、普林尼、普羅提諾等哲學家、醫學家、數學家、天文學家的著作；譯自波斯語的，約二十餘部，有關歷史、語言和文學；譯自印度梵語的，約三十部，有關醫學、天文學、數學；譯自奈伯特語的，約二十部，有關農業園藝。此外，尚有數十部譯自古敘利亞語、希伯來語的文學、藝術和科技著述。

所以，歐洲的文藝復興不是別的，也是事到臨頭，內視反聽，要出路，討生路，自外域文明和古典文明根上用功，而輾轉推陳這一人類情智的良知良能之善果也。每逢大難，走到絕路，便會重返樞紐文明甚至前樞紐文明，以向先賢討教而反省當下，啟示前程，燭照未來。此為中西歷史所印證，所一而再、再而三印證也。

實際上，不惟當今，早在 19 世紀，對於中世阿拉伯文明之於歐洲文藝復興的恩惠，這一起承轉合，就連黑格爾（Georg.W. F. Hegel）這位歐洲中心的大哲，南州冠冕，一生自負，四海無人，也不得不承認。如其夫子自道，哲學受到了中世紀阿拉伯人的「眷愛撫養」，而且，當其時，其水準遠超西方，因而，一部哲學史應該有阿拉伯哲學的位置。[5] 至於由此造成的阿拉伯哲學的西方屬性，或者，西方文明的阿拉伯源頭，以及更為悠遠的「黑色雅典娜」，凡此種種，優孟衣冠，難兄難弟，白髮異鄉，則又牽連廣博，更為繁雜糾結，也更加引人入勝，暫且擱下不表，同學諸君自可尋尋覓覓。

在此，有關其間轉折與樞機，雖說鹹口肯認彼此藕斷絲連，剪不斷理還亂，但今日學者的相關解釋，則多元分歧，見仁見智，集苑集枯。例如，有一本書，《絲綢之路：中國 —— 波斯文化交流史》（La Route De La Soie），作者是法籍伊朗裔學者阿里‧瑪扎海里（Aly Mazaheri），就曾指出，絕不要將伊

---

5. 黑格爾氏對此寫道：「當日耳曼民族在西方已經獲得了前此屬羅馬帝國的土地，並且他們所征服的東西現在已經有了牢固的定形的時候，在西方則出現了另一種宗教，即回教。對東方在自身中清除了一切特殊的和限定的東西，而下方則下降到精神的深處和現實性……哲學受到阿拉伯人的眷愛撫養。阿拉伯人帶著他們的宗教狂熱迅速地把自己的勢力擴展到東方和西方各地，他們也以同樣的速度經歷了文化的各個階段，在短時期內，他們在文化方面的進步，大大地超過了西方。」

有關於此，參詳黑氏《哲學史講演錄》（Lectures on Philosophy of History），第 3 卷，賀麟、王太慶譯，商務印書館 1981 年版，頁 252–261。

朗與伊斯蘭世界混為一談，其間最為重要的分歧就在於各有自家的表意體系。今日伊朗文明以源遠流長的波斯語承載，後者則為阿拉伯語。的確，語言表意體系有別，則各說各話，隔山隔海。這也就是為何羅馬一倒，各說方言，歐羅巴大帝國從此不復見矣。說到底，在他看來，阿拉伯人就是貝都因人（Bedouin），阿拉伯文就是貝都因文。阿拉伯伊斯蘭文明之所以輝煌一時，就在於貝都因人征服了波斯，將波斯文明悉數收入囊中，或者，將自己的文化基因換血為波斯文明，以此文化資本，武略配上文韜，東征西討，這才有了「文化黃金時期」。這一出大戲，與歷史上世界各地都曾上演過的蠻族征服後之自我更生戲本，猶譬拓跋氏南下或者滿人入關，略同無二。因而，表面看來是伊斯蘭征服波斯，毋寧，是波斯文明同化了伊斯蘭。

的確，波斯文明堪為樞紐文明，千年生聚，萬民作息，蔚為大觀。今日伊朗之政制架構，既有基督教式三權分立這一基本體制，又有伊斯蘭教法的高級法體系，二者混融，非同一般。尤其神俗有別而貫通，映照着俗世層面的民主體制，實在是自出機杼。比照某種流行表述，可謂「具有波斯特色」的制度實踐。

前述瑪扎海里教授的著述，白紙黑字俱在，大家自可參看。引述於此，供同學諸君參考，旨在隔山打牛，能近取譬，體會文明流脈本身之複雜與解析之多元，以及二者間之虛實盈虧，錯綜糾結，從而有助於體認當下各種情勢平靜冰面下水流縱橫之洶湧湍急。進而，浮想聯翩之際，心潮澎湃之時，理解在下倡言漢語法學之更為廣闊的文明背景也。

文藝復興

第三件事，就是這所謂的「文藝復興」了。

顧名思義，「文藝復興」是指到文明祖根上尋覓活水源頭，經由批判改造和重新闡釋，而且，是在當下語境中的不斷闡釋和重新闡釋中，將舊傳統翻轉為新知識。回歸傳統，體會先賢，然後推陳出新，饒有別致，以切應人心，而表彰時代，這就叫 "Renaissance"，說到底還是一個「古今之變」，同時回蕩着耶回互動的鳴響。彼時彼刻，「瞧，那些人，那些光」，真正是一個「古今中西」的大時代！

據說，中國文明也曾作為匈牙利哲學家波蘭尼（Michael Polanyi）意義上的「支援意識」（subsidiary awareness），屬入其「核心意識」或者「集中意識」（focal awareness），而助力於這波復興，至少，遠距離地作為一個文明參照系，參與了文藝復興以及接續而來的歐洲思想啟蒙運動。真假及其程度，幾十年裏，東西兩方，本土的與洋人的，各有陳述，大家自可找來看，想必是個更有意思的話題，此處擱下不表。[6]

因而，借復興古代希臘羅馬文明而表達當下訴求，為俗世人欲張本，頗有托古改制的意思，所賴就是對於希臘羅馬的「文明記憶」。而喚起這份記憶，叫歐洲人夢縈魂牽之際奮力爬梳剔抉，繼絕舉廢，便牽扯到剛才敍說的上節內容了。具體而言，西方史學界大致認為，其觸媒源自奧斯曼帝國的興盛與

---

6. 粗略檢索，這方面的研究就有下列諸項：朱謙之：《中國哲學對歐洲的影響》，上海人民出版 2006 年版，同時見《朱謙之文集》，卷 7，福建教育出版社 2002 年版。本書系季羨林、王甯主編《東學西漸叢書》（河北人民出版 1999 年版）中的一種，全套叢書共 7 部，尚有王甯、錢林森、馬樹德著《中國文化對歐洲的影響》等；陳宣良：《伏爾泰與中國文化》，首都師範大學出版社 2010 年版；談敏：《法國重農學派學說的中國淵源》，上海人民出版社 2014 年版；閻宗臨：《傳教士與法國早期漢學》，大象出版社 2003 年版；張國剛：《明清傳教士與歐洲漢學》，中國社會科學出版社 2001 年版。西人著述如【意】普契納《中國、意大利和文藝復興》（1935 年）、【法】安田樸（René Étiemble）：《中國文化西傳歐洲史》，耿昇譯，商務印書館 2013 年版；（英）約翰・霍布森（John Atkinson Hobson）：《西方文明的東方起源》，孫建黨譯，山東畫報出版社 2009 年版。

十字軍東征。奧斯曼帝國的擴張入侵，導致東羅馬拜占廷學人紛逃西歐避難，希臘羅馬的藝術珍品和文史典籍隨身攜歐。時代板蕩，痛定思痛，它們適應時需，枯木逢春，以舊日的輝煌映照出當下的卑微，而於促發歐洲對於自家古典樞紐時代文化記憶之際，鼓蕩起當下的心氣，磨礪其奮發的鬥志。所謂窮則思變，變則通，通則久，近世歐洲的繁昌實為舊日萎靡刺激所致。與此同時，十字軍東征，一路討伐，從阿拉伯世界掠回大量古代典籍與藝術珍品，秘藏於各地教堂地下室，此刻一經發現，拂去時光塵埃，驚羨歎息之際，叫人將眼光投向過往，不禁開啟了尋覓逝去文明而追步前賢的旅程。

朋友，求故事以新解，為故國招魂，還是在為當下超生，為此刻解脫。說穿了，物極必反，中世教會的禁錮，能事已極，但終究拗不過人性。此刻市民理性覺醒，市民生活方式要求精神為自己開道，因而，以復興古典為名而予知識和精神以空前解放，撤除一切禁錮思想創造的枷鎖，表面上是古典文明的復興，實際是當下精神掙脫奴役展翅飛翔。這一振翅，人慾的躁動，精神的騰躍，嘩啦啦，轟隆隆，驚天動地，席天幕地。於是乎，丁一卯二，轟轟烈烈，歌哭相繼，演化出一個現代世界與現代文明。

說到人性人慾，大家看《十日談》（*The Decameron*），所述所記，具體而微，活色生香，勝過任何歷史教科書。時常讀小說，激活知性、感性與靈性，保持生命的想像力，褪卻學院派太過日常化的呆板作業造成的老氣橫秋，是避免法律教條隔絕生活世界、將生命鈍化的一種方法形式，不知諸君嗜好幾何？

現代中國的「照着說」與「接着說」

近代中國歷史就是在這一總體歷史進程中鋪展開來的，並籠罩在它的深重陰影之中，而加入匯聚成所謂的世界歷史進程。打從「新文化運動」和「五四」起，一方面接續洋務運動的傳統，繼續引進西學，力爭匯通，強毅力行，建設新中國新文化。另一方面，重回樞紐時代甚至前樞紐時代的周秦古典，在西學觀照下，檢視光大中國文明。雙軌並行，相反相成，守經達權，造就了百年來的中國心智。這一進程，當時就有人把它叫做「中國的文藝復興」，同樣命意在此，而立義在此，適成中國近現代史上已然超逾一個半世紀的「古今中西時代」，迄今而未止。今日回頭一看，所謂的「現代性」統轄提攜這一歷史進程，其正反陰陽，其優劣得失，中國一樣不落，正走到這波現代世界歷史的中國式落地儀式的收尾時段矣。

實際上，1915 年「新文化運動」以還的晚近一百年，不僅「打倒孔家店」，決絕唯恐不及，而且，另一方面，對於先秦和周秦之際的文獻，爬梳整理，闡釋分析，幾代人，前仆後繼，下了大工夫。包括 20 世紀中葉以還反傳統、「批封建」最為熾烈之際，卻還校勘整理了大量古籍出版，其之突出者，如刊行二十四史新點校本，可謂意料之外，情理之中。再往前，有清二百六十八年，文字獄大興的結果是士子轉務小學，在追源溯流中深耕細作，於古籍辯證，演繹出對校、本校、他校和理校諸法，而有盧文弨、顧廣圻、戴震、段玉裁、「二王」和俞樾諸大家，功勳卓著，彷彿從事的是博洛尼亞式的羅馬法功業。畢竟，三千多年的過往典籍，沿承既久，舛訛必多，幾代人皓首窮經，概為梳理，不僅必要，亦且可能。也就因此，在大歷史視野，後來的新文化運動看似斷裂，如同文藝復興之際歐洲的

「奧康剌刀」[7]般無情，而其實多所接續，一脈沿承，正所謂「歌於斯，哭於斯，聚國族於斯」，而美輪美奐，善頌善禱者也。

比較而言，西人於 12、13 世紀以還，幾個世紀裏，孜孜矻矻，皓首窮經，幹的也就是這個活兒。同樣的營生，肇因有別，而功業則一。他們於希臘羅馬窮追猛打，照着說，接着說，再接着說，說着說着，終於說出道道來了，而涓滴匯流，催迫出一個叫做「早期現代」的「現代樞紐時期」。事兒鬧大了，陣勢恢弘矣。較諸古典樞紐時代，這「早期現代」或者「現代早期」，為晚近四百年的人世奠基，包括華夏中國在內的全體地球人，如今都還籠罩在它的經緯之中。其實，黑格爾以還，洋人所謂的「歷史終結」，而且，時不時地「歷史終結」，其命題，其立論，其寓意，左右開弓，同樣不脫這一語境也。

換言之，從 15 世紀晚期到 19 世紀初年，西人經歷了一個從「照着說」到「接着說」的文明進程。相較而言，晚清以降，包括苛刻的內省批判在內，中國「照着說」已有一定結果，但還不足，還要接着「照着說」。同時，返本開新，於引介嫁接這波西洋現代文明的融匯進程中，開創現代中國文明，孜孜於「接着說」。按馮友蘭先生的說法，「照着說」就是體貼揣摩先賢的心思，把古人怎麼說的理述出來，意在賡續；「接着說」意味着在此基礎上發揚光大，增益己意，以切應當下，而開闢未來，重在發揮。無賡續，則水無源，樹無根，一切猶托空言。不發揮，則泥固不化，既難言賡續，更無以應對現實，措置當下。有守有為，守經達權，方能一脈遷延。西學東漸，兵臨城下，正好催逼出文明記憶，而於返身回顧之際，配合上了這

---

7. 編按：Occam's Razor / Ockham's Razor，又稱「奧卡姆剃刀」，方法學中的簡約法則，理論是如非必要，莫增假設。

個「接着説」的文明命運。對此，所謂英雄誠知覺寤，「超然遠覽，淵然深識」，而鞠躬盡瘁，群星燦爛，震瀟古今，遂成陳寅恪先生所指之「文明托命之人」矣！

如所周知，大致而言，古典中國文明經歷了「子學時代」和「經學時代」。套用陳詞，則晚近百年大變，不僅是一個「西學時代」，而且也是一個「新子學時代」。眾聲喧嘩，莫衷一是，有待於開放多元格局中終有收束。因而，此刻往下，接續洋務自強運動以還的主流文明意識和政治意志，再幹一兩代人到兩三代人，則現代性語境下的華夏文明意義秩序必將落定，就當進入「新經學時代」。

那時節，諸流綜匯，萬端同宗，而統宗匯源，這個超大規模的世界歷史民族大廈的意義屋頂落成，一個中國式的新文明必將鋪展光華，人間有福矣。若說漢語法學的文明背景，其寄託，其意義，這才是最為切近的因素。

八、漢語法學的文明背景（下）

　　是的，這才是最為切近的因素。置此大時代，中國超逾一個半世紀的連環因應，緣此而來，循彼而去，自有脈絡，如有定數。從手足無措倉促上陣亂成一鍋粥，到多所籌謀、指東打西而逐漸措置裕如，猶如走獸蛻變為飛禽，須經恆久歷練。其間，為此目標，從來不吝鮮血和生命，以億萬人生計為代價。正是在此，歷史之為自主的進程與人類之為歷史的工具，抑或，恰恰相反，均淋漓展現，妙入毫顛。寒煙小院，秋雨驚夢，等不得；疏竹虛窗，殘漏聲急，慌不得。但是，不管怎樣，揆諸史事，考其歷程，至少，就晚近一個世代的經歷來看，下述四點，一環又一環，丁一卯二，連動齊發，構成了漢語法學作育興發這一最為切近背景中的核心要素。

　　就是說，晚近中國急遽轉型，歷三十五六年而未止，實為整個近代中國超逾一個半世紀文明大轉型的有機組成部分。其間，起伏跌宕，慘烈異常，而風月無邊，以「改革開放」籠統，也即「第三波改革開放」，真切得很，得體得很，要命得很。是的，從 1978 年 12 月的中共「十一屆三中全會」，下迄 2013 年 11 月的中共「十八屆三中全會」，兩個「三中全會」，其以起初的「向後倒退向前進」的方式，順應這一轉型大勢，而致力於推進經濟發展、社會進步和政治開放，為這個叫做「現代中國」的龐大實體接生，終究迎來大轉型「臨門一腳」的決斷時刻，則意在改天換地，而勢必撼天動地，未幾席天幕地，終究感天動地，而有待於鋪天蓋地矣。

晚近一個時代，低頭致意

同學諸君，說是「向後倒退向前進」，就在於其間的經緯鋪展和綱目排列，無他，實在不過就是在下述四個維度上，「低頭致意」而已。要是有人讀來覺得不舒服，改用「頷首致意」也行。操切躁進了，或者，跑偏走岔了，沒事，認錯，退回原點再出發，說的就是這麼個意思。此即「中國敘事」，連同後續「現代中國究竟意味着什麼？」等節內容，共同講述了這個叫做「現代中國」的創世紀。作者靜坐書齋，動筆敲鍵，心事浩茫連廣宇，不動煙火，唯聽嘀嗒。而紙頁背後，字裏行間，則是華夏邦國生命勁道的不屈掙扎與近代世界體系的勃勃躍動，更是潰瘍流血的億萬生命。

那麼，是哪四個「低頭致意」呢？

首先，向中國近代歷史的主流文明意識和主流政治意志低頭致意。這一意識與意志不是別的，就是以「富強、民主與文明」為鵠的，而不屈不撓，前仆後繼，強毅力行。此為國族心志所在，更是萬眾民心所向，蔚為中國近代歷史的主旋律。億萬同胞，整整七代人，接續奮鬥，勞生息死，置禍福於度外，雖死生而不惜，構成了吾國史上最為慘烈的一頁。中國近代史上，歷經動盪與更迭，任何人事與理念，不管動用什麼名目，但凡違背這一主旋律，昧於這一文明意識，違忤這一政治意志，悉為逆歷史潮流而動，而終究為歷史大潮所粉碎，早已驗之再再也。

其間因緣在於，現代早期以還，全球史鋪展開來，華夏不能自外，裹挾進滔天洪流。置此情形下，一部中國近代史遂成這一進程的一部分一環節。此一進程非他，就是這個叫做「現代」和「現代文明」的創世紀，凡已三數百年矣。中國受其衝

擊啟發，被迫和自願加入這一波文明轉型大合唱，而構成其重要聲部，旨在建設「現代中國」及其現代文明。而所謂「現代中國」及其現代文明，基本而言，不出「富強、民主與文明」範圍，以此為鵠的，臻此方抵達。在此背景下，從 1840 年開始，尤其是從 1860 年「洋務自強運動」以還，一個半世紀裏，中國近代歷史的主流文明意識和政治意志，幾經輾轉，終於清晰，而矢志不移。它們不是別的，就是追求「富強、民主與文明」，標舉自由、平等與博愛，將法制人權和寬容多元等價值，收納入懷，力爭落地生根，而於移植西洋文明中啟發華夏生機，強毅力行，重締現代中國及其現代文明。所謂「認識老中國，建設新中國」，梁漱溟先生畢業以為職志並一再申說，如本書最後兩節還將談到的，就是適應此一主流文明意識和政治意志而來，並體現其內在經緯的堅韌作業，而映照着此一進程之一體兩面矣。

晚近三十五年（截至 2014 年），以「撥亂反正」起步，正不外醒悟到這一歷史進程，體認其文明意識，而逐步回歸於這一主流政治意志。從此邁步，磕磕碰碰，踉踉蹌蹌，而終至於大道康莊，就差「臨門一腳」。故爾，從發展經濟、追求富強，到此刻的政治參與意識高漲並凸顯出參與赤字危機，而政治體制改革縱便多所延宕，卻勢亦必逐步提上議事日程，以立憲民主、人民共和來收束，道出的是現代中國面臨國家建構，以及政制建設之升級換代這一時代新局之危與機也。同時，國民生活水準遞次提升，行止出處漸求雅馴溫文，倫理社會漸次恢復和公民友愛滋長發揚，展現的是追求文明仁愛的心理脈動，同時又將尊嚴赤字顯豁無疑，並由此反省入手，搭建減免羞辱的制度配置和文明氛圍，同樣是危機並存，只有在此歷史進程中，循依這一主流文明意識和政治意志，方始找到答案，也才能有出路。其實，它們不僅是近代中國歷史進程的主流文明意

識與主流政治意志，也是這個叫做現代文明的核心意旨所在。因而，就此而言，中國晚近一個世代循此前行，融匯和凸顯的正為世界歷史精神。

凡此三項，分頭合擊，萬流歸宗，演繹着中國近代歷史的主流文明意識和強毅政治意志。向它回歸，以此為本，七代同胞，以大中華為舞台，接續上演了一出時代活劇——在座同學諸君，你們説，這一百多年的歷史，從清末至今，拋開政體差異和意識形態表像，深層脈動，百折不回，貫穿始終的，是不是就是這樣一條線索，而順昌逆亡者也？！

其次，向英美所主導的大西洋文明時代的世界體系低頭致意。晚近兩百多年間，後發國族，面對先發優勢，要麼順從，要麼抗拒，要麼立志走第三條道路。在現代歷史視野，先發國族，無一不是海權強國，賴海權而興盛，恃海權以圖強。故而，後發國族，憑陸權對抗海權，以海權鉗制陸權，海權諸國彼此之間亦且怒海爭鋒，砍斫不休，以及歐亞世界島與美洲大陸之中心邊緣的置換，凡此種種，均不外源此三種路向，並為此三種路向之實戰。由此路向之別與心氣消長，推導演繹出了國家建構與政制建設之悲歡離合。

究極而言，這個叫做現代文明秩序的人間世，萌發於 17 世紀以還的地中海文明，繁盛於 19 世紀中晚期登場的大西洋文明，迄而至今，駸駸乎三百年矣！而有模有樣，也就是最近這一兩百年的事兒。此前的古典樞紐文明，東西南北，花開數朵，各表一枝；所謂現代文明，為地中海北岸搶得先機，發為嚆矢，再接續以大西洋文明，而終究聯袂一體，並洶湧東來，驚濤拍岸。中國的轉型，特別是晚近三十多年的「改革開放」，恰巧發生在英美橫跨大西洋合縱連橫，盎格魯－撒克遜國族逐漸稱霸地球這一時段。它們在家親兄弟，上陣父子兵，什麼經

驗理性邏輯理性，什麼功利主義實用主義，什麼普通法衡平法，什麼重商主義全球貿易，裏挾帶動着全球屁顛屁顛的。一兩百年下來，所形所塑，至再至三，不過就是上述大西洋文明時代，具象表現為英語的世界語地位。由此形成的世界體系，統治地球超過一個半世紀，於今雖現衰象，卻依然蔚為霸主。

置此大背景下，中國 1860 年代啟動「第一波改革開放」，晚近三十多年接續以「第三波改革開放」，總體而言，明裏暗裏，均以匯入此一世界體系為務，而孜孜於「與世界接軌」，免於「開除球籍」。接什麼軌？其實就是向大西洋文明所主導的世界體系低頭致意，以向侵略者學習而自救，於自新更張中匯入這一體系，進圖文明復興。所謂「富國強兵」、「振興中華」者也。在此，反帝反殖反霸也好，接軌接軎

接洽也罷，正反合，不離主題。到如今，這「大西洋文明時代」似乎為彷彿正在冉冉升騰的中美共治的「太平洋文明時代」所取代，則小小寰球，不同此涼熱，見證了盛衰興亡，印證着河東河西，而向時間這人間唯一的真神，再奉上一闋贊辭也！

說是「總體而言，均以匯入此一世界體系為務」，就在於曾有脫軌脫序，而且，更在於中國從未屈服於帝國主義殖民強權，亦從未放棄自家文明的主導性。「全盤西化」也好，「擇善而從」也罷，重複的其實是「三人行必有我師」的故事，內裏糾正滋補的依舊是這個叫做中華文明的舊邦新命。故而，現代中國的誕生意味着自由主義與中國文明交匯互動後的雙重勝利。而且，至少就最近半個多世紀的歷史來看，雖曾一度皈依近代西方文明的偏鋒，如美籍華人學者唐德剛先生所洞悉，但終究選擇大道，這才發生了一個「向後倒退向前進」的汰粗取精的大轉折。類如「文革」這樣的歧出，即為脫軌脫序之顯例。所謂「第三波改革開放」之「撥亂反正」，正在於回歸正途，有

此吐故納新，而以內裏接續「第二波改革開放」為正道，於是演來了刻下「建設新中國」與「中華文明復興」這一依舊還在艱難跋涉而有待最後收束的浩瀚長旅。

再次，向中國文化傳統低頭致意。近代中國屢戰屢敗，導致文教體系崩塌，傳統文明價值理念頓失維繫。於是，一時間，只好眼睛向外，接引異域文明，嘗試過種種主義，西洋東洋皆有，古代現代齊全。其間，尤其是斯拉夫蘇俄式的刻薄寡恩，暴戾恣睢，禍害匪淺，教訓深重。今日中國，依舊是各種主義的萬花筒，舉凡文化批判和思想啟蒙，溫文社群學說與大同共和理想，文化民族主義和市場自由主義，都有市場，都有活力，也都有一定的道理，而且都有一定的效應。迄而至今，一脈婉轉，愈發顯豁的是，官民一體，又開始向孔孟回歸。而且，其勢洶湧，也是物極必反，有以然哉。這不，包括清明、端午成為法定假日，倡議立法規定孔誕為教師節，以及執政黨第一把手禮拜孔廟，而三致其意，凡此種種，在在意味深長也！

是啊，它不僅表明吾族吾邦的文明意識和政治意志以重回中國文明主脈作為自我定義的重要選項，而且，經此反視回觀，即溫即厲，期期於作育更張，更上層樓。曾幾何時，「中國傳統文化」與「中國文化傳統」悉為貶義，備受摧殘，而今撥亂反正，重歸殿堂，復興有象呢！至於最後成色，有待用功了，不好說，說不好。

各位，此處須要注意，所說向中國「文化傳統」低頭致意，而非「傳統文化」，就在於文化傳統是活的，歷經磨劫，不絕如縷，既受震盪，而貞下起元，元氣淋漓，自有其脈絡與精神。那邊廂，傳統文化意味着形態古典，多半只是化石，可堪把玩，聊寄思古，唯有更新俱進，適應人生，始能融匯現代文明譜系，遞補進境而為文化傳統，成為活的意義秩序。故爾，所

須致意者，「文化傳統」，而非僅只「傳統文化」也。若果無此界限，視爛瘡燦若桃花，以毒藥誤作珍饈，將腐朽當做神奇，譬如刻下某些號曰「新儒家」之所為，豈獨誤解傳統，更在戕害當下也。

最後，向普遍人性低頭致意。誠如夫子自道，食色性也。換言之，以一己為中心，而以人類為同胞，爭求溫飽，享受情色，廝守愛情，免於凍餒，免於無家可歸，免於恐懼，豈非人性之常，莫非人世之福。進而，作育德性倫理，涵養規範倫理，由此照引，循此前行，造就美好人世與偉大社會，更且道盡了求存求榮的人性本根，蔚為人性之必然和人生之本然。畢竟，生存自保第一，而追求食色、將自我利益最大化、伸張權利權力，均為人性之常。

回看晚近三十多年，靜思冥想，這叫做中國的十三萬萬子民的浩瀚家園，其苦鬥，其掙扎，其勞生息死，可不就是一步一步地，羞羞答答地，而終究光明正大地，向着承認人性，承認人性的自私，承認人性自私的合理性以及利他的必要性，一步一步地，蹣跚前行嗎？而前行恰恰意味着回歸，回歸落定於人性之常。靈肉之間，人命危淺，人命之花就是在這人性之常的枝頭，深植於億萬生靈所匯聚的人世之根；生死兩頭，雖說「欲動情勝，利害相攻」，可人就是這麼個物種，所謂「早知世界由心造，無奈悲歡觸緒來」，沒轍！朋友，常識源於漫長人世累積，極高明而道中庸，於人於事，最為要害，於此可證，於今可證，在在為證，要命啊！

「我有明珠一顆，久被塵勞關鎖。今朝塵盡光生，照破山河萬朵。」鬱山主騎驢過橋，驢蹄失足，翻身落地，豁然所悟，講得好嘛！

本來，同學諸君，分享普遍人性是每一個體自我存在的前提，如同人性的個體性表達印證和坐實了普遍人性，而普遍人性終究須要落實體現於個體性。個體性展現着一個個鮮活的個別性，其如滴水，映照出普遍人性的燦爛陽光，真正是「照破山河萬朵」。無此普遍人性，哪裏有全體人類的概念，何處安放人類共同體。因而，尊重普遍人性，就是在維護個體性，也就是在捍衛個別性。一如捍衛人性的個體性表達，是我們每個人之為每個人的前提，也是我之為人類一分子的表徵，而在在佐證人類共同體，維護着普遍人性。故而，東海西海，心理攸同；南學北學，道術未裂。

走筆至此，不禁想起錢穆先生的一段話。在《中國文化精神》中，錢先生喟言：「我民族文化常於和平中得進展……歐洲史每常於鬥爭中着精神……中國史如一首詩，西洋史如一本劇。」雖曾如此，千枝萬葉，卻依然是人性之常，也是人性之長，展現着這個物種的浩瀚心智，宣揚的是它的飽滿心性，不過為此豐贍華富再添一例證爾。也正是因為人性豐贍，才有此多元紛呈。世界因此而美麗，人生由此而值得留戀。我們小命一條，早晚都要見閻王，卻好賴都不想啟程呢。

然而，曾幾何時，吾國上下，視此為誑語，讒言只有階級性，而無普遍人性。所謂「親不親，階級分」，一時間將人世變成匪幫。由此，反倫理，貶倫常，羞辱親情、友情和愛情，踐踏人類的基本情感，直鬧得雞飛狗跳，烏煙瘴氣，民不聊生。此不惟吾國上下，單看晚近一部世界史，其間，殖民征服與種族屠殺，階級鬥爭及其鬥爭哲學，帝國殺伐卻終究土崩瓦解，喧囂兩三百年，遍佈東西南北。惡行當道，無不宣稱種族、民族和階級的特殊性，結果不僅踐踏普遍人性，終至血流成河，而且，同樣戕害自身，窒息個性，禍延家園。也就因此，晚近

三十來年裏，吾國執政理念多少向普遍人性低頭致意，堪稱一大轉機和進步，值得我們馨香祝禱，表揚、表揚再表揚嘛！

綜此四項，舉舉大端，千回萬轉，萬世一時，構成了晚近三十五年所謂「改革開放」的基本理路，也是我華族文明歷經磨劫、貞下起元的一段心路歷程，慘烈而慷慨，低徊復昂揚。朋友，一切的天翻地覆，所有的恨愛情仇，萬水千山，愁腸寸斷，都發生在這一大時代背景下，既構成了這一時代，並為此時代作證，復創造一新時代矣。

此亦非他，就是漢語法學興發作育的最為切近的背景因素。

其實，以生民為本，為生命祝福，一切圍繞着人生打轉，為億萬生民過好日子而打拼，管他這個那個的，則低頭致意，進退裕如，天地無邊嘛！

漢語法學的特殊主義進路與普世文明觀念

走筆至此，同學諸君可能訝異，落腳到漢語法學的理論旨趣，包括價值取向、理論立場與致思進路，悉為一種特殊主義，彷彿也是一種文化本位主義，怎會是因應上述四項「低頭致意」而來的學術作業呢？毋寧，清塵濁水，南轅北轍，深具文化保守主義色彩呢！別的不說，但就中國與世界的關係而言，四項「致意」明明是「自世界看中國」，挺立的是「世界的中國」，而閣下作業，則彷彿「從中國看世界」，標舉「中國的世界」，風馬牛，愈瘦秦肥，不相及，何能等量齊觀？

其實，不惟各位訝異，我自己都吃驚呢。不過，把心自問，仔細一想，當能自圓其說。諸君，此間一脈學思，確乎秉持特殊主義，以抉發和條陳傳統中國文明脈絡下的漢語世界的

法意法理為己任，並進而牽連發掘其文明背景，並且好像也是重在理述其特點，辨析其特質，闡釋其特性。「特點」、「特質」與「特性」，好傢伙，不打自招，明明選擇的是一條特殊主義的文化進路。但是，各位不可忽視的是，此一作業，並非旨在說明其之獨一無二，舉世無雙。正是在此，它與 19 世紀德國式歷史法學及其民族主義劃清了界限，也與刻下自標「新儒家」者流不相干。毋寧，是想指出，凡此法意，皆不外人意，而人性如一，人人體認，普世分享，則爬梳抉發此脈法意，想要印證的不過是法意世界的豐贍多元，印證的是人類因應不同生活世界的地緣條件，而展現出的人性的多元面相及其無限可能性與創造力，恰恰既是對於中國文明的個體特點、特性與特質的生動揭示，也是對於普遍浩瀚人性的熱烈讚頌。實際上，各秉機樞，伸展其個體性，而相殊理同，才能將這普遍性展露無遺，也才能分享這普世人性的燦爛光照！

故而，其之承認現代早期以還地中海文明漸次標立的正義理念的普世性格，一如謳歌「天理人情國法」三位一體的致思模式和正義評判架構之普遍性，及其背後潛藏的信愛、和平、理智與仁義等華夏倫理的超越性，架漏牽補，左右逢源，便不足為奇了。

換言之，作者自陳中國法律文明的地方主義和特殊主義，以其為進路，或者，「以中國為方法」，意在以此為基礎，吸納、沉積和消化這一波現代文明，促進其此在客觀化，而道成肉身，泛化為億萬生民的灑掃應對，這本身表達的就是一種開放性文化觀念，也是對於人類命運共同體休戚與共性質的光明心態，何足為奇？！而且，即以「天理人情國法」這一致思模式而言，其之「情理法」三項，內涵源自此在生活，而生活本就與時俱進，則斟酌評判的基準隨之移易，早已今非昔比。但

是，不管怎樣，爭議既現，欲求正義，雖名目翻新，但評判標準仍舊不出乎「情理法」三維，而其背後依舊是普世超越性的價值倫理，則於綜合權衡中求其衡準，又總是不可移易者也。

再說了，「自世界看中國」而有「世界的中國」，與「自中國看世界」而有「中國的世界」，交互輝映，在輝映中多所回應，從來缺一不可，相反相成，端賴時勢走向，時相折中損益。其之穿插無礙，彼此映照，在省視對方的燭照中認識自身，也只有明晰自身才會於對方洞幽察微，早為一部近代歷史所證明，更是多見不怪。如此這般，漢語法學的運思理路與理論旨趣，立足華夏人世生活，而孜孜於提煉自家法意，其實早有比較樣本，其中，主要是舶來歐美法意。

咳，這次第，「你儂我儂，忒煞情多。情多處，熱如火。把一塊泥，撚一個你，塑一個我，將咱兩個一齊打碎，用水調和；再撚一個你，再塑一個我。我泥中有你，你泥中有我……」比如，現代意義上的《民法典》以平權主體間的財產關係為調節對象，蔚為市民生活的百科全書，但於市場發育已達相當程度的今日中國，居然依舊闕如，實在匪夷所思。就人民共和國這七十年而言，雖說此前已有《民法通則》、《物權法》與《侵權責任法》，以及早於 1950 年代便已頒行之《婚姻法》，但卻尚無一部圓融完滿、精準細緻的民法典，將它們統轄一體，則面子上過不去，裏子更是內傷。故而，制定《民法典》成為執政黨「十八屆三中全會」公報舉列而限期完工的大事，實為人心所向。放眼近代中國歷史，不是說現代中國於民法典聞所未聞，事實上，清末即已制定《暫行民律》。清祚崩塌後，另起爐灶，30 年代通過逐編頒行，民國立法機構也實現了法典編纂，並且於台島沿用至今，一脈婉轉。毋寧，所謂「中國沒

有民法典」，是指「1949」後廢除舊法統，卻又未曾制定民法典，以迄於今，以至於斯。

此間原因何在，列位？就在於當下政體在相當長時段內，曾經標立「一大二公」，以至普天之下寸土必屬國有，普天之下莫非王土，則私人、私權與私產、私利，既受壓抑，則只能退避三舍，為「國有」和「集體所有」讓路。也就是說，經由民法典調理平權主體之間財產關係這一脈現代文明，於此概非必要，亦無可能。所以，就提不上檯面嘛。其所標榜的合法私權、意志自由與契約神聖諸種觀念，也就未能於此方水土獲享完整制度化，而有待後續社會政治條件發育成熟後，始能以條文安排而道成肉身。職是之故，借用民法典這一形式及其理念調理平權主體財產關係，例屬近代發育出來的一種普世主義法理觀，而具體於此刻中國落地兌現，卻又只能循沿特殊主義路徑，實為對於上述致思理路的又一例證，同樣見怪不怪者也。

此為自私法着眼審視這一論題。再就如公法領域來看，有關現行《憲法》第35條的一系列配套立法，一種公法體系中的體系性作業，旨在坐實憲法規範，同樣尚付闕如，有的眼看根本就提不上檯面。相較於以市民為主體和主題的私人、私權和私產、私利的消長，國民與公民之為公共主體，國家和社會之為公共空間與公共利益，凡此主張，同樣有待社會經濟政治條件接續成長，而伸展坐實。而尚付闕如，亦且源自同一根源，道出的是不同情形的相同原因。而之所以須要這樣一部市民生活的百科全書與公共生活大憲章的系列性配套立法，就在於「市民」與「公民」均為更加宏大的「人民」的具體化，是主權者和立法者在不同場域的自我呈現，是它們的別名、別稱、曾用名，須要借助法制衣缽實現自我武裝，而獲享安全、自由與福祉。進而，翻轉過來，於賦予自家權益之際，造福全體。就

此而言，法國啟蒙思想家盧梭氏（Jean-Jacques Rousseau）「自由就是服從公意」這一命題，自是顛撲不破。就此而言，當下中國立法進程及其形式的特殊主義進路，地方性的文化視角，及其民族主義家國情懷，既須要立法予以肉身化，可能，也是促使我們去擁抱普世法理、接納全球正義的動力所在。

在此，普世法理、全球正義作為一種超越性思維，恰恰有助於審視提煉特殊主義文化進路和以地方依戀、民族主義為本根的家國情懷。兩相統一，力爭調和，就構建民族國家這一法政共同體和文明共同體而言，克愛克威，其實是「極高明而道中庸」。以此為追求極致，掏心掏肺，貼心貼肺，方能有合意的邦國。正是在此意義上，純粹個案的研討與一般法理的追究，終須回歸其之生發的政治維度。

換言之，其之生發運作，是並且總是在特定的民族國家時空，無法超越這一既定場域的羈絆。縱便是所謂「國際法庭」，爭執的依舊是民族國家的利益，而法官們無一不是具體國籍的擁有者，也無一不是具體正義觀的分享者。而且，深究細察，也無一不是具體利益鏈條上的佔位者。理想型意義上，民族國家立基於民族主義建設民族共同體，並以自由主義建構合意政體，而形成自由民族主義統轄下的政治共同體。民族主義與自由主義聯手，共同支撐起民族國家時空大廈的基本結構。因而，自由主義理念及其制度本體裏挾着現代政治登場，並且也正因其現身的場域是且只能是具體限定的民族國家，一塊具體邊界內的時空場域，故而，民族主義遂成自由主義的隱蔽主題，一如理想愜意的民族國家是民族主義和自由主義合共生聚的公共空間。反過來說，民族國家是自由主義的時空依託，自由主義則提示了改善這一方時空場域的人道願景，並盡量將自己的實踐場域圍限於此。

否則，一旦自由主義政治實踐憑藉一國之力，而超越民族國家時空，便可能走向帝國主義或者霸權政治。那時節，打打殺殺，動不動要把人家「炸回舊石器時代」，好傢伙，可能恰恰事與願違，適得其反。

法律的背後是政治、倫理與文化

進而，真的不妨說，法律不過就是政治與倫理的條文化。哪怕是所謂技術性規範，絲絲縷縷，閃閃爍爍，也總是背負着自己的政治與倫理期待，常常脫不了干係的。朗奴・德沃金教授晚年思索的一個命題就是，終究而言，法律是道德的一部分。老人家最後一篇論文大致勾勒出在此命題中全球秩序與國際法的內在銜接，其實也觸及了這一點。

其之示範意義在於，現代國家治理不能僅止於其為一種法律共同體，蓋因現代國家，不管是哪個意義上的現代國家，雖則均以民族國家形式立國，但就其政體安排的意識形態與文明背景而言，既有民主社會主義和市場資本主義，也有泛阿拉伯伊斯蘭主義，還有基督教文明與佛教文明，林林總總，拉拉雜雜。而它們，正是它們，較諸明面上的這主義那主義，更具決定意義。君主立憲政體與人民共和的願景，有時候在特殊政體下可能實現內在和諧一致，比如英國，亦稱精妙安排，原因在於文化結構，徜徉於歷史長河的淘洗打磨。

因此，就此而言，法律和政治之間的扞格，文化和政治之間的緊張，道德與法律之間的齟齬，如何調處，怎樣取捨，須要基於民族國家格局、文明傳統與普世價值、全球正義諸端，戒慎戒懼，統籌兼顧。明修棧道暗度陳倉也好，指東打西淮橘

為枳也罷，七弄八弄，糅合擰巴[1]，把事情辦成了，大家好過日子，就行。

霜晨月夕，蒹葭蒼蒼，生民討口飯吃，天何言哉。

畢竟，此刻的世界，可能是現代早期以來，歷經三數百年的發展，人類不曾遇見過的又一轉折期。人口的大規模國際遷徙，族群關係的爆炸性增長，左右對峙的加劇，財富增長的極大化與分配正義的嚴重闕如，凡此種種，將這個世界推向臨界點，要求人類思想提供切實有效的應對。

在此情形下，把話題拉回到刻下中國，若說法律是政治和倫理的一部分，那麼，不僅意味着提煉漢語法意須要深究華夏文明的倫理內涵與政治傳統，而且，現代中國須要訴諸中華文明的法理表達，同為題中應有之義。因而，讓法律中和政治，裨政治內涵文化志向，在此勵志，於此立基，而形成一種中華文明政道及其法理表達，並現身於制度安排，俗世化於計，實是造就現代中國的必備條件。各位，迄而至今，「現代中國」已然成型，但尚未完全落地，就此而言，分析法律也好，追問政治也罷，抑或探尋文明走向，此為當下焦慮源頭所在，而為「現代中國」的創世紀進程中必有的知識作業和思想作業，何得辭讓退避。

還有，由此牽扯到的一個問題就是，置身現代國家，人是一個糾結的產物，也是諸種身份疊合加總的結晶。人之為人，獲秉肉身，則濁世蒼生，灑掃應對，吃喝拉撒，蔚為生民。天命大化，生生不息，此為人之為人的天然合法性，一種自然正義。同時，其之必定隸屬某個特定種族和民族，附着於特定家

---

1. 編按：北方口語，形容樣子扭曲。

庭，為人子為人父，為人夫為人妻，為人師為人生，從而，既是族民，又是市民與國民，還是關心公共利益、秉具政治情懷的公民。則生民、族民、市民、國民與公民，紛呈錯綜，百般糾結，至少，形成了作為私人的市民和生民，與作為公共存在的國民與公民的緊張。因此，如何調理國民理想、市民情懷與公民願景之間的關係，進而，如何調理現代中國與現代世界夾縫中國民與世界公民的糾結，乃至於愛國與愛祖國的兩難，不僅是法學處理的對象，而且是法律的政治社會文化層面所當考慮的問題。

說到底，法律規定的是人事，打理的是人世，安排的是人間秩序。因而，以人作為原點，一切敘事的出發點，則對於人的秉性與人文，及其置身其中的社會與政治，法學鞭長莫及，卻又必須過問，而有賴於其他學科提供知識滋養和理論支持，包括比較文化視野中的多元開放觀照。如此這般，庶幾乎不至言不及義，而有所裨益人生。

當然，自古及今，法學於此早有思考，法律似乎對此亦有成熟應對。諸君想必知道，「法律的人類形象」或者「人類的法律形象」這一命題。一般意義上，法律是如何看待人的，怎樣理解人性、人生與人世，尤其是人之本性如何，以及由此而有何種相應法律舉措，構成了這一命題的基本內容。性惡性善、非惡非善抑或善惡一體？人人皆可為堯舜，滿大街都是聖人，還是人性本惡，惡如桀紂，只待後天啟蒙脫魅而驅導向善？以及，政制和政治於此有何作為，能做什麼？凡此種種，樞紐文明與現代早期啟蒙時段對於人性的多維度揭示，尤其是對於個人的主體性闡揚，其後所謂社會本位與個人本位的衝突，均牽扯到對於人的認識與定位，進而，關涉國家建構及其法制品格，已然多所回應。古典中國心性學說於人性洞若觀火，極盡

幽微，而又滿懷悲憫，可謂無以復加。現代中國哲學與漢語法學於此已有思考，但無論是數量還是品質，均有待續予拓展深化，正是用功之處。

由此牽扯到人類之為一種文化的動物，其之心智與心性。有關於此，形而上層面，本書前面已略予陳述。此處須要處理的是，作為人類心智心性產物的理論學說和思想路線，如何影響到法律法意。就我們及身所在的當下中國而言，諸如中國傳統文化與文化傳統的糾結，文化保守主義與文化激進主義的衝突，凡此種種，不僅影響了現代中國的立國進程，而且，同樣左右着法律法意的取向。

朋友，可不要小瞧了這茶杯裏的風波。更何況，它們波連濤湧，一下子就從茶杯裏跌宕而出，挾江帶海，終亦必浪打城牆也。

誰讓這脊椎動物同時也是文化造物呢，而且，是這個星球上唯一的脊椎文化動物也！

試以保守主義與激進主義為例。保守主義和文化保守主義，究其本意，並非貶義。較諸激進思潮，有時候，不但更為穩妥，好像也更為深刻。但在近代中國大轉型狂飆突進的語境下，其之常常等同於因循守舊，乃至於時常與「反動保守」二詞纏綿相連，亦堪訝異。保守主義與激進主義相對，文化保守主義相對於文化激進主義，首先意在守護文明傳統，保守自由。面對「奧吉亞斯牛圈」[2] 的陳年糞便和庖丁解牛般的「奧康剃刀」，保守進路雖非鼓舞人心，但捍衛的是常識，卻堪依恃，

---

2. 編按：奧吉亞斯牛圈 Augean stables，又稱「奧吉亞斯牛棚」，來自古希臘的一個故事，比喻極其骯髒的地方，或某些不良的制度等。

亦且可靠。慢慢來，別急，急也沒用，可能，這是保守主義的一種世俗心理。

畢竟，一般情形下，中道平和，無論是氣質還是風格，思想路線抑或政治取向，較為靠譜，因而，也是最為可欲的。通常，常態之下，一個社會總是存在着兩股力量。一股傾向於往後看，立足於當下，致力於維持現狀。那邊廂，另一股力爭掙脫現狀，往前看，朝前奔。拉扯之間，前後兩頭，假如雙方各趨極端，便形成了文化保守主義與文化激進主義，雖說張力滿滿，卻未始為福也。就此而言，持守中道平和，循時而變，因勢利導，才是最理想的狀態。

可惜，此景不常有，此情不常有，此力不常有。一旦遭遇危機，通常社會總是表現為保守與激進的激烈對峙拉鋸，要麼在此對峙拉鋸狀態間蹣跚前行，或者，跋躓後退，要麼於撕裂之際爆炸性解體，一盤散沙後等待從頭收拾。正是有慮及此，保守主義的思慮是，與其撕裂和爆炸性解體，好歹維持現狀，最不濟，不至於玉石俱焚。

就拿中國近代文化保守主義來看，略分兩脈。一脈是梁漱溟、熊十力、錢穆和學衡派諸公，懷持「溫情與敬意」，主張對於傳統中國文明「不能一竿子打翻一條船」。他們既積勞積慧，翻撿文明家底，期期於文化創新而至政制改良，復奔走政學，下沉到民間，努力讓思想現實化。還有一脈屬文化守舊主義，力主回到過去，而往昔華夏一切都好，現代繁盛西洋已有諸物諸事，往古華夏皆備。兩脈各有消長，而終究擋不住所謂的「進步主義」潮流，乃至於一路狂奔，譖妄無極，終至「破四舊，立四新」。余英時先生曾經慨歎，近代中國沒有什麼文化保守派，只有激進與更為激進之分，可謂持之有據，道破天機。就此而言，今日大陸以新儒家自詡的各位所倡說的「儒家

憲政主義」，其實是文化懷古主義與文化守舊主義合一之物，同樣是在這個「古今中西」大時代找尋政治出路的一種嘗試。其實，包括「儒家社會主義」等範疇在內，其之家國情懷、道德熱情和對於不公不正的強烈倫理憎恨，均有值得讚歎之處。以此為本，同時考慮到「民胞物與」與現代的社群主義、社會福利主義與人民共和的接洽之處，往前推伸，慢慢融合，也算一種理路。走得通，就走。走不通，認錯。

不過，凡事就怕走極端，走到「只有儒家才能救中國」，唯我獨尊，這便睜着眼睛說瞎話，徒令世人恥笑了。

朋友，倘若「只有儒家才能救中國」這一命題成立，那麼，怎會有鴉片戰爭，何至於英法聯軍第一次陷我國都，八國聯軍第二次陷我國都，更有日寇第三番陷我國都——一個超大規模的古老文明大國，八十年裏，三次陷都，其衰朽，其頹敗，世界史上，可曾有過？要是儒學儒義那般神通，華夏何至於此，大轉型這樣的脫胎換骨，如此慘烈，何苦來哉？！標榜新儒家中人，情懷熾烈，理論熱情可嘉，可唯我獨尊，自為正統，排斥其他，罔顧世界，這本身就是一種前現代現象，還居然奢談拯救中華，救贖世界，實在是昧於世事，而逆於時勢也。

就此而言，置此全球文明格局，放寬視界，回眄大千世界與浩瀚歷史人生，如何輾轉於地方經驗、家國情懷與世界體系，在此牽連互動中審視特定地域的法制與法意，再具體而微，審看其立法效果與個案正義，考驗着我們這群此在肉身的心智心性，要求我們交出合格答卷。在此，無他，盡本分，不避擔當，做事，每天做事，就是在含詠德性，涵養人格，而彰顯主體位格，光大個體的實踐理性。

循此思路，微觀入手，拈出當下中國法意的四種路向及其旨趣，展望世界學術思想中心的轉移軌跡，在下不禁心潮澎湃，而情見乎辭矣。

那麼，究竟這都是些什麼路向及其旨趣？怎樣的轉移軌跡？何處中心？各位，「于思于思」，一起來圍觀吧。

九、四種法學路向與
二十一世紀世界學術思想中心

　　置此文明背景下，究竟此刻大中華世界的漢語法學現狀
如何？它是怎樣沿承接續而來的？又秉具何種文明屬性與政治
關切？於百年中國鋪設法制和法治，漢語法學曾經和正在發揮
何種作用？其能聯結此方水土生活世界與規範世界而蔚為一種
華夏法意的自然言說體系嗎？乃至於，漢語法學命意本身能否
證立、有無文化正當性和政治合法性？凡此種種，茲事體大，
非三言兩語所能道盡。舉舉大端，拙著《漢語法學論綱》有所
陳述，白紙黑字，各位自可參看。僅就衍伸而來的細枝末端來
看，可得陳述的是所謂「四種路向」。對此，《論綱》雖有提及，
但並未詳述，在此可以稍加敘說。[1]

　　就從李晨宇同學剛才的提問說起。在晨宇君看來，就研究
路向而言，「清華法學」主要關注法律的歷史 —— 文明維度和倫
理 —— 政治面相，追索以合意國家與愜意生活為旨歸這一整體
導向中的法學人道意義。相較而言，北大法學院似乎更為直面
當下社會政治情境，在面對現實社會的具體論題中觀照法制，

---

1. 拙著《漢語法學論綱》，第1章第5節「基本進路」，曾舉列六種「進路」，包括「規範
解釋、現實考察、知識考古、歷史追問、形上思辨和價值申說」，分別表現出當下中國
法學之規範論、知識論、價值論、歷史主義和哲理思考等思想旨趣、敘事策略與言說
傾向，可與此刻的說明相互印證。

理述其政法體制，特別是要為其現實合理性張本，有所建言，秉持所謂「社會科學」的方法。法大不同於此，自出機杼，別有關注，循名責實，或以「法教義學」，也就是規範解釋主義，概括其貌。至於大江南北，其他法學院校，凡六百餘所，形制、內涵和風格，大同小異，無所陳言。

上述段落中的後半段，尤其是最後一句話，是我說的，不是晨宇的觀點。

是的，拋開法學之於現實法制的知識建構與價值引導不論，僅就法學本身的成長來看，無論是在學科建制意義上，還是就問題意識、價值關懷、研究進路與敘事風格而言，一百多年裏，中國法學家群體，六代法學公民，遜志時敏，積勞積慧，沒有辜負時代。其學思發育，其法意滋長，逐漸接近於凝煉形成法學流派的境界。其間，命運多舛，幾經頓挫，但屢仆屢起，不絕如縷。迄而至今，有的半道夭折，後繼無人；有的初露端倪，尚待發育；有的形制粗備，正在成長。看官若謂不信，雖然說來有點黑色幽默，但至少不妨說吾國曾經有過「中國式的馬克思主義法學」與「中國式的資產階級法學」兩派吧。抑或，海峽兩岸，以「1949」為界，亦曾呈現過兩種不同的法意學統與法制體系吧。曾幾何時，它們對立統一，你死我活，卻是這個叫做「現代西方文明」的同一根藤上結下的兩個苦瓜。地中海水天一色，陽光燦爛，照耀孕育出這一歐洲文明果實，其種子隨風飄灑，一路招搖，風雨化育，在我大唐生根發芽開花結果，不料，造福一方，禍害一方。

歷史自有軌轍，卻無不摻合着人意，於是，進退難料，正邪莫辨。所謂經驗教訓，一言難盡。

這裏，且不說清末以還四十年裏，如先賢曾經理述的，已然逐漸展現出一個「中國新分析法學」的行跡，[2]更不用說自沈家本、楊鴻烈、陳顧遠和瞿同祖諸公，下迄今日，以李貴連、黃源盛、梁治平、張中秋和徐忠明諸賢為代表，自成一格的中國法制史研究。不說江南海北，單就今日京城法學界來看，可能就有四個流派，或者，四種初步展現流派端倪的法學進路與致思風格──是的，說「流派」稍微早了點兒。法學界對此已然有所注意和議論，但仍然有待觀察和展開，在學思激蕩中發育成長。

這裏先將眼光收攏，看看究竟有哪些，然後再轉向宏大話題，在下節接着談「語文作育」。

四種路向

凡此四種路向，集約於今日北京，概為清華、北大、法大和人大，凡此四大法學院，其研究路向與言說風格所表徵。

一、**清華法學** 簡約說來，如前所述，清華法學標舉「歷史法學」與「漢語法學」，為此更自深層用功，厚植學理，以「自由民族主義王道共和法理」，開宗明義，統宗匯流。這一理論取向，不僅意味着於多元文明傳承的脈絡中追索法的歷史品格，尊重生活世界本身的自發秩序，發掘其間生活世界、規範世界與意義世界三元互動的真切樞機，而且，於政治和文化的交互觀照中，主要在文明論意義上，將政治哲學、歷史哲學和法律哲學冶於一爐，對於法制及其政制的生成運作做通盤考慮。因

---

2. 端木愷：〈中國新分析派法學簡述〉、孫棐：〈續中國新分析派法學簡述〉，收見吳經熊、華懋生主編：《法學文選》，中國政法大學出版社 2004 年版。

而，對於政治、國家及其人道意義的關懷，尤其着意於以人道規訓國家，借人文馴化政治，是這脈法意的題中應有之意。由此，分疏出「以文明立國」來建設民族共同體，「以自由立國」來建設政治共同體的理路，期期於「民族國家—文化中國」與「民主國家—政治中國」的統一，而以富強、民主與文明為旨歸。據此學理推演，「自由民族主義王道共和法理」認定凡此兩相集合，才能形成既有集體尊嚴和基本公共產品，又能護持個人自由與捍衛惬意人生的現代國族格局。因而，「中國」與「現代中國」不是別的，是文明與政治的統一體，人民與城邦的共同體，一個浩瀚宜居的家國天下也。

　　人文化成，集思廣益，清華法學集中表現為《歷史法學》輯刊的問題意識、價值關懷、致思進路與敍事風格。[3] 與此同時，《清華法治論衡》多年來推進多元法意思考和比較法研究，引介外域法意，促進漢語世界的法理水準。

　　二、社科法學　北大法學院的研究團隊，自成一脈，源自「本土資源」的言說口號，標榜「法律的社會科學研究」，簡稱「社科法學」。注重實證，更多着墨具體問題，特別是當下法制的實體論證與程序辯駁，進而，以對策性論證來解釋現代中國，試圖走「社會科學」的路子。雖說如此標榜，其實，更多的是美國式的法律經濟學那一套，新自由主義批判法學的影子亦且閃爍其間。其中幾位，在理論光譜上，坊間議論可能略微「偏左」，個別人尤喜「遞摺子」，等等。例如，按照其中一兩位的說法，「裹小腳」具有歷史合理性，或者，「黨章也是憲法」，

---

3. 《歷史法學》輯刊自 2008 年創刊，至今共刊行 12 卷，各卷主題分別是〈民族主義與國家建構〉、〈中國：法制與法意〉、〈憲法愛國主義〉、〈國家理性〉、〈優良政體〉、〈法學歷史主義〉、〈世俗秩序：從心靈世界到法權政治〉、〈人的聯合：從自然狀態到政治社會〉、〈立法者〉、〈家國天下〉、〈敵人〉和〈惡法〉。

但也就是一説，竭力自成一脈，尚未到達「梁效」[4]、「羅思鼎」[5]或者「初瀾」、「江天」[6]和「池恒」[7]的地步，無須驚詫，亦不當厚汗。毋寧，秉持憲法理念，在學術思想多元光譜中，尊重和捍衛其發表自家看法的權利。此即如英國哲學家懷特海（Alfred North Whitehead）所言，理論的衝突不是災難，它昭示着更大真理的存在。慮及「清華法學」修辭對仗，其言説，其陣勢，簡稱「北大法學」或者「燕京學派」，均無不可。以「社科法學」自稱，樹立科學旗幟，進而，彷彿與某種客觀性相聯，也行。

就其注重法政一體、關切法政體制與生活世界的內在脈絡，以及暢想中國文明的法理敍事而言，與清華法學倒是惺惺相惜。但挖掘法學的人道意義、更多現實批判意味、標舉法意作業的思想獨立性，則為後者所獨有，而薰蕕異器，分道揚鑣矣。其理論陣地包括《法律與社會科學》和《政治與法律評論》兩種輯刊，資金雄厚，命儔嘯侶，人多勢眾。且因多所符合官式主流，刊行發表，遂多便利，雖不無主動追求使然，恐亦始料未及者也。

三、**薊門法學** 法大一脈，以舒國瀅、鄭永流幾位深受德語法學影響的教授為標誌，特別是以舒國瀅教授領銜，孜孜矻矻於法律解釋和法律方法這一路向，自詡「法律教義學」，年年開會，處處播種，響應風從，搞得也是不亦樂乎，莫測高深，呼兒嗨喲。其實，就法學二字來看，此種作業，離經辨志，最為

4. 編按：「兩校」的諧音，是「文革」期間「北京大學、清華大學批判組」的筆名。
5. 編按：「螺絲釘」的諧音，「文革」期間上海市委寫作組的筆名，取義於雷鋒的名言「做一顆永不生鏽的螺絲釘」。
6. 編按：兩者均為「文革」期間國務院文化組的寫作班子。
7. 編按：《紅旗》雜誌寫作組的筆名和代稱。

基礎，也最為正宗，玩的就是分析法學的套路，也是吾國刑名律學的門徑。但凡習法學徒，此為必過門檻，否則難言知法。之所以自其他專業攻讀法學碩士或者博士者，抑或自其他學科插嘴法學食槽者，倘未補習此種訓練，多半只能在法學外圍轉悠，大而化之，推而廣之，原因在此。實際上，舉世一律，無論英美歐陸，還是海峽兩岸四地，所有的法學院，這法那法，新派舊派，偏左偏右，主要教授的就是這一套。尤其各種部門法的邏輯次第與致思進路，其之規範解析與案例分析，將此落到實處，發展出所謂的法律思維、法律推理與法律理性。法學之為一科，法律之為一業，這是看家護院的傢伙，法學這鍋湯的底料，也是希望登堂入室者繞不過去的門檻。不過，蓋因最為基本，也可以說最為基礎，歷經千年積累，晚近的大發展，無論是知識增長抑或學理推衍，已然定型，難見長進，暫時更無突破可能。可又不甘於此，於是，便有些故弄玄虛，或者，文牘化，為賦新詩強作愁。此非漢語法學刻下情形，放眼全球，歐陸英美，無不如此。可它是法學的看家本領，縱然無所長進，依舊須要護持傳承，維持基本盤，期期於日積月累中，守護法律理性。

薊門煙樹故地，華夏法意新枝，如此這般，舒鄭們的作業，以「薊門法學」或者「薊門學派」號曰，不亦可乎。就陣勢而言，此脈絡中人，外延或大或小，雖行政編制不在法大，但理路一致，而得歸屬一派的，尚有其他傑出學人。例如，分別身在重慶和上海的陳銳教授、陳金釗教授，其之學思著述，概可納入此脈。有關法律邏輯的作業，亦可歸納其中。近年第六代法律學人成長，不少服膺此徑，陣勢愈見其大。除開《法哲學與法社會學論叢》，此派眾人還出版刊行了若干有關法律論證、法律理性與德國法的文叢、譯叢。

四、人大法學 還有一脈就是人大法學，其以關注法律的社會、政治維度與馬列主義法學研究見長，致思進路似乎偏重於法律的政策性論證與對策性研討，以孫國華和朱景文兩位教授為旗幟。此前此後，彼地從業法律思想史的先生們，意識、做派和風格，大同小異，合為一眾。他們的徒子徒孫，數量眾多，散佈華夏，東西南北，廣插黨政軍民學，遠超前述三家，而循沿乃師，作品眾多，嗚嗚泱泱。僅在法哲學與法律思想脈絡而言，惜乎少見拔萃之作，亦無挺秀之士。孫朱二公近年相繼退休，曾有淵源關係的公丕祥教授身在南國，因而，在體制意義上，內廷空虛，這一脈如何沿承接續，有待觀察。

凡此概為四種風格，四大陣營，漸成陣勢，而有待繼續努力。其間，前三者較為明顯，並有續發之勢，而最後一種顯見零落，吃老本。雖說它們各有脾性，各呈姿態，但總體以觀，正不外以「漢語法學」一言以蔽之，展現了當代漢語世界的法學知識進路、理論旨趣、思想圖景與敘事風格。京外，滬杭法學院不少，重慶、武漢和西安，各有超大規模政法大學，惜乎未見知識與理論陣勢，概為超大型國營法科職業培訓批發機構，等因奉此，流水作業。只有華東政法大學何勤華、李秀清諸教授組合的法史團隊，幾十年裏，兢兢業業於法律古籍資料、法律學術文獻整理出版，一批又一批，一撥連一撥，一茬接一茬，履及劍及，團隊整肅，蔚為陣勢。特別是外法史與比較法兩專業，無論是博士生選題，還是學者著述，以漢語學人之眼光與功力，搜尋透視域外法制和法意，而將漢語世界的「法眼」，做深廣之推展，等於是在擴大漢語法意比較與抉發的意義空間，而增盈漢語法意的視閾、規模與內涵。其間，可能

難免粗製濫造，不乏塵飯塗羹，但確乎常見優秀之作，多有填補空白者也。[8]

順説一句，武大法學院是一家百年老店，生源優秀，各種官定指標兑現不少，但説實話，整個團隊學術聲譽極低，相信法學圈内從業者都心知肚明。這樣説，肯定得罪人，但實話還得實説，隨時歡迎駁論指教。

此外，今日盤點漢語法學的理論流派和言説風格，不可遺漏港澳台法學。尤其是台島的法學研究和法學教育，其之源遠流長，可能，自有格致，另當別論。港澳的法學教育體系是殖民地遺存，實為中國近代法律文明移植的活標本。澳門體量較小，近年來逐漸為大陸主體法律教育體系所吸納，或者，正在吸納，不成體系，難言格致。香港擁有成熟法學教育體系，許多年裏，自視甚高。其以普通法及其英文表意體系標榜，在漢語法學和英語法學之間，左右逢源，又兩頭邊緣，更多以附隸於普通法家族自鳴得意。按今日薪酬計量，港校教授兩個月的薪資，比我們一年還多，可也沒看出養育出了什麼法學大家，可見拋開外在環境，學術成長系乎從業者的問題意識與使命擔當，而後者是時代催逼的產物，也是深厚文化積養使然，非物質優渥與身心舒泰所能畢竟其功者也。

---

8. 例如，漢語學界屢言《威斯特伐利亞和約》，但並無系統研究。根據我的檢索，雖説 90 年代以來，漢語世界有關三十年戰爭與這一條約的研究，已經積攢了大約不下 30 篇論文，例如，1992 年黃德明即已撰有〈《威斯特伐利亞和約》及其對國際法的影響〉（該文 2000 年重發）。然而，直到何勤華教授指導的博士生李明倩所撰博士論文，以《「威斯特伐利亞和約研究」——以近代國際法的形成為中心》為題（2012 年），才算對此進行了較為系統的研究，可能也是漢語世界有關於此最為系統的作品。順説一句，嘗見海外華裔學人以不屑口吻談論中國碩博士生培養與博士論文，彷彿自家做的才是高等學問，兩相比對，我這個也在海外混過學位的過來人，真不知其傲嬌何在也？！

時移勢易，今日漢語法學語境中的所謂「兩岸四地」，無論是就「面子」還是就「裏子」來看，均已非 1980 年代「改革開放」初期情形可比。對此，餘生也晚，但也算是過來人，可以一己人身作證。僅僅不到三十年前，它們和他們的傲慢，我自青年而中年，領教不少，想起來就覺得好笑，知道同胞的自我逆向歧視比外族更且不加掩飾。朋友，「發展是硬道理」，這一句大白話，與「中學為體，西學為用」和「民族，民生，民權」，合共三句話，堪為百年中國立言之極致，均來自棟折榱崩、鮮血淋漓，而為洞若觀火、日月昭彰的大實話。此事說來話長，牽連一部中國近代史，見證和印證了巍峨中華這個千載難逢的「古今中西」大時代，大家自可體會，以後擇機再談。

話說回頭，此處須要找補說明的一點是，迄而至今，在真實森嚴的學派意義上，還沒有一個叫做「清華法學」、「北大法學」或者「港大法學」、「台大法學」的東西。易言之，刻下中國，南枝北枝，東塗西抹，不存在各以所屬學府為基點的法學學派、流派以及哪怕是派別，或者以此界分、具有明確顯豁學風的法學家思想社群。甚至於，不存在這樣一個具有文化單元部落性質的法學家群體。整體而言，載浮載沉，大哥二哥麻子哥，大家都差不多，沒多大差別。畢竟，流派或者派別的成立須要引入時間維度，在沿承接續的養育過程中，起碼也得經由兩代人的生聚作息，積勞積慧，方始乃成。

當然，這不是說具體學人的問題意識、用功方向、致思進路與風格風度，一派朦朧，渾然莫辨，更非等同於文化觀念和價值取向了無軒輊。毋寧，置此古今中西時代，其之扞格，針鋒相對，不可以道理計也。事實上，如前所述，晚近三十年，生聚作息，天助自助，強毅力行，漢語法學界湧現出了若干位風格鮮明的法學家，甚至偶見頭角崢嶸之士。毋寧，只是說這

幾所法學院，大致而言，在問題意識與致思路向上似有不同，而且，主要是以法哲學法理學等所謂理論性學科為樣本，並不涉及各部門法學。是並且僅僅是在此意義上，所謂的「清華法學」、「社科法學」或者「薊門法學」，才能成立。

當然，也不限於法哲學法理學一門一派的風格。之所以主要以此為限，不僅是因為我對這門學科在中國刻下的情形所知略多，更在於法哲學法理學的「基礎性學科」與「理論性學科」性質，使得它有可能呈現出某種路向，或者，某種理論體系、思想進路與言說風格。至於再努力一、兩代人，華夏法意園圃中可能百花盛開，粲然爭艷，流派紛呈，亦未可知。但就眼下情形而言，還不到火候，還需要面朝黃土背朝天，辛勤耕地，「磨豆腐」，於涵養蘊育中日升月恆。

而且，接續前文所謂「外在環境」一說，若要造成此番光景，不論如何，表達自由及其心靈自由，蔚為前提。否則，道路以目，吳牛喘月，則此情何堪，此景難現，此意無法兌現，一切理論思想憧憬均不過鏡花水月。

漢語法律思想開宗立派的機運

那麼，究極而言，法理學法哲學只是一門學科，法學家族中的一個基礎性理論思想門類，為什麼當今漢語法學中偏偏只有它才會於問題意識、理論創發、致思進路與言說風格上，較諸其他文明法意體系，有所嶄露頭角，進而，有可能立基於此，日就月將，開物成務，而終究日升月恆，蔚為流派呢？而且，展望當下未來，大家一起出力流汗拼命苦幹，這種現實可能性又有多大呢？

總體以觀，此間因由，概莫兩點。首先，此為現代中國法制與法意的發生論所決定；其次，此為部門法學必須也必有自己的理論思想基礎所決定。

現代中國法制與法意的發生論

　　毋庸諱言，刻下中國法學院講授的所有部門法學，無論程序實體，還是公法私法，抑或母法子法，從概念到規範，自理念而質料，大率皆從西方引進。或英美，或歐陸，不是英吉利，就是日耳曼，除開天頭地角添綴的少許斯拉夫補丁，其實例屬同一知識體系。這是清末以還超逾一個世紀的近代法律文化移植的結果，也是「與國際接軌」這一總體合法性旗幟下的有所然而然，求其然之必然。而追本溯源，道出的是晚近地中海—大西洋文明一家獨強背景下，全球歷史進程中法律地圖急遽變更的不得不然。轉眼百年生聚，滄海桑田，伴隨着這一套規範體系之全面取代固有帝制中華法制，其之法意體系亦且落地，經歷過激烈的文化移植陣痛，乃至於刀兵相見，可謂慘烈。

　　迄而至今，就各種部門法學而言，其為一種知識體系，固富知識含量，不學就是不懂，而不懂就是不懂，不懂就不會操作，遑論琢玉成器，而善用其利。特別是類如民商法學與知識產權、專利商標、國際貿易、海商海洋，其之習俗條約，其之立法成例，諸端紛呈，日積月累，盤根錯節，繁瑣着呢，複雜着呢。但是，其理論含量較低，至於思想含量則幾近於零，也是事實，無須掩飾，也掩飾不住。之所以這樣說，就在於它們本身不以思想為業，故而不在思想層面作業，不以思想層面的問題作為致思對象。毋寧，借助既有思想理論立基，從而得以抽身獨立，專注於規範的觀察、解析與建構，在此層面輾轉翻騰，於此維度建功立業。有時候，是極為具體細緻而複雜繁瑣

的技術性操作，沒點兒火候，玩不起，玩不得。某種意義上，例如，在發生論和程序主義意義上，若以所謂「事實與規範」對舉來展開法學運思，則部門法學可能相對權重更大，路徑依賴更著，貢獻也更為豐贍。

職是之故，偌大中國，所有法學院的部門法學，就知識體系而言，民法學一模一樣，刑法學一模一樣，刑事訴訟法學、民事訴訟法學也一模一樣。其他門類，依次類推。比方説，軍都山下、小月河畔，法大教授的刑法學課程，雖然教科書編者有別，然考其內容，論其體系，則與中關村裏的人大、北大以及散佈於祖國千山萬水間的其他法學院同類教材，一般無二，了無差別，概為一母所生多胞胎也。除開具體行文，以及個別章節次序安排和引述案例有別，甚至可能有高下之分，可以説，無論是概念範疇和知識內涵，還是理論背景與價值取向，多半了無差別，或者，幾乎了無差別。大家如若不信，可以即刻去圖書館隨意挑選翻檢版本，海選之後，比對勘驗一番，自然一目了然。

此不惟刻下中國大陸，港台與歐陸，整個盎格魯—撒克遜法系，其部門法學教科書，還不都是以各自法系及其法律知識傳統為憑，一脈綿延，大同小異。放眼開來，則如今一般大學各個學科所用的教材，包括理工科在內，不也都是如此嗎！教材，教科書，頂頂重要，可就那麼回事，也只能就那麼回事，所求不在創新，貴在系統載述既有知識體系，綜合梳理本領域的理論譜系，從而，作為攀升的階梯，供初習者緣木求魚，乃至於渾水摸魚，如此而已。習常調侃的「敲門磚」[9]，略述其貌，概盡其用。如能做到系統周詳，而又提綱挈領，深入淺出，甚

---

9. 編按：比喻臨時借用以獵取名利或達到某種目的的工具或手段。

至於妙趣橫生，再配合點兒思考題目、精選閱讀材料，就是上好教材，不僅為教學所不可或缺，更是綜理總括人類知識的一種有效方式。就此而言，說部門法學，不論何種部門法學的教材及其多數著述，類似於「工具指南」或者「工具使用說明書」，並不為過，堪為的評。置此情形下，部門法學只能循規蹈矩，必須亦步亦趨，沒法進行「理論創新」，更無思想性敘事的可能，概為宿命也——擔水砍柴，無非妙道，關鍵是技進於道也。

擴而言之，一家法學院，其為一個教學科研單位，動輒幾十號上百號人，隸屬於所在大學，都是這個古今中西大時代洪流中，「現代中國」創生進程中的知識生產的制度產物，也是這個「依法治國」大情勢下，爭創世界一流綜合性大學的建制性結果。應運而生，必遂其運，而運在貞元。就刻下情形而言，不過是一個大單位中的子單位罷了。

各位，雖說中國的市場化進程續有推進，但「單位」這玩意兒仍在，一個真正中國特色的建制，影響着千千萬萬人的生計，同時塑造了萬萬千千人的思路，須要細加體會，不可不察，不能不防。措辭「玩意兒」或者「東西」，並非不敬，實因要把問題說清，表述上必須多費口舌，因而，以此指代，一了百了，沒辦法的辦法。活在這個社會，你懂的。

部門法學必有自己的理論思想基礎

在此，如所周知，如同工程技術必有基本科學原理和定律支撐，部門法學亦且奠立於自己的思想理論基礎之上。就是說，部門法學是法學的操作系統，而所謂理論法學不過為此操

作系統知識的原理體系。無此操作系統，徒法不足以自行。而無視原理，「數典忘祖」，勢成盲人騎瞎馬，夜半臨深池。

是啊，所有的法律都是規範體系與意義體系的統一，有效的法律意味着法制與法意的和諧一致。因而，不在「理論思想層面作業」，不等於其背後沒有「理論思想」支撐，更非等於抹煞「理論思想」的先導性與元典意義。一切法律，哪怕至簡而極，「殺人者死，傷人及盜抵罪」，所謂的「約法三章」，其背後也必有確定的意義解說撐腰。意義支撐或者堅實的意義支撐闕如，必致規範猶托空言，要麼短命難行，要麼根本無效，頒行之日便是自我放逐之時。若果價值齟齬，倫理扞格不鑿，則可能導致重大衝突，進而，造成生活世界的紊亂。無所適從之際，各行其是，各美其美，可能是思想的艷福，但卻絕對為平常人生的災難。而無論是規範體系還是法意體系，均源自生活本身，是這個人世的法度，經由法學家之手的自我呈現，在將自我現實化進程中，讓人心寫春秋，為人生立規矩。呈現圓滿與否，就看人心是否體悟到天網恢恢，法度皓皓，因而，法學家必得審察世道人心，人情世故。

在此，世情不同，則世道有別，人心隨之流轉。即以現代法制為例，沒有工商社會這一生活世界及其意義界定和價值選擇，哪會有立基於此的現代民商法律體系，以及隱含其中而伴隨成長的相應法律理念與價值。就此而言，現代民商法律體系不僅是現代社會的規範世界的有機組成部分，其背後的理念價值同時構成了現代社會意義秩序的有機組成部分。實際上，發軔成長於近代工商社會市民生活與立憲民主政治秩序中的一整套法制，均立基於此關聯之上，而專心編織起規範網絡。否則，即為呈現有瑕，縫綴留疵。其結果，無論意義還是規範，均無法自我圓成。此為常識，自不待言。

以此觀照，考諸源流，如今中國法學院講授的一切部門法學，如前所述，多半引自歐陸英美，均有自家的思想淵源與理論支撐。而這一過程，僅就近代而言，起自歐洲時刻的「現代早期」，至 19 世紀末與 20 世紀初，以延續一百多年的法典化運動收官而告終結，宣告這一波現代法律創生運動於茲休止。此後因應形勢，架漏牽補，不過增刪而已，左一陣，右一陣。如此這般，它們獲得了意義體系的支撐，成長為規範體系。前文說它們「借助既有思想理論立基」，其因在此。

　　就實際歷史進程來看，凡此思想理論，不勞部門法學自產自銷，毋寧，乃由法政哲學與經濟、倫理諸理論性學科提供。無論是人類理性、意志自由、意思自治與契約神聖，還是「權力不能私有，財產不能公有」與「風能進、雨能進、國王不能進」，以及「主權在民」、「權力必須受到制衡」，凡此凝結為鼓蕩人心的核心語詞所表徵的理念及其奠基性的思想理論，燦爛似日出，充實如秋穗，早已完成於西方現代早期以還的法政學說與哲學倫理，並深入鉤沉伸展至古典地中海文明，經由立法程序和司法實踐，逐步滲透進入規範層面，凝煉而為規範肉身，影響及於日用平常。那邊廂，生活世界本身亦且早已或者同時生發出此種人生與人心，發而為聲，鋪墊成文，呼喚出自家的理論形態與思想體系。經此推導磨礪，落地生根，進而提出了將它們化作制度肉身的內在要求，並終究鋪陳為規範體系，展現為規則形態。如此這般，他們和它們，耳鬢廝磨，立地拼殺，終於將生活世界、規範世界與意義世界，經由現代憲政法制體系，籠統一體，扭結一團，鋪展開來。

　　也就因此，就晚近歐美而言，大而言之，這是一個接續宗教文明秩序而來的法律文明秩序時代。就「老中國」之蛻變為「新中國」這一波尚未完結之大轉型而言，這是一個自倫理文明

秩序向法律文明秩序的嬗變。而無論來龍去脈，伴隨着這個叫做現代文明的新型生活方式在不同語境下的展開，其內在機理一般無二，則為通則。

此間歷史，就近世歐洲而言，自前述羅馬法復興運動即已起航，至法典化運動完滿收官而告結束。因而，日積月累，民刑商各法知識作業大體完備，錯綜繁複，蔚為大觀，因應攏括起市民生活體系，料理照拂着這個大千人世。只要此種生活方式未曾發生根本變革，就意味着相應規範世界無甚大變，因而，法學家們只能在此基礎之上修修補補，東一榔頭西一棒子，深化細緻，深化細緻，再深化細緻，乃至於雞零狗碎。而法網密織，終究造成法律世界對於生活世界的過度殖民，實在也是沒法子的事情。而且，圍繞着立法司法打轉，法典改動一字，整部教科書就得作廢。於是，再來一回。也就因此，換言之，不可能再進行體系性創造了，只好做些「深化細緻」的活兒。就歐美而言，也無法再有深度思想理論性的大動干戈了。朋友，處此「歷史終結」的全球性格局，僅就當代歐美思想而言，無論法學還是其他思想形式，只能如此，不過如此。

相較而言，國家不幸詩家幸，中國的法哲學家們不幸而又幸運地身處「古今中西」之際，因着法哲學法理學牽連背後思想理念深層，須於文明論意義上，融匯華夏文明基礎性理念，才能縫綴已然移植的規範世界與變革中的生活世界，更延展深入其歷史脈絡，而創造其法意，支撐其法制。因而，必有一個波瀾壯闊的理論創造與思想激發進程，從而稍得倖免於「深化細緻，深化細緻，再深化細緻」這一命運，獲享輾轉翻騰於理論運思與思想作業，從而，造就流派，甚至於紛呈大觀流派的可能性。前文說「其之法意體系亦且落地，經歷過激烈的文化移植陣痛，」措辭「落地」，而未說「落地生根」，沒用諸如此

類的語彙，就在於尚未生根或者扎根，並且，陣痛未完，已然有待最後之收束矣。

換言之，文明調適意義上的作業尚未完工，有待法理層面深予辨析，促其融匯於奠立在現代生活基礎之上的中華文明脈絡之中。在此進程中，凝煉華夏法意體系，進而助力於整體性的文教收束與政治整合，以為這汪大轉型殺青。而這，不是別的，也不可能是別的，恰恰就是可得伸展的理論思想空間，千載難逢的知識作業與理論思想的創發機緣，也是漢語法學特別是它的法律思想家們必須恪盡的學術功業。漢語法學之興起，其為機緣，有待加持；華夏法意稍顯稚嫩，此為緣由，而呼喚自己的理論成熟與政治成熟。

就是說，相較而言，當下漢語法學中的法意法理這一理論思想層面的作業，交托和依恃法哲學與法律思想史，而後者的身後，是更為潛幽深邃、廣博浩瀚的思想史與歷史人文脈動，以及更為複雜深邃而敏感變動不居中的生活世界，其灑掃應對，其酸甜苦辣，其興衰存亡。此刻草擬《民法典》，不少人，包括新儒家陣營，強調草案必須反映「中國文明的要求」，甚至提議將「天生烝民，有物有則」作為一種合法性源頭表述，擬為《民法典》第一條之必有內容，後者連同「民胞物與，慎終追遠」，寫入《憲法》序言，正為這一脈動的一種表像。而氣脈強健，紛呈卻有致，又說明早非中西衝突交匯之初的倉惶落拓所可比擬。同時說明，如何使得舶來規範鑲嵌入中國文明的法意理念以為支撐，依舊是一個未完成式。此不惟今日，早在明初中西交接之始，即已展露端倪。逮至清末大規模變法修律之際，兩種文明體系的衝突融匯，鋪天蓋地，正式踏上征程，而一脈延展至今不絕也。

在此，所謂「潛幽深邃、廣博浩瀚的思想史與歷史人文脈動」，究極而言，也不過是此方水土人生與人心之鏡像，並展現着一般人性的千載困惑與普世生存的共同困境。這便使得就法律之為一種知識而言，總是地方性的，同時又秉具跨文明溝通的開放性。其間，毋庸諱言的一點就是，之所以彷彿秉具普世性，或者，「跨文明溝通的開放性」，實因近世一面倒文明輸入，佔據現代文明潮頭，大家擇善而從，響應風從，這才使得本為歐陸或者英美的地域性法律生活經驗的地方性知識，獲秉普世性。舶來法學知識類此，均難免局限於地方性。唯有思想與理念，包括法律思想層面的法意體系，既是個性的，又是普世的。此為思想與知識的區別，類似於文化與文明的不同。如此這般，則個性與普世之間，地方與世界兩頭，全仗法意溝通。故而，法意溝通是理論思想層面的，意味着法哲學家們承應必多，空間實大，今日漢語法學幸運得有此一機遇也。

不過，此處必須說明的是，雖則如此，卻非其所能包辦。毋寧，其為一項工作，也是懿德功業，調動的是全體法學家社群的心智，而不論其專業研治具體部門法學還是法哲學，只看其研究所能達致的深廣淵厚程度與開放性超越層次。換言之，別以為你學習教授法哲學這門課程，就以為自家理論思想水平了得，而當然就是所謂的哲學家。嗨，未必，朋友。那位講授民法學的教授，可能其作品的「理論思想水準」，其學理深度和人格境界，比你高明多了呢。

話題收回來，置此語境下，法哲學法理學孜孜專騖理論闡發，潛幽於思想深層，故而牽連於文明縱深，觸涉人生困境，其問題意識、致思進路與敘事風格，遂不得不突破法律規範主義，無法為教義學所束縛，而獲享額外之深廣。這也就是為何知識體系在一段時期內是統一的，而思想體系卻是多元的，而

且，愈是多元，愈見其生命勁道，也愈能為人生開出新境界。情形常常是，風雲際會，心神交迫，思緒萬千，則洞見連綴，睿智潮湧，遂成思想。例如，同樣針對墮胎，反對抑或贊成，其背後與深層的價值理念均為人類尊嚴觀念，以及意志自由學說，而具體的社會態度及其知識資源，卻可能大相徑庭。也就因此，法理學、法哲學與法律思想其得積累和動員的思想理論資源，遠較部門法學寬廣淵厚，則學徒時限較長，對於從業者的心智心性，彷彿也提出了更高要求，自是順理成章。積蘊深厚，門牆廣大，地老天荒，方能鉤深致遠，而閎中肆外矣。就此而言，法理學法哲學意在拓展「新意」而非「新知」，於形上層面和思想領域，檢索法意進程及其人類精神面貌，特別是在直面生存困境與價值衝突的精神煎熬中提煉思想。如果說整個文科水準要看文史哲，則法學一門，當然、定然與必然，要看法理法意的品味品格。

朋友，這還有什麼說的嗎！？

也就因此，說句題外話，就中國情形而言，一個二流的法學院，「窺測方向，以求一逞」，可能會扎實做出一流的部門法研究，但絕無可能在法理法意層面出類拔萃，引領風騷。相對的，一流的法學院可能在部門法領域不敵，但必須擁有一流的法哲學家、法律思想家，方才堪當一流。其實，此非惟中國情形，實乃普世通則，不知在座同學諸君，可曾知否，抑或，以為然否。

至於本節開頭設問，漢語法學成長發育至一定程度，而造就流派紛呈的理論格局和思想層次之「現實可能性如何」，其牽連多端，更且複雜。《漢語法學論綱》有所論及，但不止於彼，今天暫且不表，留待下回再議。

四大名校的法學院

由此，接續這一話題往下，忍不住再説幾句大實話。這一說，肯定要得罪人。咳，得罪人就得罪到底，否則，對不住今天無懼嚴寒、不避霧霾趕來的同學諸君，也對不住我自家汗青頭白。

各位，坊間議論，刻下中國有四所法學院，均屬名校，其蹤跡，其水準，對不起所在大學。猶譬民主政體下有意問鼎的政客，競選時無不信誓旦旦，可一朝入主權力中樞，立馬變臉，背信棄義，對不住把他或者她送入府邸、心心念念的萬千選民。草民心心念念，盼着你、指着你、抬着你，把你送進那叫做總統府、總理府的深宅大院，本指望你為他們説話辦事。可你一進宮，轉身將承諾忘得盡淨，甚至調轉槍口，則反差之大，大家能不心如刀絞嗎！上述大學都很不錯，算是當今中國名校，也可以説就是中國最好的大學，可名實兩衡，種屬之間，法學院不行，聽説也讓所在學府同仁心疼呢。不是説很爛，而是説與所在大學比較，不相匹配，因而允稱一個「爛」字。

大家知道是哪四所法學院嗎？

第一就是南開大學法學院。南開大學不錯，曾經不乏名流。50 年代初期，所謂「院系調整」，清華的名教授，如雷海宗先生，就曾遭送津門，終老於斯。儘管近年來各種指標持續下滑，但在中國大學排行榜上，南開依然能夠擠進前二十，説明實力不俗。相較而言，法學院實在一般。我近年打過半次交道，觀其心態做派，考其人事官箴，深感確實不堪。論年資，南開法學院成立不算太晚。記得時在 1980 年，算起來已然超過一個世代。放眼世界，就一個學府或者學院的積蘊涵養，成長

豐滿，而漸臻前沿而言，短則要幾代人，長則須數世紀，積勞積慧，各方因緣輻輳一體，雲蒸霞蔚，始恪於成。一個世代，其為幼稚園也。但是，立足刻下中國，六百餘所法學院，大都幼稚園，則一個世代又不算太年輕了。至少，青年末期、中年初期也。

1985年，我在法大讀書，師從甯漢林先生和邵明正先生。李光燦先生年事已高，是年掛單南開，成立法學研究所。剛做完手術，背佝僂，壯心不已，總聽他逢人便說：「做事，趕緊做事」。他和甯先生是好哥們，邀約甯先生赴津參加研究所成立大會，趕場幫場，問我「小夥子去不去」。那時我22歲，不到23歲，算不上饑寒交迫，饔飧不繼，但想到住賓館，吃喝免費，可以隨時洗澡，就隨伺甯先生去了。法大一同去的還有孫炳珠教授、曹子丹教授和廉希聖教授諸公，彷彿還有幾位，記不住了。會上見到很多老人家，包括陶希晉、李光燦、于浩成諸位老者。說是老者，前兩位當然，可于先生那時也就六十上下吧。起頭聲勢大，這個那個，後續乏力，終至音消響歇，是許多大學研究機構的宿命。這個研究所，為此新增一例。

說到這裏，略微多講一句。就是親炙前輩，便是在問道過去，歷史因此彷彿可以觸摸，倍感親切，而脈絡自現。這也就是學府得有老先生，他們在，往那兒一擺，自有光華。所謂桃李不言，下自成蹊者也。如同老宅子，庭院一口古井，南北兩株古槐，滿地芳菲映日月，朋友，這院子就有點兒意思了。畢竟，任何文明的傳承不僅仰賴字紙和實物，同時具象化為實在人身，落諸具體學人，以他們為媒介，生動展現，方可親炙，而成緊固紐帶。多少宏大敘事，就此平凡化為家常，反更親切真實，而其中三昧，氤氳如靄也！因而，你見到錢鍾書先生，就知道，哎呀，大學者原來是這個樣子啊！要是起王氏父子於

九泉，則當世華夏精治訓詁小學之士，得能當面聆教，而知乾嘉古風原是拂面春風，較諸字紙冥想，該是何種境界，又是何等親切。也就因此，但凡施行文化滅絕，首當其衝，也總是拿他們開刀，用「鬥批改」戮身戮心。

當然，老先生得謂老先生，自己也要撐得起來才行，不是人人都立得住的，更非年壽決定一切。否則，「老而不死是為賊」，既矚且貪，大家一起遭殃。我現在五十出頭，人到中年，晚境就在前方，有時不免就會想到這句話，警策自己，免得招人嫌，誤人害己。

話題收回來，南開大學那時就搗騰法學院，記得研究所成立大會上，滕維藻校長致辭，聲言要辦一流法學院，可到現在也沒起色。而且，面對競爭，彷彿還在下滑，倒是真的。刻下情形，説起法學，一講到英國就是哈特（H. L. A. Hart），一講到美國就説德沃金（Ronald Dworkin），一講到德國必談拉德布魯赫（Gustav Radbruch）、卡爾·施密特（Carl Schmitt）以及哈貝馬斯（Jürgen Habermas），縱便中國京城上述四家法學院，老老少少，東拉西扯，也還有些斗方名士吧。但是，諸君，説到南開法學，掰着指頭，列舉不出來，真的列舉不出來。一個學院，有無因其水準與聲名而具代表性、可列舉出來的教授，是其質量與水準的通俗指標，屢試不爽也。正是在此，不惟於此，南開不行。

其次是復旦大學法學院。復旦位列中國高校前三甲或者前四甲，但法學院也一般。可惜，但事實如此，如此就是如此。論地理區位、館舍硬件、生源質量和整體氛圍，可以説條件真好，好得不得了。人家那房子，修得真叫漂亮，聽説廖凱原為此掏了一、兩個億。廖凱原説他在上海，想送錢但沒地方送，就找到復旦大學説，我叫廖凱原，願意捐錢修法學院，然後找

他們遞支票。好像一開始人家還懷疑這是不是真的。這是廖凱原親口講的，不實不確處，算我記憶有誤，不該是他沒講對。好事者儘管調用「二重證據法」，考察校勘，以正視聽。據說，當年在新校區修樓，原作校部辦公用，後來覺得遠了點兒，不若老校區方便，就給了法學院。你想，大學官僚系統爺們用的，那能修得不好嗎！我沒去過那地界兒，只看過網上圖片，也有耳聞。還聽說，許多年裏，如同武大法學院，復旦法學院的教授們主要以打官司為主業，掙錢不少，故爾不屑於學術上顯山露水。這也是海派風氣使然，實利而輕佻。迄而至今，無論是心氣、人氣與景氣，學界一致公認，還幹不過年輕的交大法學院。後者有季衛東教授，近年高全喜等加盟，搞得聲勢浩大呢。

不過，復旦名氣大，條件好，有錢有力，一大優勝之處是近些年網羅了一批三十歲出頭的年輕教師、副教授、剛畢業幾年的海歸博士，還有吾國自產自銷的博士。他們以學術為業，認真治學，所以未來十年，要是能吃苦，好好折騰，必定大有希望。此外，復旦文史底子好，氛圍足，互動資源充足。按理，前景肯定不錯。當然，世事難料，誰也不是算命先生。這不，經營這麼多年，誰想到復旦大學的法學院混成這樣子呢！

說到這裏，想起一件事，雞零狗碎，跟復旦無關。當年有位教授從東北調往滬上，旋任大學黨委副書記，或者副校長。我與他並無私交，偶爾會上遇到，聊幾句。有回又在會上碰到，坐一起，遂彼此交換了電話號碼，似乎挺熟悉，彷彿真朋友。老兄慷慨，「閣下啥時要是來上海，一定給我電話，來 JD 坐坐，做個講座」，云云。結果那年我往滬上，想起他的真誠，也剛好行至這所大學附近，真用他給我的號碼打過去了，看他是否有空，聊聊。電話通了，老兄警惕地問「誰？」我說「我

是許章潤啊。」再問「誰？」我說「啊，我是清華法學院的許章潤呀，來大上海轉悠兩天。」對方稍一停頓，語氣不再陌生，但也不熟悉：「喲，你好你好，章潤教授……你找我有什麼事嗎？」前半段問候，語氣較顯熟悉，後半截發出疑問句時，陌生口氣明顯偏重，拒人於兩條街之外。

能有什麼事？幹嗎要有什麼事？憑什麼要有什麼事？於是，趕緊說，沒事，沒事，打錯號碼了，抱歉。掛了。

這段對話，在我記憶所及，全為原話，未曾增減半個音節字符。當時坐在出租車上，司機師傅聽我掛了電話，還搭訕一句：「朋友多了，容易搞錯號碼。」

教書的，做了官，不知不覺，自覺自願，就一副「屌樣兒」，不是一個兩個，為此世道再添景觀，地道中國特色。自找沒趣，是我本身無趣。人情如此，不要天真，希望諸君以我為戒。

這話就此打住不說。四所法學院中的第三、四兩位，名頭都很大，依次是浙大法學院與南大法學院，不再細敘。單說南大一度領先，惜乎為內鬥所困，未幾凋落。而且，一落千丈，彷彿忘了自家曾有的輝煌，再未復原。這幾年有所接觸，聽他們的口氣，愣是把自己降格為一所地方學院，所思所慮，不出省城，這便麻煩了。

那邊廂，浙大花開兩朵，各散一枝。孫笑俠自天堂而至魔都，出長復旦法學院，自此跟阿拉們[10]混在一起，好時光。林來梵翩然降臨帝都，清華園裏舞翩躚，「待遇蠻好」，也混了個官

---

10. 編按：上海話，指我們。

差，要負許多責任。說起來，浙大法學院如同復旦，區位好，對於教員有吸引力。那之江校區，日軟風柔，樓台倒影，柳外聞鐘，真也個美輪美奐。倘若有緣生聚其中，伴書聲琅琅，看涼亭松雨，聽昏曉鶯啼，把年光付與少年，多情春，惆悵秋，該有多美！

那年沒死，夏初，術後來天堂。練軍小友盛情引導，在下得緣於之江校區躝躂半時。數隻懶貓，胖乎乎，隔三差五，道中高臥，寵辱不驚，生死無懼，雍容矣，華貴矣。老子就這樣，咋的。大驚，始信文章錦繡地，溫柔富貴鄉，真他娘不一樣也。

法大過去有一位青年教師，朱慶育博士，學問不錯。幾年前調往浙大，一轉眼，也該年近四十了吧。慶育懸樑刺股，功底扎實。那年他博士畢業，我正在主辦《清華法學》，承蒙支持，得允摘登了他六萬字的博士論文內容。對了，那時的朱慶育，瘦的跟猴一樣，長髮掩耳，似乎一個多月都沒洗過，油乎乎的，灰濛濛的，一縷一縷的，整個兒一文藝青年的派兒，正處在「內無空寂之誘，外無功利之貪」的清純時光。他跟我說：「許老師，稿費來了嗎？我還想請你吃飯呢。」我說：「還沒來呢。」他說，「那行，你先墊着吧。」朱慶育，瘦蝦蝦的，真的很可愛。

諸位，在下不自量力，對此四家法學院多所置喙，彷彿數落，其實愛護，誠非惡意，毋寧公心。中國大陸六百餘所法學院系，港澳台尚有數十所，單挑它們出來說事，實在是因為凡此四所大學均為好大學，這四家法學院也都是好法學院，因而，值得一說。只是與所在大學想比，實力不足，水準不夠。要是憋勁發力，則峰迴路轉，可能，一沖飛天呢！既已開口，

覆水難收，四所法學院的教職員工，數萬校友，在讀的青年才俊，你們萬眾一心，要是拍我板磚，在下也認。雖然達不到懶貓境界，寵辱不驚，生死無懼，但不怕口水倒是真的。只要講道理，世界美好。不講道理，一切無從談起也。

韓非子曾曰，「上古競於道德，中世逐於智謀，當今爭於氣力」。宋代東坡夫子也說過：「匹夫見辱，拔劍而起，挺身而鬥，此不足為勇也。」確然，信然。

不過，不管怎麼着，只是引進冒充學人的官人，如浙大法學院近年所為，搞官場指標指揮棒下的明面勾當，看起來熱鬧，其實，了無雅致溫文，哈，那便永無指望矣。

北京有望成為世界性學術思想中心

同學諸君，說到這裏，不禁想說的是，中華文明的學術與思想，既涵養悠久，復規模浩瀚，晚近更是經歷了並正在經歷着一個「古今中西」的大時代，而終究忍辱負重，強毅力行，貞下起元，有望迎來一個全面文藝復興時代。其情其形，正說明「好學近乎知，力行近乎仁，知恥近乎勇」，古人不予欺也。當此之際，放眼全球文明格局下的學術思想版圖，伴隨着現代中國的成長接近收束時光，怎麼着也該有中華文明及其學術思想的一席之地，並且，是極為昭彰而宏闊的地形。如此，身為華夏知識公民，法學家不能推諉，自當奮力。「漢語法學」理念，其初心深願，其作業指向，其致思遠景，坐論起行，既為此種形勢之產物，並在接應此種形勢也。

朋友，柳敗花殘，皆係人意；春華秋實，無非自然。接受天命，好好當差，便是正道，也就是王道。

回首四顧，時當 18 世紀，現代世界曙光初現，為此接生的是地中海北岸至北大西洋諸族文明，學術思想的中心在巴黎、倫敦和阿姆斯特丹。19 世紀，擴展至哈布斯堡王朝[11]（House of Habsburg）的維也納，並繼續北移，延伸至柏林。至此，西北歐引領現代潮流，穩居世界文明的中心，不遑稍讓。尤其是當時的維也納，蔚為學術思想和文化藝術的一大中心，思想家、藝術家們生聚其間，盤桓作息，一時間人文薈萃，群星閃耀，而涵養出絢爛文化。也就因此，不瞭解維也納，就不懂歐洲和西方的現代發生史。迄至 20 世紀，除開傳統的巴黎、倫敦、維也納和柏林這些文化之都，又跨洋擴展出紐約以及波士頓這樣的大學城，猶太—基督教脈絡的西方文明經由幾個世紀的拓殖，攻城掠地，開枝散葉，構造出一個政經一體、綜匯文化和宗教的地中海—大西洋體系，真是了不得，確乎不得了。與此同時，隨着帝國解體，維也納逐漸衰敗，喪失了歐洲文化之都的地位。時至今日，雖說風水輪流轉，世界文明版圖早已今非昔比，但歐美依舊是世界文化中心，也是文明輸出之地，這個世界更多的依舊是地中海—大西洋文明主導的全球體系。此為基本情勢，而為審時度勢，把脈中華文明此刻處境的基本語境，不可不察。

　　不過，伴隨着晚近東亞的強勁成長，特別是中華文明的華麗復興，相對而言，歐美似乎多所衰頹。也有人用「走下坡路」來形容。當然，據在下觀察，新舊交替之際，幾十年內，它倒不了，縱便走下坡路，也會走好幾十年才會漸落谷底。九足之蟲，死而不僵，瘦死的駱駝比馬大。無論是清末中華帝國的衰敗，還是「一戰」後奧匈帝國、奧斯曼帝國（Ottoman Empire）

---

11. 編按：哈布斯堡王朝於 1556 年至 1740 年間統治奧地利、波希米亞、匈牙利以及意大利部分公國，並坐擁神聖羅馬帝位的家族。

的解體，以及大英帝國歷經兩次世界大戰而逐漸衰敗，均經歷了這一過程，情形莫不如此。眼面前的俄羅斯，正在演繹這一老故事的新版本呢。況且，遭遇挑戰，反倒激發鬥志，而有可能翻騰出什麼新花樣來，亦未可知。當今之世，就近觀察，可以看出，猶太—基督教文明的內在生命力依舊強悍旺盛，雖説帝國疲憊，但力道猶存，有所衰退，並未衰弱。朋友，今日歐美依然佔據文明潮頭，我們要趕上，甚至有所超出，乃至於整體超出，還得拼命幹呢，並非如「憤青」與「文左」們那般信誓旦旦！

　　兩相比對，回眸自身，中華文明的急劇衰頹與勃然復興均發生在最近兩百年裏，因應的是這個發軔於歐洲、叫做「現代」而拍岸東來的歷史潮流。不説有明一代東來傳教士與華夏文明的頻密接觸這段中西交匯的歷史，僅從 1793 年英使馬戛爾尼（George Macartney, 1st Earl Macartney）訪華，到 1840 年強盜打上門來，清王朝便耗去了四十七年，了無進展。1840 年挨打，至庚申之變，倏忽又是二十年，將近一個世代。自此身心俱創，終於慢慢動起來了，而終究舉國大動，進至於地動山搖，天崩地坼，改天換地。由此直下「1911」，大清轟然坍塌，時光已然又過去了一個世代。總括而言，從洋人武力東漸，到清祚完結，整整七十年，兩三代人，風狂雨驟，不短也不長。

　　此間脈絡，從 1840 年鴉片戰爭開啟中國近代歷史，下迄於今，總共一百七十六年，不妨説，中國的歷史文化大轉型已到收尾時段。這個時候須要邁出「臨門一腳」，萬端糾結，問題叢集，不可預測因素增多，不確定性最劇。都急了眼，就可能急出大事，所以下文説「時候到了」，意思是説時光之輪旋轉不息，最後收尾時刻到了。並且，此話是對各方説的。因為時間對於各方是平等的，有時候，對於某一方更加平等。此間轉

折，加上隨着歐洲的衰退和歐洲歷史的終結，人類文明未來的指向性和可能性空間愈發恍兮惚兮，蜩螗沸羹，遂使今日研究「中國問題」及其下屬的各種具體問題，中國成長所代表的文明走向，最有可能在思想和學術兩方面，提供最新解釋和啟示，也最可能「出成就」。而凡此疑問與焦慮，對於它們的檢視和回應，總是第一時間、最大幅度地匯聚於北京，一個政治焦慮與精神致思的集散地。在「臨門一腳與國族天命」這篇短文中，在下嘵言，「生當此邦，經史相續，善繼善述，惟危惟微」，即為有感於此而發也。[12]

因而，此時此刻，展望就在腳下的這個耶誕 21 世紀，同學諸君，希望和猜想齊至，願景伴憧憬共飛，不免遐思，北京，對，就是北京，有可能成為世界文明版圖上學術和思想的一大中心，一大發源地、產出地、集散地。環顧大中華，北京學府薈萃，積蘊深厚，論情論理，應是中國最宜治學之地。雖霧霾深重，但本身乃一方好山水也。事實上，經年積攢，數代人前赴後繼，此刻北京早已蔚為華夏學術思想中心，也有可能成為 21 世紀世界性學術思想中心。實際上，北京已經是國際矚目的學術、理論和思想的產出地之一，至少，是匯聚集散之地也。以中華文明的復興和現代中國的成長本身為背景，以北京高校雲集、國際性學術活動頻繁、高端學術出版和思想家匯聚之山形地勢，這該不是一廂情願的夢想。

本來，學術為何？理論源自哪裏？思想是怎麼產生的？朋友，還不是因為人類遭苦難、遇頓挫、歷史走入了僵局，須要解釋、解構和解決，因而，學術興，理論出，思想迸發，靈魂

---

12. 此文收見拙集《國家理性與優良政體：關於「中國問題」的「中國意識」》，法律出版社 2016 年版；香港城市大學出版社 2017 年版。

出竅。而歸根結底，在於人活世上，要吃要喝還要玩，晴日放歌，陰天拼酒。老子言，「大軍之後，必有凶年」，而一部人類史，偏偏就是掐來掐去，你掐我，我掐他，他掐你，他掐她，戰爭是常態，和平倒不過戰爭的間歇嘛！這就解釋了為何歐洲思想在近代早期蔚為高峰，而到 19 世紀後期以降，這波高峰就過去了。20 世紀前半段還有一些偉大的思想家，如德國的馬克思‧韋伯（Max Weber）等等，後半段就很少了，只有英國的維根斯坦（Ludwig Wittgenstein）、卡爾‧施密特（Carl Schmitt）、哈貝馬斯（Jürgen Habermas）等少數人傑。就因為此前一仗接一仗，更有一仗打了三十年，而打得昏天黑地的。終於，消停了，安詳和平，歐洲自中世掙扎蛻變轉型這一關終於過了。問題解決了，歷史也就終結了，學術遂多半歸於學府，忙活點兒什麼「後……」的冗餘而已。換言之，理論為了理論本身而再生產，思想以思想為對象翻筋頭，可並無大時代及其對於人性的震撼揭示作背景，也就翻騰不出個什麼大不了的所以然來。相反，如同一切偉大帝國文明曾經的歷程，歐洲文明既經絢爛，然後彷彿不免腐朽，耽溺於慾，心志沉滯，則此刻耶回兩教衝突加劇，倏然面臨新挑戰，定會激活思想，起而應對，而重思人性和人生，保不定又會翻騰出什麼道道來。就此而言，文明衝突與生存困境乃是激發思想大潮的一劑酵母，真可謂家國不幸詩人幸也。

同理，中國近代學術思想是古典樞紐時代以還，歷經先秦諸子、佛教東來和宋明理學之後，迎來的又一波高峰。余英時先生曾以中國思想的「突破」為題，理述其間經緯，大致對應此間脈絡。之所以蔚為高峰，不僅在於西學東漸，接濟中國思想以新鮮血液，更在於遭臨三千年未有之大變，人窮則呼天，於是，追本溯源，激活文明本根，調動沉睡的文明資源，急起應對，有以然哉。如錢穆先生所言，面對敗局，痛定思痛，一

鞭一條痕，一摑一掌血，不得不淵然而思，憬然而悟，方有此學術思想成果。換言之，如同一切文明高峰出現的初始緣由，此波高峰的出現，同樣源於空前生存困境，逼到牆角，窮則思變也。

此處措辭「中國近代學術思想」，意味着這是一個長時段意象，起自清末引入西學，至 1915「新文化運動」、1919「五四運動」和 1980 年代的「文化熱」，迄今而未止。本來，清末開其端緒，而積蓄五十年，再接續一兩代人，定當迎來思想文化的創發高峰。換言之，80 年代前後，倘若一切順暢流利，該是現代中國的文化高峰之際。惜乎此一進程為戰爭與運動半道打斷，一直要到三十年後，「撥亂反正」，方始重新出發。因而，可以預言，照此趨勢，再苦幹兩三代人，伴隨着中國這波大轉型的起承轉合，中華文明的學術思想必將迎來真正的高峰，接續的是新文化運動的血脈，以及更為幽遠深厚的中華文明的根脈，而構成一完整的現代中國文明的復興盛景也。

朋友，中國是一個如此浩瀚的國族，文明如此悠久深厚，其近代大轉型如此波瀾壯闊，延宕持續一個半世紀的「中國問題」還沒徹底解決，因而，伴隨着大轉型的遞次展開與最後收束，在此世界文明格局重組之際，必為世界人類生存提供新型經驗，則學術、理論和思想隨之成長發育，其之自有軌轍，當可預料，有何驚詫者也！

而北京，正是北京，既是這場文藝復興的氤氳發祥之地，勢亦必成為其綜彙集成中心。

天若有情天亦老，無限風物，正滄桑。

話說回頭，縱便「硬件」尚可，並且，因緣際會，時機眷顧，但總須表達自由，方能心潮澎湃，而造就思潮澎湃。不再

鉗口，如此積蘊心潮才能轉化為澎湃思潮，從而，造就出一個世界性學術思想中心。於是乎，表達自由、思想自由和良心自由諸題，遂連帶而出，早晚總要顯山露水。疏堵之間，取乎治道。畢竟，防民之口甚於防川。不是不報，時候未到，而時候到了，時候到了，時候真的到了……

説則花絮。現在歐美一些學者，不少頗具世界眼光，較諸過往，彷彿更加樂意應邀蒞京會講，雖體衰卻不辭，罔路遙而不避，可能，就在於明白了現代中國背景下的北京這一歷史名城之學術思想中心地位。其之紛逕而來，也説明形勢比人強。倒是一些海外華裔學人，只想着利用假期回來撈金，眼裏只有銀子，好像並無這份自覺與抱負，愁煞人也，也麼哥[13]。是啊，倘若經濟社會與學術思想發展已臻成熟之地，跑去創業，固然享有種種便利，安定性與預期性亦且優勝多多，但可就沒有初始創業的撈金機會了。毋寧，只能按部就班，挣一點算一點，一眼望到頭。萬事起始，環境初創，反而可能大展拳腳，有所成就，甚至，有望大成，則「群賢畢至，是日風和天氣清」，何樂而不為。

抑或，更加「有機可乘」，噫嘻。

同學諸君，一句話歸總，北京已然是或者可能是 21 世紀的世界性學術、理論和思想的中心。此為人意昭然，也是天意昭彰，想我普天之下的華夏學人，對此當應同情共感，而心嚮往之者也。順天應人，風從虎，雲從龍，截取融通，一起用功努力，這理想才能變成現實！而首先是歌哭由心、行藏在我才行。循此思路，江上清風，山間明月，而語文作育，載文載武，適為題中應有之義也。

---

13. 編按：語尾助詞，無義。常用於戲曲中。

十、語文作育

　　説到語文作育,也是剛才劉冠含同學提問的內容。冠含問,老師曾經説過,「語文作育」與「語文教育」並非一事,原因何在?「這裏面有幾個意思呢?」對於「學習語文」,或者説關於「寫作能力」與「提升寫作水平」,老師有無建議?如果有,會是什麼?

　　冠含君有此一問,估計是上接「漢語法學」修辭,有感而發,連動而來。那好,我們就以此為話頭,説開來,細品其中三味。

學習語文就是在觸摸世道人心,
涵養人格,修習做人

　　在此,怎樣學習語文,具體説,怎麼學好中文,從小到大,老師們婆婆媽媽,錦心繡口,該説的怕是都説盡了。外行如我,一下子還真提不出什麼驚天動地的建議。實際上,茲事體大,好像也難得有什麼特別立竿見影的致用套路。就我個人而言,法學院教書三十年,心思圍繞着法意與法度打轉,牽連擴展於更為廣大的文教與政教,既非以語文教學為業,亦未做過深度系統思考,自然講不出道道來。不過,平生讀寫,靠它吃飯,經年累月,扣盤捫燭,總還有些體會。在此,體會有限,可得貢獻的一句話,也是自家的心路歷程就是,此為文火

慢工，只在慢慢磨礪。除非海涵地負，是即席揮就《滕王閣序》的王勃王大才子這類千古一遇的天才，否則，只能熬，慢慢燉，火候到了，可能，湯味自然就出來了。

之所以措辭「可能」，就在於普天之下，天造地設，生民立命，如前所述，各有心智心性，縱便懸樑刺股，讀書萬卷，爬格子不止不休，也未必就能寫得一手錦繡文章。古往今來，華彩美文絢爛，規整論文嚴正，瑰麗詩文銷魂，靜雅小品雋永 ── 面對立地書櫥，文章山嶽，仰止行止，瞧人家那天分、那才情、那神韻，吾儕微末，只能空歎氣，乾瞪眼。此時此刻，盡人力，守本分，聽天命，才好出處，而處常得終，便是天命。再說了，章句之學，若無內涵，誇多鬥靡，便也蒼白無趣，吾人無須比較之下逼死自己。其情其景，如宋明儒言，「不解佛法圓通，徒勞尋行數墨」，而「文理錯謬，如難讀何！？」

人間事，所謂「此事原知非力取，三分人事七分天」，沒轍。說來話長，牽腸掛肚，此處按下不表。

其實，古今中外，從童蒙初開，到齒長德啟，遞次進階，而終至登堂入室，包括課堂讀寫訓練和日常生活對話，既是在修習語文，亦均不外「語文作育」。呱呱墜地，牙牙學語，直至臨終遺言，哪一樣不是語文作育，何嘗不是語文作育的結果。此間無他，關鍵就在於這是一個我與他的人際互動過程，也是一個天上地下的相互印證進程，更是一個此岸彼岸的慎終追遠的終生航程，從而，終究是一個我與我的對等啟明。經此拉練，於認識他者中啟示了自我，在確證自己的同時把世界坐實。每一次對話，哪怕只是日常寒暄，柴米油鹽，唯唯諾諾，都意味着一輪互動，也就是一次印證、確證與啟明。所謂教育者，其起步於此；所謂作育者，其終點在此。

而無論是教育還是作育，總要借助語言。語言是媒介，包裹身心，鋪天蓋地，也就是世界。世界在哪裏？世界不在，只存在於語言。

因而，課堂修習語文，晨誦晚禱，心慕手追，固為語文作育。就是日常交往會話，不僅是在運用語文，而且，也是在歷練語文，甚至在創造語文。由此，觸摸人世，體會人生，進而，作育人格，涵養人生，而創生世界矣。於個體言，語文作育的過程是一個人格養成的歷練，不僅表現了言說者的位格與品位，而且，真的關乎做人，做什麼樣的人，蓋因語言背後必有一套文教體系。因而，於文明團體言，則在經此歷練，為敘事狀物，陳情說理，提煉言說體系，從而，展現心意，作育弘揚一個文明的意義體系。

在此不得不順說一句，僅就通常所謂的人文社科而言，為何當下用英文寫作，而發表於外刊，等於是在用自家心力財力，為英美文明添磚加瓦，恰於作育自家文明了無助益，就在於其未有絲毫語文作育之效，無法增益自家文明的內涵外延。於個人言，或許不無裨益。或愉悅心性，或收穫功利。在某種文化部落主義立場看，彷彿意味着出場發聲。但於自家文明團體之「語文作育」言，則毫無瓜葛。反之亦然。拙文兩篇，「哈耶克的英文」與「法語、德語、捷克語和英語，哦，對了，還有漢語」，揭其底細，剖其曲折，略陳其意，諸君不妨參看。《漢語法學論綱》以一己語文實踐為此作證，更作陳述，力抉能指，其意在此，其義亦在此。

話題收回來，就通常形式來看，語文教育也好，語文作育也罷，其基本要求，是教會學子如何說話，把話說得通順明白，進而貼心貼肺。不僅足以傳情達意，而且，力爭精準雅致。話說得精準，說得得體，說得切合語境，或溫文，或冷

靜，或高亢，或詼諧，從而有效傳情達意，實現人際溝通，就是在服務生活，就是在造福人生，也就是在成就一己之為人也，從而，不枉人是會說話的動物這一天賦。至於何為「切合語境」，何為「精準雅致」，端看人群、階層與時代之不同而有別，但其概為標準，則可斷定。

不過，風言風語，虛情假意，心口不一，言行相詭，謊話連篇，口蜜腹劍，悖言亂辭，妖言惑眾，出爾反爾，眾口鑠金，積毀銷骨，危言聳聽，直言賈禍，一言喪邦，前言不搭後語，王顧左右而言他——凡此種種，紛呈妖嬈，迷亂倉惶，不一而足，作為這一過程的一體兩面，同為人性使然，而為人生常態，其將普遍人性的吊詭叵測及其隱曲暝晦抖露無遺，令吾人驚詫莫名，更令吾人無地彷徨也。

咳，這不，世界不在，世界只在語言之中。

接續前意，再予細述者，之所以說「語文教育」或者「語文作育」是在涵養發育一個文明的意義體系，就在於修習和提煉語言，不僅在於表述、冠名與認證已知的生活世界與意義世界，而且，同時也是一個對於未知事物的體認、提煉與發掘過程。進而，還是一個體驗人我關係、將一己身心貫通於大群與日月，從而，陶冶身心，養育人格，於自我修煉中達致人心與天道合德的修習次第。這也就是所謂的自我的創生進程，更是一個文明發育更張與自新不息的不二法門。個體的身心由此而得拓展，一個文明借由此徑而日征月邁，日就月將，日新又新。縱觀文明史，但凡新語彙生髮之際，一定伴隨着並意味着新事物新意義的成長。新語彙、新辭藻和新的表達方式集中大量湧現，表明生活世界的增量拓展與意義世界的汪洋恣肆。而這恰為文明勁道十足的表現，常常也是時代轉換與文明高峰時段才有的瑰麗現象。看看晚近兩百年全球主要文明體的語言狀

況，尤其是最近百年中文世界的語彙轉變和辭藻之新舊遞嬗，其之大規模更新換代，就明白此間的曲折因果，而為人世驚歎。

朋友，擁有語言，才擁有世界。喪失了語言，便喪失了一切。故而，守護語言，就是在守護文明；守護母語，就是在捍衛存身立命的根本。否則，不等外患，先已自滅。其間情形，來龍去脈，真如蘇軾大才子所言，「秦兵未出，而天下諸侯已自困矣！」

職是之故，現代社會，學校教育既在傳承知識，同時，並選擇文明觀念，養育人格。其為一種人才作育方式，蔚為主流。但是，可欲可能的作育方式非止學校教育一途，也不局限於教學機構意義上的培養人才。文明作育，進境於文明化育，牽連起人生與人心，而締造美好人世，造福理想生活，是其更為廣闊的語境。因而，一字之差，其立意或許相通，而層次與規模，顯然有別。

行文至此，大意已盡，不知冠含君頷首否？

再順說一句，刻下為人父母者，望子成龍，多聘家教為安琪兒補課。水漲船高，不惜血本，而實際效果常常適得其反。所補不外數理化，外加英語，唯獨以為中文或者漢語無須補課，可謂大錯特錯。

是的，大錯特錯。

在此，我想說的是，既已正常上課，除非孩子某門功課奇差，因而需要「加餐飯」，不然無需額外加負。否則，不僅讓孩子不堪重負，而且，還可能致令厭學，更不用說讓整個少年時代灰暗無趣，而這正是刻下我華夏億萬少男少女們的生活現實，也是不少歐美中上層子弟的苦楚所在。若說是因為數理

化與外語「重要」，這才「補課」，朋友，那我要告訴你，語文才最為重要呢！為何？涉關體貼世道人心，學習交往溝通，從而，真正關乎立世做人，你說，重要不重要。那邊廂，除非專業所需，不然，普通人生，買米買油，采菽采菲，初小算術足以應付矣。

你可能會說，語文不就是認字說話嗎？生於斯，長於斯，老於斯，還將葬於斯，除非是啞巴，誰還不會說話呀？！朋友，此處必須明白，會說中文不等於語文過關，更非悟得語文作育之三味。以開口說話為已足，等於是用學習外語的低端標準來衡量母語學習，文不對題。語文，聯通生活世界和意義世界，將古今打成一片，所謂「天上諸佛，地下如我」，就靠它維繫着呢！故而，其之修習過程，就是在打開世界的大門，尤其是在養育人生境界，而天底下，人世間，朋友，你說還有什麼比它更為重要的呢？就此而言，為人父母者對於學好語言——在此特定語境中，就是母語中文——之於人生的要害意義，不明不白，令人遺憾。朋友，任何一種語文皆有此德業，但起居在此特定文明共同體，則經由修習而分享這一德業之蔭庇，其渠道唯漢語也。如同英美一系，你不學好英文，在英文的熏習中歷經「語文作育」，格何以標，情何以堪，足何以立？

時至今日，京城裏的所謂雙語學校，富家翁們虔誠膜拜，望子成龍，大把灑金。在下閒人，道聽途說，圍觀之下，不禁樂不可支。

在此，不是說不讓孩子補習外文。相反，要是有條件，把孩子送出去，在真實語言環境中學習，一年半載也好，長年累月也罷，隔三差五亦可，年齡小，學得快，那該多好。而且，值此匯通時代，懂一門外語總是好事。若有天賦，機會准允，多多益善嘛。若果沒有條件把孩子送出去，卻希望多有進步，

補習補習，亦為門徑，未嘗不可。「回頭看，山蹊水塢」，我華夏民族，近代百多年裏挨打挨罵，卻一心向上，追步先發國族，不懂咿呀，那怎麼行。文明的修為提漸，需要並且一直需要心胸開放，採擷多方。但是──是的，但是──為人父母者同時要明白，學好母語，才更重要。

還有，學習語言如同研究數學或者藝術，需要天賦，不是人人下苦功就行的。而且，若果僅僅因其為外語，就有「高大上」的感覺，並基於想像和嚮往中的不列顛上流階級、皇親貴冑的牛津腔如何優雅如何幽默云云，而想入非非，則非只不着邊際了。你看那「英國貴族」的一大特性，也是自小訓育的重點，就是要講好寫好自家的母語英文也，則你個「中國佬」、「支那蠻」，不把中文講好，你怎麼貴族、如何上流？你是哪家的貴族、何處的上流？再說了，當今世界主要文明體所謂的博雅教育，多半第一指標就是養育受教者熟稔運用母語進行開放性交流的能力，你要是把孩子的母語耽擱了，還博雅個鬼呀。

當然，你要說這方水土呆不得，將來定要娃娃涉彼沃土，抑或，「兩邊跑啦」，又當別論矣。

看看今天的學子語言粗鄙，官學商三界語言粗鄙，滿大街行止粗鄙，好端端一枚女子開口就是國罵，就知道未曾語文作育，其情形，其後果，該是多麼的嚴重！

中文：一種浩瀚表意體系

由此，更進一層，就不免要說到生活語言與工作語言，以及對象語言與工作語言的關係上來了。說起來，既以語言作為表意工具，具體而言，是以中文作為工作語言，那麼，但凡吃

這碗飯的，對於此間曲折，多少總有些體會。通常而言，若果只是作為日常生活語言，一種私性自白，自幼及長，隨生活而歷練，基本上不存在如何學好語文的強烈意識，也彷彿無需操這份心。長大了，口誦心傳，不知不覺，自然就會了。此為人類進化傳承的模仿能力，自然而然，早已積澱而成第二天性。可作為工作語言，進入意義的命名與印證層次，須要狀述世界的應然與實然，甚至牽連於文明觀和價值觀，在活的狀態下表達死，便非止於此，是個事了。尤其是，若果從業人文社科，以寫作為思想表達的形式，等於專職語文作育，就茲事體大了。尤其是文史專業，又尤其是治中國文史，對此要求更高。想想吧，所謂治「國學」者，倘若語言文字太過一般，甚至粗糲不文，縱其學究天人，融通古今，名聲震耳，讀者聽眾的評價也會頓降。更何況，自鄶以下，還真就粗糲不文矣！

鍾書先生嘗謂，女子婀娜，十指春蔥，可並非雙瞳剪水，相反，卻不幸是個眯縫眼，則千般嬌媚，萬種風情，無由傳達，更無所謂秋波蕩漾，枉自驚艷矣。猶譬內陸深處礦藏浩瀚，可既無鐵路，亦無公路，也沒機場，運不出來，則有等於沒有，只好乾着急。

文字之於文明，語言之於心意，比諸雙瞳風情，礦藏交通，哈，粗無二致也。

這裏，為了講清道明，不妨從稍遠處說起。通常以為，音樂與數學這類藝術，靠的是稟賦，非天才不可 —— 是的，筆者措辭，數學是門藝術 —— 一般人輕易碰不得，非凜凜異秉者玩不了。的確，音樂與數學，還有詩歌，若想有所成就，乃至於做出「大成就」，於創作者心性心智兩面，均有極高要求。也可以說，光靠苦功夫沒用，得有天才天賦，有時候，不妨說是異常的才賦。一般人學不好，做不了，不要強求自己。我看今日

許多父母指望兒女弄藝術走特長的路子，多半是竹籃打水一場空，頂多當個職業，混口飯吃，指望成為藝術家，甚至是這個朗那個迪的，沒門。如同強迫所有的高中生都去啃高深數學，不啻滅絕人性，為同一道理。

究其實，語言也是，是要講天分的。面對語言天才，這種人，月地雲階，屈艷班香，彷彿不是人養的，你拿他同樣一點辦法都沒有。傳說中趙元任先生彷彿是語言天才，錢鍾書先生不遑多讓，抑或尤有甚焉，當然同樣是天才。美國漢學家歐立德（Mark Elliot），此刻擔任副教務長，哈佛大學官方任命公告中說他懂八種語言，就是牛，我等聞聽，舌撟不下，連發幾聲「呀，呀，呀呀！」你說有什麼辦法。讀鍾書先生的典雅行文，山遙水遠，月白風清，卻又那樣練達深致，放在古今中國三千年語文作育的譜系裏觀照，都只能歎服。相形之下，我們這般庸常之輩，濁質凡姿，對他們仰止行止，頂禮膜拜，便好了。

自己生活的時代，居然就有這等天才，驥子龍文，供我們膜拜，這是福分啦！

但是，另一方面，掌握運用語言畢竟有賴後天的努力。就算是天才，拼命用功，梯山航海，也是必修課。任何天才，終究還是要用功才行。天才之為才，上天所賜，卻須自家開發，天恩才會下降。老天爺給了你這個命，要你自己來開啟這個運，才能命運一體，而成就性命。拼命用功，就是鑰匙。只不過無此天分，再用功也沒用。就像礦藏再豐富，終究還得挖掘出來才行，總不會自己冒出來。又如「明眸皓齒，一朵紅蓮初出水」，再加上後天調教，才有望風情萬種也。不過，所異者，可悲的是，是否異稟，要在用功之後才能斷定，則無此異稟者雖說懸樑刺股，到頭來才發現竹籃打水一場空，白用了功，便

只剩哀歎，無可如何。而這就是命，所謂運者命也，皇天后土，同樣沒輒。

這麼多年在學校混口飯吃，深感刻下的語文教學有待改進，或者，路向方法有問題。失敗之一，就是「新文化運動」以降，模仿西洋語言文字教學，而混同了拼音文字與象形文字的差異。例如，英語是拼音文字，以字母構成單詞，即便不看單詞，聽發音，也能拼寫出來，多數時候大致不差。像"encyclopedia"（百科全書）這種單詞最為典型，會發音就會拼寫。此為常識，同學諸君多所了然。但多少年裏，中國的英文教學不循此轍，把工夫花在區分元音輔音，糾纏於語法，卻偏偏排斥了從音入手，培養基本語感。你去問問英語國家的讀書人，是否受過這種苛刻訓練，可能多半沒有呢。學拼音文字，不能走這個路子。這是我所經歷的舊日中國英文教學的死胡同，據説今日依然盛行，不亦悲乎。

但中文不一樣，是象形文字，寫比聽更重要。學習中文，重複一句中小學老師講過多少遍的話，就是「多寫多練」，此外別無他法。另一方面，中文同樣有音韻之美，誦讀不可或缺。下筆寫作之際，若果對此深具體味，所謂文字好，你可以想像，作者必在默誦。一邊安靜寫作，一邊胸腔發聲，心中在默念、默誦、默歌。這就是為何靜坐寫作之際，居然青筋暴脹，甚至手指微顫，面色緊繃甚或扭曲，而彷彿瘋狂。就是説，縱便作者靜坐不動，外觀靜滯，形體未移，卻內在緊張，心潮洶湧，思緒澎湃，早已從地球跑到火星，而大音希聲矣。

其情其形，恰如山西河曲民歌所詠：

蜜了蜂呀那個落了在呀
着窗眼眼那個上

想了親親那個想了在呀

這心眼眼那個上

到了樹芽那個開了花呀

這頂頂那個上

操了心心那個操了在呀

這你身那個上

還有一條，置此之前，同樣不可或缺，或者，益且重要，至少不遑稍讓。此亦非他，就是要多讀。天天讀，月月讀，年年讀，生命不息，讀書不止，則日邁月征，心靈空間與意義世界恆有通道，源泉不息，而生命之樹長青。尤其要說的是，高中畢業之際，能把經典的詩詞歌賦，名篇名著，能把有關中國古典經史義理的代表性作品，有所涉獵，甚至選擇背誦，較諸從未讀過而語文考試可得滿分者，其真實語文程度，特別是語文修養，一定更好，好得多。現有的知識總量和課程設置，使得全面通讀或者記誦，均已不可能，也不必要，但選擇性接觸甚至記誦，總是必須，而亦必終生受用。

我們這輩人，少小饑寒。豆蔻年華，盡在蒙昧度過，糓觫存世。要到「撥亂反正」，才有正大機會接觸古典，而韶華已逝，縱便程門立雪，牧豕聽經，然糠自照，鏃礪括羽，也補救無門，回天無力。如今回想，只剩教訓待後人，痛何如哉！

閱讀是一個兩情相悅的尋覓過程，自會發現某種文字於心戚戚。受其影響，日相薰染，於亦步亦趨中漸上軌道，「找到了那個他與她」。幼學壯行，進而倚馬可待，唾地成文，妙筆生花，亦未可知。比如，拿話本小說而言，讀《儒林外史》，或覺行文風格了無趣味，但讀《拍案驚奇》，卻覺得過癮得很。那好，模仿這一風格，自此起步，運筆行文，而風格即人。的

確，既有吸引力，閱讀之際就已經不期然間受其濡染，而於心心相印中心慕手追矣。當此之際，所要做的事情就是，找准這一契合自家心性和心智的文體，從模仿開始，寫作、修改、再寫、再改，而終有所成。

是啊，一旦讀得興味盎然，讀得心有戚戚，讀得物我兩忘，便自得其樂，而怡怡然矣，陶陶然矣，飄飄然矣。此時此際，心潮澎湃，一念洶湧，不禁臨窗展紙，伏案奮筆，不知長夜將近，東方既白——呀，那時節，不寫出來不舒坦，非得宣洩紙上不可，朋友，該是怎樣的感覺。

同學諸君，或曰，將來「搞實際工作」，又不專門治學，故爾無須多讀書，也不用練習寫作。此乃誤解，絕大的誤解，愚蠢透頂的誤解，真不知為何時至今日依然還有此種「讀書無用論」，並且，廣泛流布於華夏學府。難道多讀、多寫和「實際工作」沒有關係嗎？錯！不僅關聯緊密，而且，息息相關！除非你是什麼「二代」，早已銀匙在口，否則，你做什麼實際工作無須讀書寫作呢？外賣小哥？搓腳妹？畢竟，閱讀在於增廣見聞，將視界突破此在肉身的局限，而擴展至古今中外，所謂「神馳八極」者也。請問，天下事，哪一件，不需要視界？而且，閱讀本身是一個「刺激—反應」過程，有意無意間訓練感知、理解、分析和綜合的能力。將來「搞實際工作」，而且，無論什麼「實際工作」，包括在商言商，都不免是一個「感知、理解、分析和綜合」的過程。就算看報，一紙在手，眼光所至，一覽無餘，即可得知、提煉和綜合出新聞評論大意，便是一種能力，其實，主要得益於學生時代訓練提供的基本功。承認也好，否認也罷，這就是成長史，一個人的知識成長考古史復原後的真實圖景，同樣沒轍。所以，諸君，要讀書，多讀書，讀好書，才是王道。

説到底，人是自然之子，與萬物莫分。唯一的區別在於，往茲來茲，我們讀書，而人文日新矣！

　　從業實務，混跡行政，生意場上打拼，與寫作有什麼關係呢？同學諸君，關係大了去了。所謂「碼字」，實是經由凝神集思，在理解世界或者世界的片段，進而，是一種將所得付諸文字組織而傳達眾生的過程，更是表白一己心思而確證自己、坐實世界的進程。如此，把思維濃縮，然後精準表達，條分縷析，要言不煩，才能達到可欲效果，訓練的是梳理材料、組織思路與洞察世界的素質和能力。朋友，你說做什麼不需要此種素質和能力。若果訓練有素，能力頗佳，則三言兩語，甲乙丙丁，將旨意目標，要津利害，理論實踐，抽絲剝繭，和盤托出，實現有效溝通，而非言不及義，拖泥帶水，前言不搭後語，以其昏昏，使人昭昭。為何有人能夠直指要害，扼陳因果？除開天資，多半得益於早年的訓練，包括學生時代的寫作訓練，那時節下了苦功啊。所以，比如，司法判決，要在文通字順，規整嚴正，則法言法語透露的是以中文表達法意的能力，究其實，還是一個寫作水平的問題，背後則是有無受過良好訓練的個人知識與能力的考古史也。

　　君若不信，質疑在下所言，坦陳「我讀書少，你不要騙我」，那好，閣下好歹讀過書，則無須如此直白。毋寧，拽一句，「君莫欺我不識字，人間安得有此事」，雖非喙長三尺，卻也算是反戈一擊，調侃老師一把，彼此哈哈一樂，相忘於江湖，不亦快哉！

　　人這一生，白駒過隙，說了就了。潮漲潮落，雲卷雲舒，本是一個向死的不可逆進程，了無意義。幸虧讀書，有字之書與無字之書，庶幾乎將我們拯救。對於大多數人來說，縱便考上大學，「專業念書」，也不過四年，就是盤桓學府這四載春

秋。踟躕躊躇，來去匆匆，一晃好像明白事兒了，就沒了。大學之前的十年或者十幾年的基礎教育，談不上「專業念書」，實為基本蒙課。幸能上學，卻沒辦法自由讀書，痛苦不堪，概為一切基本教育的弊端，程度不等而已。真正發願起誓，自覺讀書，多半還是大學時光。則寒窗四載，青春作伴，理想導航，既是在為未來奠基，也是在坐實當下，實在不枉人生一場啊！

現在市民階層流行一種說法，富裕階層彷彿相信此種說法，大意謂英美中小學教學輕鬆，如何如何。同學諸君，此言皮相，不摸底細。可能，公立中小學更多一些「放羊」性質，的確「快樂」。中產階級中上層，更不用說最上層的子弟，是不會入讀這類學校的，好像也不是這樣子上學的。你到所謂的「人家外國」去看看，但凡優質私校，其競爭，其角逐，壓力山大嘛！若非如此，怎會有英國小說家佐治・奧威爾（George Orwell）事後的痛心疾首。因而，伴隨着競爭與傾軋，便是時有耳聞的自殘甚至自殺事件。有的留下終生心理疾病，令人痛斷心腸——朋友，再說一句，人類不是天使，學堂自非天堂，所謂「快樂」，只是將學習的痛苦減緩而已，隱藏而已，還能怎麼個快樂，你說？！

其實，只要在此階段接受教育，都是痛苦的過程，是這個告別自然狀態、文明化之後的人類被迫承受的代價。但凡教育，而且，是在「接受」教育，一種社會化過程，放那個模子裏鍛煉，就意味着訓育訓誡，就帶有壓迫性。所謂「快樂教育」，其實，能「快樂」到哪裏去？人類成為文明集合體，雄居小小寰球眾生之首，佔着食物鏈的最高端，無比傲嬌，睥睨四方，但代價慘重，則此為代價之一。

不過，縱便如此，相較而言，我們的教育，主要是基礎義務教育，與「人家外國」相比，有時候真的是野蠻教學呀。什麼是「野蠻教學」呢？比方，曾幾何時，上課時要求小學生

把雙手背在身後，就那麼強撐着坐四十分鐘，這不反人性嗎？還有，動輒要求回家把這個字抄寫一百遍，這還不是「野蠻教學」，那什麼才是？中學生每天上課做作業的時間超過十小時，甚至十幾個小時，子夜時分還在做作業，可憐小孩子家家，普遍睡眠不足，萎靡不振，這不是野蠻教學、摧殘人生，那什麼才是？華夏大地，哪一年，不都有成百上千的中學生不堪壓力，走投無路，自殺身亡？！

置此情形下，前十年不算，大學四年才算真正「專業念書」。有的同學很幸運，念研究生，讀博士，有十年專業讀書時間。多數人上不了大學，能上大學的，也就只有四年。更多的，為生計所迫，或者，自我選擇的結果，連這四年也沒有。

二十啷當，大學畢業了，就要面對日常生計，為生存打拼。找個單位上班，小心當差，用心聽差，游走社會謀生，進而養家糊口，是絕大多數人的生活常規，躲不開，跑不掉，剪不斷，理還亂。那時節，「冰照座，玉橫空，雪花零落暗香中」，就會發現什麼叫人性邪惡，人世險惡，人間罪惡。它們會一一呈現目前，白天黑夜，隨時隨地，你不想搞「社會實踐」，也得每天實踐，終身實踐，直至魂飛魄散，陰陽兩隔。那安琪兒，還沒畢業，投行的位子就已經準備就緒，一俟離校，收入早已超過半生教書如我等教授者數倍，這種好事，朋友，畢竟只有那金字塔尖的才有。我們無此出身，又沒路子，不幸還只長了個平常臉，不甘螻蟻般苟活，在刻下中國，真的就只剩讀書一途了。

好歹，還有讀書一途，門縫兒開着，依然開着，雖說愈來愈窄，愈來愈窄了。

現在有些學生，不遑專心讀書，心心念念，急急惶惶，什麼「社會實踐」。口口聲聲，抽抽搭搭，不參加「社會實踐」不行，卻對功課不甚了了。更且常有學生以黨團活動為名，大模大樣，告知教師不來上課了，理直氣壯，好像他的主業不是讀書，卻是這類勞什子。臨到撰寫畢業論文，多不用功，寫出來的多半很爛，不用說抄襲與變相抄襲。此雖名校而不免，說明病非腠理，實至心腹。特別好笑的是，個別港生質素尤爛，不成句子，估計參加高考連三本也通不過，卻因地緣身份獲享特權，直接進入頂級名校，而一口一個「內地高校」這不行，那不行——此話有違政治正確，而事實俱在，該說就得說出來，隨你罵。終於畢業了，一些同學往國外深造，回想在國內時的糊弄，反過來埋怨母校和老師要求不嚴，更以「中國教育不行」訾詈，卻沒反省自己當初何為。

　　我這十來年教書，時見優秀學子。他們稟賦高，愛讀書，文筆好，關心時事，有同情心，對世界敞開心扉，可謂心性俱佳。每當此時，就不由得感慨時代、機運與天賦，作欣慰狀。與此同時，也發現學士碩士論文，多半很爛，深感心疼。學生不用功，「攢論文」，知道縱便很爛，老師也會通過，學校不會阻攔，遂更加有恃無恐。人在「實習單位」，上下班，煞有介事，卻糊弄論文，老師約談論文寫作，便以「實習單位」有事推脫，要求老師更改時間，彷彿老師可以隨時使喚，卻不敢向「實習單位」請假，其本末倒置，抖露出的是一種輕重選擇，也是一種價值判斷，更說明中國的高校及其教師之保姆性質太過其甚矣。更有甚者，既公開要分數，個別的甚至威脅教師，又公然抄襲。而商機無限，捉刀的公司居然應運而生，師生通吃，實在斯文掃地。每念至此，便感無地彷徨，山共水，漫長歌，悄無言。

對此，我常常說，等着，熬到畢業，你天天都要實踐，眼睛一睜起床就要實踐。擠公共汽車啊，挨頭兒剌啊，同事競爭甚至落井下石啊，夫妻婆媳為醬油醋吵嘴打架啊，更不用說社會不公、世道艱險、天降橫禍，惹也惹不起，躲也躲不起。「乖乖隆的東」[1]，哪一項不是實踐？哪一項無須實踐？那時節，窗前簷水，井底漣漪，可能就會懷念曾經有過，但卻不甚珍惜的「專業念書」時光了，哈哈！畢竟，「社會實踐」是無期徒刑，終身難逃，可專業讀書時間就只有四年，過了這個村，就沒這個店，牛頓空間內，時間不會彎曲回頭。在此四年之內，放飛想像的翅膀，任隨興趣發展，狂讀書，讀狂書，甚至，讀書狂，多好。

「歸志寧無五畝園，讀書本意在元元。燈前目力雖非昔，猶課蠅頭二萬言。」放翁晚年詩句，今天讀來尤感蒼涼而親切。

成績嘛，及格就行了。

讓思路走回神

可能，我因歷來成績平平，中下水準，所以只能作此期許，以此自勵而自足，由自慰而自衛。的確，回想起來，從小學到中學，再從大學到混完博士，雖說從來用功，手不釋卷，不疑處有疑，卻都只是僥倖通過，從沒獲得過特別好的成績，也從沒預期過甚。各位才俊，不可限量，未必照此辦理。毋寧，自求多福，奮力翱翔。都說成就動機決定成就大小，彷彿曲折表達的就是「人有多大膽，地有多大產」的意思，可能，

---

1. 編按：江淮方言，表示強烈的驚訝。

在功利計算的天秤上，真能自圓其說——其實，嗨，心理學，一門煞有介事的偽科學也。

但話說回頭，為個分數拼命，就像旅美華裔史學家何炳棣先生回憶錄中展現的，一生追求的最高境界，念茲在茲，「卿卿吾愛，吾之夢縈，無日或忘，難捨相思」，不外就是考個高分，出人頭地，抑或，「做一流的題目」，也實在無趣。老人家修史大成，著述俱在，揚威中外，與日月同輝，無容置喙。但此等人生境界，伊呀呀呀，實在不敢恭維。當然，如果諸位聽了我的話，不再「追求卓越」，甘做「二流的題目」，因此而受害，也別怪我。畢竟，這是自家選擇的結果，而如何選擇，總是聽命於自家的心智與心性，強求不得。我學校成績從來不高，不是考試的料子，只好走下苦功拼實力的路子，實為不得已。考試嘛，六十分萬歲。不過，如對一門課程內容特感興趣，稍下工夫，考一百，那是造化，也是應該的，不難。

回頭一看，通常情況下，考試成績一點意思都沒有，真的只是敲門磚。一些學生，尤其是女生，對成績抓得很緊，有些功利上的必需。比如，「推研」[2]啦，求職啦，甚至要「解決組織問題」啦，當然，還有面子問題，等等。這些年來，在學校混的人都知道，就所謂的「文科」來看，論考試成績，女生多半排名靠前，而實際水準未必。就學術行當來看，更且未必。此非今日情形，好像歷來如此——「政治不正確」，是的，但事實如此，你們罵我吧。

這兩年中外高校都放水，比賽着放水，學生成績愈來愈高，九十分還不滿意，見鬼。

---

2. 編按：指推薦面試研究生，不用參加研究生考試。

我讀碩士時的導師，邵老師，前年去世了。本來就瘦，而且好像從來就瘦，臨終時分更是瘦得只剩下七十來斤，真叫做瘦骨伶仃，卻多了一份骨相清奇。把老人家送到昌平的火葬場，遺體告別，只剩傷感，聽不見周遭友朋的話語，不免往事聯翩，紛遝雜陳。那時住在法大學院路老校區 3 號樓，朝南頂頭，編號 301 室。四人一室，用功的天沒亮就背着書包、夾着碗筷走了。在下拖後腿，迎朝霞，宿舍高臥，幾乎天天睡懶覺。不是一時半會兒如此，而是一兩年裏經常如此，索性如此。「君王從此不早朝」，天天睡到日上三竿，是因為另有所愛，愛上了挑燈夜讀，通宵達旦。也不上課——法大讀書三年，沒一門課留下值得憶念的印象。好多教授都跟邵老師「反映」，說你這個學生不上課啊。身役導師，邵老師不能視而不見，就來找我。

我在屋裏睡覺，半睡半醒，正是享受生命之時。邵老師敲門，我裝沒聽見，心頭一緊，蒙頭不動聲色。

老師好啊，怎麼個好法？他說：

「章潤，章潤，別裝睡了，我進來把事情跟你講了，你接着睡。」

我只好起床，把門打開，垂首低眉，彷彿將醒未醒，實則汗顏。他進來講完，轉身走人。我關上門，又縮回被窩，一晌貪歡——睡意朦朧而懵懂顢頇之歡也。

第二天不好意思睡了，上課去了。

那時宿舍燈火管制，晚上十一點統一熄燈，說熄就熄。可這時偏偏興奮，萬頃紅光歸眼際，心事浩茫連廣宇，怎麼辦？趕緊上床，拉上圍簾，打開小燈，蜷縮臥讀。尤當寒夜，一卷

在手，不知時光流逝，待得抬眼，已是拂曉，窗外熹微，而睡意襲來，頓時夢鄉。世界蕭瑟而冷酷，夢裏自有溫馨，上天入地，想咋整就咋整[3]。小燈光暈之外，朦朧恍惚，咫尺浩渺。暗夜圍攏，一燈在前，世界就此屏蔽，更若洪荒。那五六個小時啊，斂氣凝神，專心致志，吸風飲露，含詠吐納，遠勝白晝。枕畔墨香氤氳，心底大潮澎湃，更感世界浩茫，人生浩渺，而大千無解，礪山帶河，一己微末，唯剩怔忡。此時此際，世事與史事，肉慾和靈魂，翻江倒海，每每不能自已。人我群己，生死兩頭，天人之際，好一個掙扎。當下苦痛，來得突然，去得悄然，機緣茫然，最怕冷不丁襲上心頭，一派蕭然。

此情此景，至今不忘，一想起便心動怦然，可能也是許多過來人學徒生涯記憶中最為深刻耀眼的片段。

說來汗顏，我有一個愛好，頭晚讀的書，第二天必定要跟人分享，「交流心得體會」，否則憋得難受。其情其形，彷彿幽怨，「箇一會兮琴一拍，心憤怨兮無人知」—— 那時節，鬼使神差，我從長達十年的噤若啞巴的生命狀態中突然蘇醒過來，而一發喋喋不休，連我自己也大吃一驚。十年，整整十年，彷彿少年老成，實則壓迫當頭，自我鉗口，早成習慣。「通過交談保持人性」，多年後讀到漢娜・阿倫特的闡釋，如雷灌頂，頓生莫逆之感，奉為女神。但問題是，大家上課之際，你還在睡覺。待到夜幕降臨，你有閒有興有心找人聊天吹牛，別人既有日程，埋首預習，靜坐複習，怎會理你。所以，只能瞅空，見縫插針，逮着機會就大放厥詞。大概節奏是，我吃過晚飯，六七點鐘開始，如果不看電視的話，從 301 室出發，自 302 室起始，挨個宿舍找人聊。看哪位有空，即刻信口雌黃。每間宿

---

3. 編按：東北方言、土話，意思是怎麼辦。

舍聊十幾二十分鐘，直到燈火管制全樓暗黑之時。經常如此，大家心煩。道高一尺，魔高一丈，結果等我聊到某室之際，比如，從 203 室出來，準備轉身就進 204 室，剛到門口，裏頭鬧聲就把燈關了，裝作沒人。我有導師敲門呼喊起床說話的經驗墊底，既不以為忤，更不怕人嫌，笑着繼續敲門：開燈吧，開燈吧，我進來把話說完就走，你們接着讀書啊。

開就開，不開就走人，反正人多的是，總有想聊天，願聊天，聊得來的。人是說話的動物，必須發聲。

> 我玩的是梁園月，飲的是東京酒，賞的是洛陽花，攀的是章台柳。我也會圍棋、會蹴踘、會打圍、會插科、會歌舞、會吹彈、會咽作、會吟詩、會雙陸。你便是落了我牙、歪了我嘴、瘸了我腿、折了我手，天賜與我這幾般兒歹症候，尚兀自不肯休！

上引《一枝花·不伏老》，關漢卿的名作，大家都熟悉，那叫個肆意暢快。

說到這裏想起一個人。現在法大任教的張樹義教授，也是我們這一屆的，比我大八歲，還是十歲，老大哥。當其時，老兄住二樓，最煩我。人厚道，話不多，特別用功，每晚整理筆記，博覽群書。我找他聊，進去他也不說話，繼續伏案，實則下達無言驅逐令。再不行，弄個紙殼子放桌上，把自己擋起來。此時此刻，我便靦顏湊近：「Man，多大點兒事嘛」。他忍着性子：「章潤，別、別搗亂」。一回忍，兩回忍，到第三回真的是忍無可忍了，就以「嗨，小子，沒見過你這般挑釁的，自己不學，還打擾別人學習！」發出「愛的美敦書」，我也怕，便以「是，是是，是是是」作答，諾諾而退。他也笑了，問你是黨員還是團員，我說「都不是」。他說，「難怪！」當年真是有

趣，如今依舊好友。所以，同學諸君，這個叫做「學生時代」的生命時段，真是美好無比啊。同學是準血緣關係，其因在此。

　　本書修訂之際，樹義老兄了卻凡塵，魂歸西天。平日愛喝兩杯，不知此刻躲在天庭哪個角落，桃花掩面，自斟自飲。畢業後，見面稀少，每見必哈哈，感慨文章山鬥，不若杜康養生。「故人笑比中庭樹，一日秋風一日稀」，古人所詠，今人心事，痛何如哉！

　　法大條件差啊，當時1至4號樓，均為三層紅磚房，俗稱筒子樓，自北往南，一字排開，師生雜居。外加一個教學樓，一個聯合樓。1983年秋天入學之際，同為三層紅磚房的聯合樓尚為北京歌舞團所佔，內設排練廳和練功房，每日鶯歌燕舞，從春到秋，自夏而冬。曲藝團、京劇團和文化局，也都乘着「文革」學校解散當口，來此安營紮寨。斗方校園，五馬分屍，鳩佔鵲巢，哎喲，從早到晚，一個歌舞昇平的世界呀！「茫茫九派流中國，沉沉一線穿南北，煙雨莽蒼蒼」，而軸心不在別處，就在樓上的練功房。聽說有的同學去食堂吃飯，一餐飯，常常來去兩回，為何？原來，彼時彼刻，也正是歌舞團舞蹈隊的小天鵝們練功完畢，身着薄透練功服下樓就餐之時，婀娜多姿，嬌媚萬千。這幫學生土疙瘩，哪見過這陣勢。小男生們止不住心頭撞鹿，正視斜視，瞻前顧後，將紛繁世界的面相和萬靈之首的機能，徹底壓縮萎縮收縮塌縮為視角一維。於是，就說還沒吃飽，再去打一回飯。季羨林先生回憶，當年就讀清華，不少男生下午課後去操場，名為啦啦隊，實則觀摩籃球隊女生大腿，雖時空有別，而道出的人性則一，清純大方，天真嘹亮，非若正人君子之誨淫誨盜者也。

　　青春激揚，讓理想放飛嘛，讓思路走回神嘛，多大個事。否則，如《楚辭》所歌，「騁騏驥於中庭矣，焉能極夫遠道」。

同學諸君，十來年前，拙文一篇，題目就叫「將那理想放飛」，寫朗奴‧德沃金教授頭回來我大唐的來龍去脈，敘事抒情，寫真說理，你們看過沒有？2002年5月，我陪老人家來法大，在教學樓最大的那間梯形教室布講，當時便不免感慨，最美好的歲月就是讓理想放飛的時節，不羈無拘，形神兩逸。什麼叫「正派社會」或者「美好社會」，還不就是給予每個普通人以更多的空間、更好的條件以放飛理想的法政安排嗎！倘若放飛之際，旅程出現偏差，不忙，酌情審視，有所容忍。須要糾錯，但手段和過程不是訴諸野蠻，卻是善意與公平，並且，好歹多一點回旋餘地。當此之際，個人自求多福，嚴予自律，則偏差減少，群己兩悅。如此這般，庶幾乎，這就叫做美好社會，或者，正派社會也。

刻下中國大學，權力機構居高臨下，層層疊疊，掌控一切資源，從人財物，到真理和榮譽的批發零售。師生雙方，處此情境，要麼虛與委蛇，唯唯諾諾，要麼心境頹唐，人格萎靡。還將理想放飛呢？噫，早連理想的影子都榨沒了，剩下的只是「人生規劃」，什麼「追求卓越」，什麼「超越自我」。上周五晚，應約在明理樓一樓報告廳為學生布講，聽眾不多。三個小時飛逝，將近十點結束後，慢步走回研究室，走廊上碰到一幫學生，興高采烈，唧唧喳喳。狹路相逢，有一兩位跟我打招呼，我說：「下課了啊？！」──我以為他們剛上完課──沒想到回答竟是：「我們剛過完組織生活。」

「組織生活」。在下頓時崩潰，一下子彷彿回到某個年月，真覺得教書生涯無力無趣復無聊。

「洛陽才子他鄉老，千年之後說韋莊。」趁着有時間，別睡懶覺，多讀書吧，每天與書本打個照面。至少，首先把母語學好。

在此，同學諸君，為了申明心意，不妨將話題引申，從
「漢語法學」跳轉至「漢語政治哲學」，於比勘校對中涵詠其意，
闡明其義，特別是它們的文明意義。

十一、政治哲學的漢語學思及其現代品格

——兼論任劍濤教授主編「政治哲學叢書」的思想意義與學術貢獻[1]

　　晚近幾十年裏，經濟學與政治哲學蔚為顯學。不僅其邊界多所擴展，日益影響並滲透於其他學科，而且，其理論、範式與方法，林林總總，魚魚雅雅，彷彿不言自明，早成其他學科起論立説的邏輯起點。波瀾所及，趨附如過江之鯽，堪稱學術帝國。其間，尤以「經濟學帝國主義」所向披靡，將眾多學科裹脅其中，最為顯赫。其之追捧者眾，不惟歐美，亦且波及當今漢語學術，一時間，卿卿我我，似乎學得有模有樣。

　　那邊廂，「法律哲學的政治哲學化」蔚為時勢。若非直入政治哲學場域，卻依然恪守分析法學的狹窄理論視閾，奉行規範主義的呆板技術套路，無論如何，德沃金氏法哲學鬧不出如此動靜。換言之，沒有論域的拓展與理論的深化，德沃金不過如現在那些大牌法學院的無數平庸法哲學教授一般，整天搬弄所謂「教義學」的罎罎罐罐。英美學術圈子固然如此，包括刻下中國的漢語法學研究在內，同樣如此。尤其是最近十來年，政治哲學的理論性運思和宏大視野，近悅遠來，救濟了法哲學的局促與過度技術化，漢語法哲學在分享政治哲學的問題意識、

1. 2016 年 7 月 28 日，在清華大學「政治哲學叢書」出版座談會上的發言，據現場紀錄稿修訂，發表於《學術界》2017 年第 9 期。

理論資源和研究進路之際，一脈輾轉，致思公義，鋪排意義秩序，乃致「法政哲學」連稱，極大拓展了論域和視野，造成了一個小型的「政治哲學帝國主義」現象。在此，法哲學與政治哲學，跨界作業，共同奠立於歷史哲學視野，桴鼓相應，交相輝映，是晚近十年間漢語學思的一個重要現象，造就了一種在中國語境下綜合思考法政安排的致思進路，迄而至今，已然局面小成。其於三四十歲青年學人群體，尤見成效。

經濟學帝國主義現象好解釋。畢竟，其思其慮，好德好色，跟投入產出相連，圍繞着收益效益打轉。問題是，自 20 世紀 90 年代的台島至今日的大陸，為何政治哲學竟也吸引了漢語學界的眾多心智，積勞積慧，蔚為思潮？其之翻騰於當下華夏，究竟撥動了哪根心弦、又是誰的心弦？究跡原情，追本溯源，無他，就在於其問題意識和理論性爭論，概以政治的本旨作為追究對象，而政治事關全體國民和平群居生活的可欲與可能，我等升斗小民可望而不可及，卻又痛癢相關，故而，值此兩百年華夏大轉型之收束階段，政制必須上路，政治必然突顯，政治與民主政治成為時代的焦點，則大家心心念念，憧憬復忐忑，希望連帶着失望，喜憂參半，有以然哉。

迫使權力承認說理的必要性

首先，一個顯明的事實是，身處現代世界體系中的當下中國，歷經革命與戰爭，熬過動亂與運動，痛定思痛，追求安寧生活與愜意人生，在獲享追求財富的權利基礎之上，進求自由，並由此登堂入室，獲得應有之尊嚴，早成億萬人心，也是這個社會的普遍共識與核心價值。而自由，從來意味着並且終究是一種政治自由。其為人性的內核，早已界定了此在芸芸眾

生的公共品性。舍此政治自由及其熔於人性之公共品性，就談不上家國建構與分享的公共空間。晚近所謂「改革開放」，順天應人，己立立人，就在於經由一個去政治化的進程，向普遍人性低頭致意，包括向追求自由這一人性讓步。同時，所謂普遍人性，不僅意味着「食色性也」，也在於，或者，更在於抉發與涵養理性，以人類理性打理公共生活，將安寧和平生計的希望寄託於理性的良知良能。畢竟，溫飽有餘，乃求斯文，而斯文在茲，端賴於茲。凡此歸總，意在造就一種秉賦自由的理性個體，恰與中國歷史政治的現代進程及其內在理路，若合符契。

故而，一般社會生活與政治進程層面，希望凡事講理，特別是希望政府講理，公共權力守規矩，不蠻橫，不要流氓，遂成人心之所向，時代之呼聲。秉賦理性的自由個體，恰恰具有講理的願望和訴求。此為最低要求，說來好笑，卻也來之不易，大不易。它們匯聚成普遍共識，凝煉為公共理性，正說明時勢比人強，而時勢源於人意，也就是人意。任何勢力不得違忤，否則不得人心。稍往前看，從社會歷史角度審視，既然世俗化洗禮與唯物革命大潮衝擊之後，神聖不再，市場化進程使得道德多元，而所謂的歷史決定論亦且破產，則遍尋之下，至少理性是一個可欲也相對可能的維繫政治與社會的標準。理性下落為規範，具象為法制，體現為法律理性。具有可預期性的法制及其程序公正，賦予法制以法治的制度可能性。以此規制政治，要求政制循依法制而行，則意味着政治必須秉持政治理性，以理服人，特別是訴諸具象而具有預期性的程序，從而賦予法制以法治的政治可能性。如此雙保險，這生計預期與人生理想，好歹有望，多少有所憑靠。

換言之，也許政治是個非道德領域，屬道德不入之地，但卻必須是理性的領地。可能，如倫敦大學政治系教授奧克肖特

（Michael Oakeshott）所言，「政治之域充盈傳統、偶然和短暫」，但也正因如此，更須伸張政治的理性之維。理性能夠並且必須適用於政治，從而，確保政治是政制之日常運作，以政治理性為指引，依據政治理性審慎前行。其間一脈深層因素，不是得自教科書，毋寧，依據切近人身經歷而來，就是關於權力本身就是一種利益並帶來利益這一意識。又可分作兩層，一是其之不免於私利私慾，因而，恆具擴張性，具備了一切作惡的趨勢與可能；二是人世群居和平生活不得不假手權力之鋪排，卻不得不對其嚴加防範，否則後果不堪設想。換言之，依恃以權力的獲取與運作為核心的政治來鋪排人世，打理生活，是沒辦法的辦法，因應的是人性本惡與人心向善這一特定物種的社群生態。這一深重的怵惕與憂慮，湧發自內心，而催生於歷史，而且就是眼面前的歷史教訓，告訴我們對於旨在獲取與運用權力、適成公共事務的政治，只能用理性去節制，必須將其放置於公共理性的平台之上。對此，除了用理性來駕馭，我們還能依靠什麼？從而，還如奧氏所言，「不受阻礙的人類『理性』（只要它能被運用）是政治活動絕對可靠的指南。」

其實，放眼望去，全部古典中國的政論，自先秦諸子下迄帝國晚期，念茲在茲的同樣不過是如何提防帝力，一意勸諭帝王，以維持危乎殆哉之道統與政統，根子則在早已體認到權力不過必要之惡而已。因而，一部現代政治哲學史就是講述如何防範權力作惡的政治理性敘事，可謂順理成章。反面而言，對於政客之無知無良和權力之無能無方，同樣要有切實心理準備。哪怕是高度極權的政體，權力網絡鋪天蓋地，卻也同樣存在權力死角，也有許多無能無力的時候，所以才會出現「政令不出……」什麼什麼的尷尬。此為古今人類政治所一再證實，無須贅言。這不，眼面前的權力運作還在一再提供具象例證。而這一切，正反兩面，洞若觀火，均不外理性之良知良能。雖

歷經阻礙，時有災禍，但終究多所匡救，正常世態，還得靠它來兜底。

　　申言之，在文明社會立論，權力的本質是暴力，其之體制性安排實為對於暴力的壟斷性運用及其合法化，因而，慎重起見，保險起見，須於權力之上放置更高權威，也應當有更高的權威，正如法律的背後自有更為深厚而高階之法度，這暴力之洪流才不至於溢出堤壩。所謂暴政，就是濫用暴力，溢出必要限度和毫無程序節制地運用暴力。因而，其之必須接受理性的規制，不是可能，而是必需，亦且必須。如果說法律理性是法制的精神，則政治理性蔚為政治之魂靈。以精神和魂靈操馭身體，適成其心志與心性，這身體才能循規蹈矩，指東打西，不至於張牙舞爪，亂砍亂殺，率獸食人。就此而言，政治哲學不僅在於辨析政治本身是否以及能否成為一種多少具有理性可言的活動，而且，經此追究，為政治提煉政治理性，揭示並建設政治的理性品格。進而，反轉過來，以此品格要求現實政治，約制現實的政治進程，嚴防其永恆具有的自私作惡傾向。

　　畢竟，政治鋪天蓋地，政治權力無遠弗屆，構成了我們這個時代的基本特徵。此間深納周密，悉數裏挾進來，實非此前一切權力體制所能比擬。說來弔詭，不論應然還是實然，所謂現代是一個民權空前伸展的時代，卻又是權力鋪天蓋地的時代，真正將吃喝拉撒通盤裏挾。罹陷其中，一切人等無所逃遁。事實上，正是在此千呼萬喚始出來、億萬生民為之歡喜鼓舞的時代，政治的反覆無常與政治權力之貪婪擴張，益且前無古人，教訓深重。因而，強調政治的理性品格，旨在迫使政制承擔政治，而導入理性軌道，具有可預期性而不至於神秘莫測，可控可馭而不致如脫韁野馬，凡事講理而非動輒動刀動槍，遂成這個時代最為險峻而必需之作業。在此，講理說理之所以可能，就在於理性是普遍的，

總可通約;之所以是必需的,就在於所謂理性總是個體性的,達成通約的道路既長且阻,而大家既然同在,只得共存。也惟因如此,益且必須。最怕的,也是最糟糕的是,有理講不清,或者有理無處講,也無理可講,則掄胳膊亮肌肉,盒子炮代表真理,人世即刻退回蠻荒。

進言之,政治哲學旨在揭櫫提煉「政治理性」,就是在抉發講理說理的資源,涵育評價的能力。從而,就是將政治放置在理性省思的陽光之下,要求一切政制運作必須講理說理,經由討論,一種公共議論,探討什麼是可欲可能的政治原則與政治價值。同時,對於既有的政治體制與公共政策,啟動反思機制,公開評價,慎於臧否,以求改進。借此努力,迫使權力承認說理的必要性,促使政治承認並兌現「講理說理」是合法性的唯一基礎,是合法性本身。換言之,經此努力,在此造成講理就有理,就是人;不講理意味着非政治、反政治,就不是人這一時代氛圍,也是一種道義壓力,從而形成一個正當的評價機制,即單以是否講理這一要件本身,就足以論斷權力來源與運作是否正當合法的。與之相反,在一國主權體內,排除講理程序的強權政治恰恰是對政制正當性的徹底證偽,正如不講理的人恰恰以自己的蠻橫否定了竭慾主張伸展的人格。為此,容忍以社會的自由成長為標誌的公共領域,來建設政治的公共性,其中,最為主要的是政制進程的公開性與政治本身的可分享性,得為常識,也是必需。揆諸當下,朋友,任重道遠呢!

有關政治的公共性與關於公共的政治哲學,本書下節專論。此處可得進言的是,由此可見,在當下中國語境下,政治哲學的勃興,源於找尋妥當堅實的政治原則與可信可行的政治價值這一切實需要,旨在回應建構政治正當性這一急迫時代追問。經此作業,在邦國與政體、人民及其共同體這一大框架

下，講述和續寫這一方水土的人民及其城邦的政治故事。若謂「現代中國」之為一種願景，也是奮鬥目標，合其序列，不外乎「發展經濟—社會，建構民族國家，提煉優良政體，重締意義秩序」，凡此四項，犖犖大端，則政治哲學作業不僅致力於提煉優良政體，同時旨在積攢中華文明的意義資源，特別是「擺事實，講道理」和「以理服人」這一理性傳統，也就是一種新型道統與學統。就此而言，前文所謂「分享政治哲學的問題意識」，其意緒在此，其情緒在此，唯此為大矣。

現代政治必然是公共政治

往深裏說，今日漢語政治哲學之思緒洶湧，實為中國一兩百年的大轉型，一路崎嶇，行至此刻，最後過大關，政體轉型問題突顯，因而，須要調動多方資源之必然反應。其深遠背景，則為 16 世紀以還的地中海文明與 18 世紀登場的大西洋文明。它們聯袂東來，攜手發力，激越出此岸風濤，而有此兩百年大轉型，包括政道與治道之更新換代。換言之，這波現代文明挺進至此刻，落地時分，最難將息，既是一個開始的結束時段，也是一個結束的開始時段。兩頭拉鋸，跋前躓後，牽一髮而動全身，這便有了那麼多的革命與戰爭，引致如許之運動及其動亂。但是，在最好的意義上，一旦水落石出，不僅將會坐實既有的現代性，而且，以億萬人的生聚教訓為代價，有可能提示別樣的現代性，包括政體安排的另一種可能性。恰恰在此，對其統籌通觀，只有政治哲學是不夠的。其實，這十多年來，漢語學術對於古典公羊穀梁之學的再闡釋，對於先秦諸子與希臘政治思想的切實梳理，導引出政治古典學這一脈，自有其貢獻。至少，其於知識論上提供了過去遭受遮蔽的豐厚思想資源。還有，作為前現代政治正當性的主要供貨商的政治神

學，以及介於政治神學和政治哲學之間的卡爾・施密特式理論，同樣有其價值。它們的梳理表明，政治不僅是功利之域，也不僅是一個道德不入之地，而且，最為重要的是，其為「神人之際」，並未隨着去魅化而煙消雲散。毋寧，其為政治常態，也是一種更為深厚的政治文明，原不分古今，亦無中西之隔。所謂上帝之國、世界社會和民族國家，三維時空，糾纏交集，不僅造就了政治神學，也是置此去魅而再魅，終究魅力不散的現代人世之基本世道人情。因而，政治哲學不可棄守此一陣地，現代政治哲學之漢語學思的在境性思考，既然意在提抉政治理性，對此更不可不察，不可不防。

再者，「中國問題」的雙面性，不僅在於從家國天下演變為民族國家，而且，中國捲入的這個世界體系，是個「條約體系」與「霸權體系」二元並立的格局。它們難解難分，亦正亦邪，共同造就了這個人世秩序大框架。置此世道，如何理解與化解之，須要動員多種資源；存身於此，卻又得免宰制，乃至於重構一個更為公平的世界體系，龐大身軀的中國無法置身事外，更無法一直「搭便車」。就此而言，政治神學自有其意義，作為革命產物而深濡浪漫色彩的政治詩學、政治文學，也有其功用。至少，就後者而言，它們訴諸人的無理性、非理性，把近代中國歷經啟蒙，包括晚近三十年的市場化進程而打入冷宮，卻餘脈不絕，鄙咨複萌，時刻夢想翻身的思潮，其荒謬性，其反政治特質，徹底暴露於天下。既然政治哲學更多的是一種後設性兼評價性的思考，則此刻出場，一掃陰霾，匡謬天下，可望激揚出政道之正道，自然更是當其時也。

是的，現代政治既不依賴政治神學，也不依賴政治詩學，更不可能依賴政治文學。政治古典學在此也僅具知識論的意義。毋寧，如前所述，現代政治必須建立在現代政治哲學的基

礎之上，而現代政治哲學主要在於建構一套政治價值與政治原則，發展出政治權力不得不基此講理說理的理論邏輯與思想資源，也就是現代的道統及其學統。其之念茲在茲的是邦國與人民作為政治統一體之可欲與可能，其之推敲琢磨的是如何經由程序理性而建構立法者與主權者這一大是大非。因此，政治哲學不可或缺對於公私關係的思考。其間，特別是關於「公共」的政治哲學，既奠立於理性之上，又是對於理性的公共運用，回應了中國古典的「公私之辨」，更回答了現代以來私人、私密性與公共、公共領域同時降生所造成的高度緊張，而在中國式的家國天下、天道與人心合德的格局中，以突顯公共與公共性，又涵養和照料私人與私密性，從而造成一個愜意人居的良苦用心。換言之，從公共入手來建立政治的公共品格，從而將政治奠基在憲法政治的正當性基礎之上，引導出一個理性政治局面，既是一個理論進路，也是一種實踐可能性。其間，最為要害的就是肯認國家是一個公共產品，必須依據奠立於公共理性的政治理性來治理，不容將其攫為私產，而恣意妄為 —— 筆者曾經撰文，重申共和國這一偉大理念，而三致其意，則其意在此，其義亦在此。

政治從來都是邦國的內部事務，所謂「國際政治」只是個模擬的說法。「政治止於水邊」，以及「城邦之外，非神即獸」，精義在此，和盤托出。就晚近發展出來的現代民族國家來看，邊境之內，全體人民不得不過一種群居生活，其可能與可欲，視乎政體安排。政治哲學因應於此，襟抱在此，要不然弱肉強食，國家等於匪幫，生民危懼，連存身可能也無，遑論其他。由此註定了現代政治必然是公共政治，而非宮廷政治、秘密政治。在此，歸根結底，牽扯到政治的秉性及其五項功能，此即「建構主權，劃分敵我，厘清公私，進行決斷，提供和平」——是的，「提供和平」，而非僅僅「提供治安」或者「維護治安」。

「和平」與「治安」，其間軒輊，不止霄壤，無需贅言。正是在此意義上，此刻呈現出的漢語政治哲學研究，特別是關於公共的政治哲學，最終指向的是邦國政治正義，而路徑正不外在於建構全體公民安寧群居的政治秩序，一種基於政治理性的全體公民政治上和平共處的政治大框架。政治正義要須化身為憲法政治，再具體化為程序公正等系列性法制安排。如此這般，漢語政治哲學與法律哲學當然只能聯袂登場，而恰為「法政哲學」也。深心宏願，情見乎辭，可要是你連這個辭都不懂，還在那兒咿咿呀呀的，就別混了，趕緊去上夜校補習吧！

積攢漢語政治哲學敘事

編著者抱負所向，也是其間最為動情的一脈思緒，就是運用漢語寫作，提煉漢語政治哲學思維，積攢漢語政治哲學敘事。經此語文作育，將政治古典學、政治哲學、政治神學和政治詩學，尤其是秉持理性主義的政治哲學，凡此現代早期以還積累而成的知識形態與思想資源，悉數化轉為秉具「落地性」、「在境性」的中國學思，以致力於當下中國的政治思考與政體建設，則其志在政道，而落腳於治道，潛思幽慮，有以然哉。

實際上，晚近一百多年間，漢語心智於此積勞積慧，多所用功，卻依然有待持續努力，孜孜於學術代際接續中漸入佳境。本節開篇指認政治哲學帝國主義這一當代漢語學術現象時，喟言當今漢語學界的法哲學分享了「政治哲學的問題意識」，某種程度上，實指舶來的歐美政治哲學理論。其之鋪天蓋地而來，既啟發了漢語學思的問題意識，同時卻又可能遮蔽甚至扭曲了真正的問題所在，故而，刻下中國需要漢語政治哲學敘事，正如刻下中國需要自家的漢語法學。其之真實無欺，如同雨水是濕的，太陽總是意味着光芒。畢竟，此方水土的政治

議程是它的文明進程的一部分，輾轉挺進於時間之維，而終究必須還原為此在的政制操作，兌現為現世的政治設置。億萬人裏挾其中，痛癢相關，生死以倚，怎能沒有自己的故事及其表述體系，甚至，怎能沒有自己的時間及其意義刻度。

就此而言，複述彼土彼水意大利哲學家馬基雅維里（Niccolò di Bernardo dei Machiavelli）、英國政治哲學家霍布斯（Thomas Hobbes）的苦思焦慮也好，闡發吾族吾祖穀梁公羊之微言大義也罷，均旨在借由現代表述體系，建構起一種關於當代中國政治生活的漢語言說，而為梳理邦國政治的正當性源泉，講述關於權力政治的合法性脈絡，盡其心志，踐其心性。「現代方案」及其中國現代語境下之在境性落地，道成肉身，是一個至今仍未完成、有待最終落實的歷史進程。因此，直面我們所遭遇的這一政治處境，為其申說，為此打拼，依然是此時此刻與可見未來的歷史任務。換言之，就差臨門一腳，而適值此番浩瀚大轉型之收束時段，尊德性而道問學，訴諸常規學術作業，勉力前行，發揮思想的前瞻作用，當其時也。其以晚近華夏超逾一個半世紀的大轉型為基礎，而以五百年來近代世界文明嬗變為背景，於政道之興衰與政治學思之明滅的比勘觀照中，勾勒此間人世的政治維度，而指向政治理性節制下的清明世道經此一役，全少緩釋我們這個時代的民族政治幼稚狀態——不是天真爛漫的純真，而是一種面對現代的懵懂，無法在國家政治與國家間政治的所有公共事務上公開地運用人類理性。若謂漢語法政哲學，則其軌其轍，其意其義，極高明而道中庸，均在此焉。

近些年來，中國法學界的一脈重要思緒就是圍繞「漢語法學」發凡起例，哲學界孜孜於「漢語哲學」，並有所謂「漢語神學」之主張。加上此刻的「漢語政治哲學」，凡此前綴「漢語」之學思，不只是一個修辭學花樣，毋寧，更多的是關於一個國

族及其文明,特別是像中國這樣超大規模的文明實體,其思想如何找到自己的物質外殼,獲得自己的表意體系這一大是大非。無此貼心貼肺的表意體系,則魂不附體,所謂的文明自主與文明復興,終難撐持;汲取遠自地中海文明與大西洋文明而來的政治意緒的努力,無論是學理作業還是實踐功業,亦難坐實。正是在此,疑是疑非,畏因畏果,花開兩朵,各表一枝,貫通聯袂的是問題意識的一致性,基於同樣的關切與憧憬的學思理路之歪打正着。如此這般,不是別的,正是這一理論抱負與文化胸襟,令一切以漢語作為工作語言的思想者,心有戚戚焉。實際上,大家勞心勞力,集苑集枯,共同致力於國族的文明復興及其政治成熟,悲憫以對,慷慨以赴,不正構成了我們這個時代的一道思想景觀嗎?

是啊,置身時代,體貼時代,卻又超邁時代,當哲學孜孜於存在之本體論大哉問之際,可能意味着一個世界的誕生。當政治哲學慨然登場,切應時勢,心繫天下,表明一個政治大時代已然敞開,須要政治哲學家們為此未雨綢繆,億萬人生以自己的政治實踐作出應有回應。進而,當法律哲學翩然上場,並且與前者互動聯袂而為法政哲學,則說明非常時期已過或者即將成為過去式,常態政治與正常社會正在登場並將全面凱旋。其間,丁一卯二,錢塘潮湧,恰如春去秋來,天聽天視,不待人謀。就此而言,致力於漢語學思在境性思考的政治哲學發力,撬動的是整個民族的政治思維,而鼓蕩起文明的政治旗幟。

朋友,中國走到今天這一步,自市民社會邁向政治社會,致臻政治成熟,而為成熟偉岸的文明軀體配上應有之政治筋骨,大時代急切呼喚着自家的政治哲學,或者,更準確地説,法政哲學登堂入室呢,而痛何如哉,快何如哉!

舍乎此,哪有思想勁道與政治力道!

十二、思想勁道與政治力道

剛才一位同學提問，說的是大轉型時段似乎客觀需要一體化的全能型權力體制，以強毅力行推轉歷史進程，但它會否造成令人窒息的社會政治狀態，從而，愈見板結，凝固而為既定結構，反而阻礙大轉型，終至轉型不成，甚至往回走，令人擔憂。畢竟，權力這玩意兒帶來的好處太多了，叫人上癮，光靠人品與覺悟，抵擋不住呀。再有，從法制本身和法律從業者的角度觀察，如何以及能否借由法制來平衡這種緊張感、壓迫感，實則從技術切入，而收改良實效，同樣十有八九是有指望而沒把握的事，總是懸吊吊的。尤其是，如果法制意味着「有法律，不恐懼」，那麼，為何適值「建設法治國家」蔚為國策的當口，大家依舊惶恐不安，甚至於人人自危？由此再進一步，歸結到一點，「我們下一步應該朝哪個方向努力？」，以及「怎樣操作」，等等。

這是晨宇同學剛才的提問，可能，也是大家共同的縈念所在，分享的則是一種類似時代病症的苦悶。其中，最為直觀而核心的則是對於前景之不確定感，以及由此油然而生的不安全感。

「未見君子，憂心忡忡；未見君子，憂心惙惙；未見君子，我心傷悲。」——古之詠唱，今之心聲也。

「下一步應該朝哪個方向努力？」，或者，更加大而化之的，「中國向何處去？」不是個體青春期的苦悶騷情，亦非單純

詩性的徘徊彷徨。毋寧，是這個急劇大轉型時段，冬雷夏雪，風雨兼程，幾代人縈念心頭、深植魂靈、至今難以排遣的徊惶與恐懼。

不確定與不安全，道出了時代病症，一種現代症候，所謂荒原感嘛。徘徊彷徨之際，承擔重負的是一個個生命個體，具體鮮活，奈何！而出現於此時此刻，則表明一切非只「大轉型時代」這一因素所能道盡原委，可能另有更深層次緣由，因而，須要追問，必須求得一個答案。

法意的政治意識

當今中國，在可欲的意義上，如同前文所示，法律法制是法律理性的載體，政制政治則為政治理性的表現。二者均為國之重器，過日子少不了的兩樣家什。在國家治理與社會調控──就是安排大家過日子的那套玩意兒──的意義上，它們聯袂而為「法政」，抑或「政法」，卻必有衝突，甚或尖銳衝突。曾有一種講法，說的是「哪有什麼法律，所謂法律不過是政治的晚禮服」。前文敘及相關主題，亦曾重述過晚年德沃金式「法律是政治和倫理的一部分」這一命題，其間經緯，前後轉折，可窺一斑。

這一講法與命題，在其知識譜系，道出了所謂法制與法治的部分真相。不承認，掩耳盜鈴，自欺欺人，對於認識法制與法治，從而善用法制與法治，毫無助益。雖則如此，日積月累，法制之為一種獨立理性，漸成法治，便也就分門立戶，自作主張，非老東家所能完全掌控，同為真理。其實，這是二者共同的幸運，更是它們鋪展掌控之下，億萬生民的福分。安於緣分，各守本分，自掙工分，才有福分。明擺着的，若果「進

化」一詞依然有效而且可欲的話，則此間分門立戶，實在是人類自我治理不懈進化的善果呢！但就刻下中國而言，此種境界，尚有待進取，則如何紓緩衝突，各種法律，尤其是憲法憲制，在此能夠發揮何種作用，晨宇君的提問，點到了我們這個時代的痛處。一天不解決，一天無答案，就會天天痛，人人痛，處處痛，最後，要是搞不好，就會「天下痛」。

那時節，「嗟潦倒，去多來少，莫問鐘昏曉。」

就是說，置於近代地中海文明以還的現代歷史進程語境中，一個後發國族，在發展政治學和轉型正義的意義上，彷彿已然從極權政治過渡到威權政治，而在當下未來有可能和平長進民權政治，則其以政治作為社會前進的發動裝置，並以政制當做調控器，而以國家理性和法律理性這一精神人格來統籌整個國家與社會的現代治理 —— 列位看官，這麼拽，其實講的還是過日子的事啊！適為一種政治智慧，則法制當然應該上場，法治早晚必將登場，憲政更是不懈追求的理想境界而得為此進程圓滿收場。至於法制法治扮演什麼角色，如何扮演，具體而微，置此過渡階段，難能一言以蔽之。不過，其之必須經由程序安排，而獲得當下肉身，並且成為億萬人的生活方式，提供安全與秩序，保障自由和平等，凡此總趨勢，這一總方向，當可料定，有待人謀。在此時段，可能，一如國族之內，法理上的最高權威其實不過是實際上的最高權威的奴僕，卻又假戲假唱，以售其奸，假若只是儳論民主憲政、依法治國，或者，「我們要為人民服務」，大詞連篇，說了跟沒說一樣，則讓人失望之際，更多的是令人無着無落，進至毛骨悚然，恰恰與此總趨勢、總方向背道而馳，終亦必禍棗災梨。

恐懼不得排遣，人人自危，連憤怒亦無，必致全民犬儒，而謊話連篇，舉國玩世不恭，禍不遠矣。

的確，正是在此，理念形諸制度，制度落地見效，均有一個過程，或快或慢，或隱或顯。但是，縱便如此，其之必須有所兌現，才能彰顯政治德性，進而，收取政治效應，實為常識，無須多嘴。否則，恐慌、恐懼和不滿，以及不公不義帶來的挫折感與無助感襲擊下轉而滋生、以為自衛工具之玩世不恭，如影隨形，必將耗盡殘存的政治信任，摧殘社會團結，導致全面潰敗。

　　就此而言，此時此刻，想轍，不棄點滴，從具體制度建設入手，自程序上動腦筋，慢慢地，經磨歷劫，天長日久，養育形成一種法律文明和政治文明，才是正道，也就是王道。同時，須要大處着眼，邁出啟動全域性歷史進程的關鍵步驟。而這就是國家理性與法律理性，也就是一種政治理性，並有可能開啟出一種政治德性。朋友，沒有政治德性，這活兒做不了，想一直糊弄下去也是不可能的。就最後一項來看，即法律文明與政治文明來看，需要數代人的艱辛努力，只能慢慢營造，在文火慢工中逐漸落定。而這就是法律理性，典型的法律人思維。在此，此種法律理性，說到底，是一種經驗理性主義的實踐進路，為盎格魯─撒克遜心智所擅長，也是古往今來華夏生聚之道的實用理性與經驗智慧之命門所在。

　　就以持續三載，刻下最具聲勢的「反腐」為例，幾經推轉，「打老虎」、「拍蒼蠅」，將利害得失彰顯無遺，已然形成了一種政治高壓，的確匯聚了一般官員暫且不敢貪腐的雷霆萬鈞之力。情形彷彿是，震懾之下，但求穩當，反正出有車，食有魚，遂自甘巢林一枝。但是，雖說驚濤拍岸，泰山壓頂，進去的進去，上法場的上法場，卻未見國族倫理意義上的德性澡雪的明顯成效。貪與腐，如百足之蟲，彷彿只是暫且匍匐，靜待

時機 ——「在那兒貓冬呢」[1]，坊間百姓多有興議。申言「冒頭就打」，須要維持高壓態勢，而仰仗的卻是主事者的權威恆久，可這本身就與刻下體制及其官方宣諭多所背離，其奈之何。如此這般，其持久與常態，得可期耶？！

在此，說到底，無信念支撐，道義動機闕如，排斥民主法治這一套現代政道治道，其之行之有效的條條框框，則一切都還只是、並且只能是個臨時狀態。高層以「不敢貪」、「不能貪」與「不想貪」為反腐進程意慾達成的三階效果，層層推導，遞次推進，目前來看，還確乎止於第一階段，若果接續以制度建設，有望朝第二階段走。因而，拋開民間「老炮兒式的狂歡」，仔細觀察，因為似乎尚未積澱成型任何制度遺產，則一旦高壓不再，一切都可能死灰復燃，也是明擺着的事實。換言之，雖有具體規章，可倘若政治高壓不再，特別是背後的主事者撤離，則具體規章雖在，而一切迅速土崩瓦解，亦非不可想像。在此，千萬不能低估行世兩千餘年的「當官做老爺」文化所蓄積的貪腐勢能。實際上，就在如此萬鈞雷霆之下，貪腐也從未止息，如蟻附膻，不斷試探底線，況乎解壓之後。

朋友，你說，值此情形下，「我們人民」，億萬鄉親們，能不提心在口而寢食難安嗎？！

什麼具體規章？比如，反腐新規中明列一條，「領導干預司法，要記錄在案」。這一規定，論本意，論動機，可謂美好。問題是，領導怎樣干預司法？「徐恒，這案子不能這樣判」，或者，公然指示，「照顧某甲」。他或者她會這樣說嗎？我沒在官場混過，不知具體會以何種方式表達，怎樣措辭。不過，揆諸

---

1. 編按：北方方言，意指躲在家裏過冬，泛指躲在家裏不出門。

常情，輔之以道聽途說，也許，情形是這樣的：「徐恒啊，要從本市經濟發展大局出發啊，嚴格依法辦事。」抑或，什麼都不用說，於哼哈之中，心照不宣，傳情達意，而褒貶自現，發蹤指使，徐恒你膽敢記錄在案嗎？除非徐恒想把他搞下去，或者，徐恒自己不想幹了。但是，若果這位「領導幹部」敢跟他這樣說話，公然幹名犯義，徑行直遂，說明兩情相悅，彼方並無把他搞下去之念。某甲想把我搞下去，我不和他說，我跟某乙打招呼，對不對？所以，這一領導干預司法可以或者應當記錄在案的規定，看似頗具威懾力，其實虛與委蛇，背後沒有更為堅實的政治體制和法律文明支撐，再冠名堂皇，也幾乎毫無制度建設意義。

但凡在官場混的，可能，此間此際，「經綸事，更須玩易，勿但言詩」，嘻哈。

換言之，目前這種以政黨紀檢部門雷霆萬鈞高壓主導的吏治整頓，多多少少，是一種「運動式反腐」，雖說不得不然，有所然而然，但因無制度遺產，很可能人在政在，人亡政息。高壓不再，則老調重彈，故態復萌，一切皆有可能死灰復燃。

如何解決？還是要靠制度建設，而漸成制度文明。制度文明意味着同時必須養育信念倫理與政治德性。在此，所謂制度建設之「制度」，不僅意味着政治體制這一大經大法，而且，同時訴諸一整套具體而微的法制，特別是程序法制，包括積久乃成、漸為慣制的「制序」（institutions）。二者聯袂，如前所述，合稱法政。現代秩序神俗兩分，國家治理全賴法治和政治二柄。沒有政體層面的宣示和推導，法制條文雖在，卻了無效應，至少，大打折扣。就此而言，今日中國，沒有立憲民主，就沒有法治。相反，政治宣示明確，如日月在天，卻無具體法制措置，特別是程序法制闕如，則一切美好願景難以落地，同

樣了無效應。就此而言，政體推導依恃具體法制落地，而蔚為法治，當下中國，沒有法治，立憲民主同樣寸步難行。但就整體情形而言，法制和法治不如人願，根子還在民主政治尚未登場，大轉型語境下的「中國問題」更主要的體現為「沒有民主，就沒有法治」。[2] 二者共同分享的命運是，在此背後，必有一套政治文明與法律文化，合力支撐起現代治理，一切才可能慢慢鋪展。

就現今中國的法制而言，以此為例是想說明，法制緊扣政制，牽延於政治，恰為問題所在，也就是問題意識的氤氳之所。過去十多年，中國於提煉優良政體方面無所措意，似乎亦乏願景與心力，更談不上浩遠博大的道德理想和剛健強勁的政治精神，充盈體制的不過是市儈機巧與政治短視，小模小樣，假模假式。或者奉行刻意模糊政治意涵、取消政治追求的世俗主義，以技術性措置打發政治。而刻下政體恰為一種過渡政體，須要引申指向未來，若果了無道德理想和政治精神，則無法凝聚全民共識，更不可能擔負起容涵民族的精神指南和全體社會的核心價值的政治框架作用。而我們知道，政體是憲制的核心部分，憲製作為底盤，其責在此，無可迴避。否則，根基飄搖，「一雁下投天盡處，萬山浮動雨來初」，虛脫是早晚的事，一切只好免談。

這一切說明，在政治領域，也正是在政治領域，歷史感與歷史意識是多麼重要。無此歷史感與歷史意識，日常政治時期還好糊弄，不幸吾人恰恰身處大轉型時段這一非常政治條件下，左顧右盼，瞻前顧後，需要的正是歷史感與歷史意識，

---

2. 有關於此，參詳拙文：〈沒有民主，就沒有法治〉，收見拙集《國家理性與優良政體：關於「中國問題」的「中國意識」》，香港城市大學出版社 2017 年版。

則此政治上的市儈與短視，小模小樣的圓滑投機，可謂害莫大焉！

三件事，先做起來才是

在此，還以反腐為例，說明較諸法制本身，配套的社會、政治和文化條件，甚至更為重要。所謂「徒法不足以自行」，正說明法律法制的成長、存在和施行，離不開特定環境，要求有自己的社會政治條件。正是在此，所謂不是法律法制創造了社會政治生活，毋寧，是社會政治生活或者說「市民生活」創造出了自己的法律和法制，才講得通，也才有意義。具體而言，刻下若無下述三條，一切法政措置，包括「反腐」在內，均將勉為其難，甚至，都玩不轉。這三條，朋友，考驗着當下政制的政治智慧和法律效能，而主要切實考驗的是法律理性與政治決心，特別是它的政治誠意呢。

第一是媒體監督。媒體監督涉關公民的知情權，對應的是權力機構的信息披露義務。有時候，讓事實大白於天下，甚至比「公檢法」與「監察委」，公開的與秘密的，加總都管用。所謂權力只能以權力來制約，正如野心和利益只能以野心和利益來對抗。它們彼此頡頏，庶幾乎有所謂制衡。制衡就是合作，是合作的高級形態。事實早已證明，此於引導公共權力好自為之，善為公用，功莫大焉。形制既定，它們「分工合作」，大家喘息其間，好歹過日子。

在此，置身當下中國，除開壞消息，都是好消息。其中，有兩個好消息，想必大家早已感同身受。

一是新媒體的出現，使得任何人想再封鎖信息、掩蓋事實、遮蔽心靈、壟斷話語，均難乎其難。換言之，民眾雖非欲求，卻客觀上獲得了更多的知情權。其便捷，其海量，其輪番傳播，對於以掩耳鉗口為拿手好戲的老一套治理方式提出了尖銳挑戰。我乘車出行，聞聽司機居然喟言「百官行述」，有聲有色，並說「是從微信上看到的」，而且，的哥們口耳相傳，輿論交加，便知至少對於他和他們，傳統的愚民政策已然失效。而舉國的哥，走街串巷，星羅棋佈矣。

　　二是刻下中國的媒體從業者多半年輕力壯，有心有志，於社會人生牽腸掛肚，對公共事務抱持公共關懷，面對不公不義、罥夷為蹠，則難遏義憤，不乏挺身而出的義舉。身為社會共同體的普通一員，既要養家糊口，亦須履行職責，他們出入於廳堂里巷，行走在五洲四海，對民生和政治的風吹草動，自然極為敏感，亦不乏洞察力。而且，媒體之間存在競爭，若果調控得法，不僅有助於實現民眾的知情權，也有利於媒體本身自律。正如信仰之城，本諸教俗兩清立場，放手宗教經營，則教派競爭，自有格致，不勞政制操心，號曰信仰而實則欺男霸女的偽教，出頭也難。就媒體而言，其之生存，以真相獲得尊重，因尊重而獲得市場，因爭取市場而令受眾獲益，皆大歡喜嘛。雖說媒體作為第四權，同樣存在腐敗的可能性，但權衡得失，總體而言，還是得大於失，怕啥子。

　　故爾，放開媒體，讓媒體監督政制，鞭撻政治，是最厲害的一招。也正是在此，信息披露與密室政治從來針鋒相對，公開性總是意味着多元參與，而為民主政體的天然盟友。這也就是為何宮廷政治和極權政治最恨「公開性」這個詞，恨不得於人間趕盡殺絕而後快也。近兩年來，鉗口政策似乎不遑稍懈，反而有所強化，不免令人洩氣。兌現《憲法》表達自由，關乎

政治決心與政治誠意，突顯的則是既有統治的政治正當性。而同樣在此，刻下政制明顯欠缺政治決心，尤顯誠意不足，卻又器量狹小，才真正是叫人洩氣也。

唉，「誰生厲階，至今為梗」。

可能，媒體一放開，政治民主必然隨之登場，對於中國這波超逾一個半世紀的歷史大轉型來說，意味着臨門一腳的收束時刻降臨。畢竟，讓人說話，天塌不下來。否則，道路以目，積抑難忍，反而早晚要爆發。一爆發玉石皆焚，不可收拾，才真是天塌了。當年朱熹於《大學章句序》就曾喟言：「晦盲否塞，反覆沉痼，以及五季之衰，而壞亂極矣。」因此，兌現表達自由這個決心，遲早得下，反正得下，拖一天算一天，掩飾一時算一時，不是個事兒。朋友，人是說話的動物嘛，說話事關人性嘛，怎能不讓人說話呢？！

第二是官員財產公示制度。此為現代民主法治國家的慣例，而為反腐利器。以「不敢貪，不能貪，不想貪」三層次為鵠的，彰顯反腐的制度效能，必須引入這一公示制度。說別的沒用，這一招挺靈，而為民主政體各國普遍採用。假若此制施行，從最頂端七人做起，大小領導，依次公報，多少動產不動產，多少股票，多少現金，歷年收受禮品作價之後共計銀兩多少，今年收入多少，納稅幾何等，跟奧巴馬、克林頓一樣，亮出來就是了，怕啥子，則全體國民該是多麼欣慰，對於自己的物業公司該是多麼的放心。

比如，奧巴馬申報總財產一千萬刀，今年歲入八十五萬刀。其中，來源幾何，交稅多少，具體都是哪些，今年比去年增收抑或減收多少，因為什麼，等等，等等，到時就晾出來，不僅面對稅務稽查，而且，面對全體國民。這叫做國民的鄉親

們，個中可能就有好事包打聽，閒來無聊，上網看看，就能查到細目，好奇心滿足了，也就算了。專業人士甚或還能看出破綻，反對黨挑挑揀揀，專挑他作弊的可能性，就盼着他作弊呢。如此這般，這總統執政，大家至少在這一點上，都沒得說的。這叫財產公示，不漏報，不謊報，而且隨時可在政府的網頁上查詢，可供質詢糾彈，他或者她，縱想腐敗，也是膽戰心驚。雖說當事人總想瞞報、少報、漏報，但是面對此種體制安排，可以想見，怕是不敢輕易造次的，否則太過得不償失。原因就在於有剛才所說的第一條媒體監督在，有下面將要說到的作為公民結社自由結果的政黨政治這第三條在，哪還敢胡作非為。如今老美的伯理璽天德[3]老炮兒[4]特朗普不敢公布稅單，說明心中有鬼，必遺後患。

這邊廂，刻下中國迴避這一體制安排，「不搞」，聲稱條件不具備，什麼全國聯網還不到位啦，具體執行有難度啦，執行起來會增加財政負擔啦，等等，等等，說謊不臉紅，拿全體國民的智商和情商開涮[5]，實在貽笑大方。為什麼其他事情說做就做，甚至雷厲風行，比如個稅徵收那麼緊，比如手機實名制說來就來，就恰恰這一條不能做呢？當然，也不是什麼都沒做。聽說現在執政黨組織人事部門施行的是官員「任前財產匯報制度」，雖說走過場，但也比沒有好。什麼叫「任前財產匯報制度」呢？比方說，政法大學，現在要任命幾位副校長，黨的組織人事部門責成候選人將其財產狀況做一報告。具體情形，包括房子多少，存款多少，收入多少，有無家人在海外，凡此種種，我們不知道，上面知道，只對「組織人事部門」公示，而

---

3. 編按：為清朝後期對英語 "president" 的譯音，意為「掌理玉璽、享有天德的人」。

4. 編按：北方方言，指老流氓。

5. 編按：北京話，指開玩笑。

非全民公示。至於凡此信息是否屬實，以及是否屬「國家機密」，小民不要打聽，在下不知也。

那好啦，現在有這麼一位爺，將從房產處長提拔為副校長，他說只有房子一套，在昌平，其實他還有好幾套，散佈京津冀。別人不檢舉，也沒這個渠道，那不就成了走過場嗎？相反，財產公示制度因為面對大眾，人人得以監督，蔚為制度，就是法治啊，想偷奸耍滑就難得多了。這個制度，要是硬性規定下來，就反腐而言，可能比什麼都管用。為什麼這樣說呢？因為，你想當這個官，我也想當，你少報了，我就盯着你，我就舉報你，把你搞下去我才能上，在競爭性中為公開性張本，因公開性而獲得正當性，對不對？更何況，還有媒體在盯着呢！媒體就怕天下無事，你出事了，出大事了，它才有事嘛，也才能辦事嘛。一句話歸總，反腐敗，反貪腐，若能建立官員財產公示制度，一種陽光法案體制，才算有了制度遺產，而善莫大焉，功莫大焉。否則，效應有限，時限更有限。

第三，放開公民結社，特別是兌現其最高形態的政治結社自由。你想想，像我們這些芸芸眾生，整天為生計打拼，上班下班，疲於奔命，一盤散沙地活着，例為市民。就我而言，寫作，教書，累死累活，永不加班，因為從不下班，沒有多少時間和心思他顧。我不以公共知識分子自相期許，偶爾寫點東西關乎公共事務，也是心裏覺得不得已的時候。情非得已，情見乎辭。專事知情權的記者，同樣有可能被收買，事實上，許多不良記者和報社，都跟利益集團存在着千絲萬縷的聯繫，拿紅包，做吹鼓手，例不鮮見。在此情形下，誰才是相互鉗制從而實行有效監督的最好力量呢，或者說，最有力量的勢力呢？朋友，說一千，道一萬，是你的政敵嘛！政敵者，憲政體制一統安排下，秉持不同政見之組織化政治力量，其勢也煌煌，其志

也昂昂，其心雞賊雞賊[6]的。同樣均為公民，卻因自身利益、政治理念與公共政策取向有別，而組合成不同政治組織，不是你死我活的關係，毋寧，是政治上和平共處格局中的和平競爭者也。競爭什麼？朋友，競爭對於這個國家的治理權嘛！而就我們這些叫做國民與公民的芸芸大眾億萬草民而言，他們競爭，他們彼此惦記着對方，我們這才有選擇權，從而，才有機會看看誰幹得好就讓誰幹嘛。

置此現代社會，它們最為典型的存在形態，就是政黨，一種公民自組織政治形態。因而，開放政黨制度，允許公民自由結社，由此形成彼此牽制的制衡狀態，對於防範政治腐敗，雖說代價不小，卻不失有效一招。其為專業政治的公民組織形式，經由橫向聯合和相互承認法權安排，將市民變成公民，才有可能相互監督和鉗制。政黨以政治為業，圍繞着權力打轉，心心念念的是奪取治權，依法施政，則你共和黨在台上，我民主黨就要把你搞下去，你民主黨執政，我共和黨也天天盯着你，惦記着你。不怕賊偷，就怕賊惦記。如此一來，黨派之間相互監督，叫做「國王的忠誠反對者」，真正專業的監督者，有組織，有資源，有心有力，更厲害，非我等一盤散沙小民百姓所能比擬者也。

《論語・泰伯》：「曾子曰：『可以託六尺之孤，可以寄百里之命，臨大節而不可奪也。』」，其惟其人乎？！

如此說來，豈非黑吃黑？是的，完全可能。極化的政黨政治，只有利益而無是非，還真的容易滑向黑吃黑。混戰一團，暗中交易，不堪得很呢！而黑金政治之存在，說明天下沒

---

6. 編按：是北京方言，指小氣、吝嗇，也指特別能算計、暗藏私心的意思。

有讓人高枕無憂、包打天下的萬全體制。它同時表明，人間體制，一切人間體制，總是因應人性，為着順暢過日子而發明創製的，因而，同樣拗不過有限理性這一人性的大限。某種體制在針對一個問題，並解決一個問題的同時，可能又催生了另一個問題，實在不足為奇。如此才需要制度連環扣，於環環相扣中收緊口子。朋友，人性如此，人生就是這副模樣，多一層監督，多一層保障，架漏牽補，除此沒辦法。倘非如此，倒叫人奇怪了。事實上，從來就不存在什麼十全十美的體制，而只有相對較優的安排。既然天下沒有十全十美的體制，既然我們就是這麼個善惡一體的凡俗存在，那就只能如此。不要緊，「螳螂捕蟬，黃雀在後」，有所畏懼，瞻前顧後，總比膽大妄為、肆意妄為要好。所幸立憲民主政體經磨歷劫，早已在此設置重重關卡，你能否認它是相對較優的體制安排嗎？！

就此而言，財產公示制度事關動用法治，而政黨制度、言論自由和媒體監督，展現的則為政治智慧，關乎政治決心和政治誠意。基此政治決心，而敷演為新聞法和政黨法，就過渡到法律規範世界了。現如今，這些具體事情，一樁一件，有大有小，總要慢慢做吧？慢慢總要做吧？過去稅收制度，個人所得稅是一筆爛帳，但現在監管比過去強得多，至於是否合理，另當別論。現在財務每發一筆錢，按多少稅率來收稅，都有規定，巨細無遺。這一條把很多人的灰色收入都給卡死了，你想作弊也做不了的，因為財務處有責任，而且現在是網上作業，濫發很容易暴露。比方說，我們收入二百塊錢，要交四十塊錢稅，收入二千塊錢交四百多塊錢稅，累進稅制，工薪階層，無所逃遁。若果再拓展至那些大人們，就更公平了。此為改良個案，卻具普遍意義，舉一隅而三反也。總之，諸如此類平衡政治緊張和法律要求的具體措施，不勝枚舉，但實施與否，關鍵在於付諸政治決斷，前提則是要有政治誠意。

説來好笑，舉目四顧，世界諸國，不論所謂極權還是民主，東西南北，幾乎無一例外，均以工薪階層冤大頭作為納稅主力軍，你說滑稽不滑稽，你說荒唐不荒唐。金融大鱷巴菲特年繳個稅居然少於他的秘書，而秘書的收入當然連老闆歲入的零頭都算不上。此種個稅體制，劫貧濟富，不證自明。這說明政治革命無法替代社會革命，社會改良必須延伸至經濟平等。它還說明，再次說明，這個世界遠不完美，人生社會實在缺陷多多。也正因此，才更須要對於人性時刻保持警惕，對於一切權力，從第一權力到第五權力，均保持警惕，而借由優良政體來達成有限希望。

　　諸位，人世間最精細的治理技術是法律理性，而最為高妙偉大的治理事業是政治。政治是人類的最高智慧。政治非他，旨在「建構主權，分清敵我，劃分公私，提供和平，進行決斷」。此一層次的政治，也是政治的本義，不是鈎心鬥角爾虞我詐的權術之學，亦非官場官箴的陰謀詭計。此類勾當，古今中外，哪個地方都有，無時無刻不在上演，恰恰跟政治無關。俗常意義上，似乎一講到政治就往這些醃臢引申，說明具體政制關乎權力，一不小心就會違忤政治，而下落成這等模樣。今日中國，正需要「保衛社會，建設政治」，[7] 既在迎應世界體系中的「中國問題」，同時也是在為這波輾轉三四百年的文明大轉型收尾，而為本書應予闡釋的題中應有之義。

---

7. 參詳拙文〈保衛社會，建設政治〉，收見拙集《現代中國的國家理性》，法律出版社 2017 年版。

十三、世界體系中的「中國問題」

　　說到政治及其中國語境，不禁想起卡爾・施密特的一個著名論斷，也是今日中國左右兩翼津津樂道、朗朗上口而動輒援引的「名人名言」，就是政治的本質旨在「分清敵我，進行決斷」。但是，何為敵我？什麼是政治決斷？怎樣區分敵我與進行政治決斷？此間轉折，牽連廣博，動輒傷筋動骨，內裏更且埋伏了兩三百年歐洲的「思想路線鬥爭」與文明版塊較量，特別是日耳曼德意志與英法自由主義的文明之爭，須要訴諸具體情境，慎予細緻分析，尤其是在境性闡釋，而以審慎中道來開道。我們圍觀，引申可以，拍掌無妨，強解就沒必要了。

　　順說一句，關於晚近十來年裏中國激進左翼的集體右轉或者保守化，宗兄紀霖教授曾有精闢論述，撩開面紗，直指要害，各位自可參看。

不管是誰家治下的和平，發展是硬道理

　　話題收回來，以南海局勢為例。刻下老美在南海橫插一杠子，動不動軍機偵察，航母橫行。明明耍橫，意在突顯全球霸權體系，卻指鹿為馬，反過來斥責中國在將南海「軍事化」。典型的倒打一耙，卻又善用傳媒，彷彿倒在輿論上佔了上風。在家親兄弟，上陣父子兵，就連那個早已家道沒落了的不列顛，不甘寂寞，也居然叫囂將會再度駐軍亞洲，忘了自家劣跡斑

斑，更忘記了自己還剩幾斤幾兩。各位可以看出，老美如此攪和，唯恐天下不亂，企望火中取栗，給中國添堵，活生生炮艦政策，自有其盤算。在大戰略上，這番合縱連橫，怯防勇戰，屨及劍及，花大力氣，表明老美決意不容小小寰球再有強大對手，阻止任何可能挑戰美國霸權的新興全球性大國成長。換言之，其之防守全球性佈局之固有地盤，繼續坐享歷經三場戰爭，即「一戰」、「二戰」和「冷戰」而獲得的唯一超級大國的政經紅利，才是利害所在。

說到底，什麼這個那個的，利益才是根本，也才是政治包括國際政治的底色。

於是，問題來了，如果美軍飛機下次還來 —— 可以預言，其必定動不動來一下，飛進十二海里，怎麼辦？甚至於不排除老美組織個雙航母作戰艦隊來炫耀一把，悠悠哉哉，那時節，你還只能說，我們「進行了跟蹤、記錄和警告」嗎？人家回答，你警告唄，你記錄唄，我照來，就像北京的胡同串子一般，東串來，西串去，任逍遙。情勢若此，直接打臉，你既無面子，也無裏子。老百姓坐看電視，低頭上網，目睹其情其景，覺得灰頭土臉，心中窩火，嘀嘀咕咕：「慫啊！慫啊！」那麼，這本來就靠經濟績效和民族主義在維持的政權合法性指數，必定頓時如 2008 年的道瓊斯股指，唰唰往下掉。但是，居於弱勢，現如今兒，只能忍辱負重，隱鱗戢翼，持盈保泰，靜觀事變，以時間換空間，同時，切實準備，等待「那一刻」。

熬人，較量的是意志和實力。其間騰挪閃避，拼的是智商，也看氣質，特別是外交智商與政治智慧，其之雙管齊下。點點滴滴，顛顛倒倒，把人類這一政治動物的秉性展示無遺，圍觀之下，雖然好看得很，卻着實令人提心吊膽。

此非特例，亦非孤例，也不會下不為例。除此之外，你説還能怎麼辦。派一千艘漁船，公海攔截？據説過去類似場合曾經用過這一招，似乎有點兒用。小漁船，密匝匝，你美帝大型軍艦「不敢」隨便撞啊，撞死了你總要負責任，哪怕是所謂道德責任吧，輿論總會泛起點兒茶杯裏的風波吧。問題在於，人家知道此為組織而來，則以漁民拿命用人海戰術阻截，還管用嗎？萬一船毀人亡如何向輿情交代？此邦國情，交代不交代非癥結所在，不頂事才是真交代不了呢。於是，又有人説用軍艦來撞。1998 年，兩國飛機天空相撞，我方機毀人亡，美機撞傷後迫降海南，最後將飛機解體後准運歸國。至於機組人員，耽擱幾天，好吃好喝，終究還是大搖大擺回去了。

在此，比拼的不僅是硬傢伙，也是意志力，是雙方政治意志以及文明勁道的較量。朋友，所有戰爭都是人類的內戰，總是兩敗俱傷，得不償失，可人類就是這麼個物種，不堪，奈何？！

我們不是軍事專家，不能亂説，也不懂究竟具體該怎麼辦。但是，倘若類似情形發生，下次怎麼辦，卻是眼面前的事，須要進行決斷。而在影響決斷的諸種因素中，可能，一個前提性因素就是，這種做法是否有利於建構與增益主權？能不能提供和平？不管是「羅馬治下的和平」、「不列顛治下的和平」，還是「新羅馬美利堅治下的和平」，抑或其他什麼和平，比如，「中國治下的東亞和平」。老美做老大久了，身為最大的既得利益者，不想退位，但退不退，看的是實力，其實，也到了須要決斷之際了。要不然，老美幹嘛放着世仇伊斯蘭不管，卻在東亞這麼拼！

職是之故，對於目前的中國來説，發展是硬道理，「一心一意謀發展，專心致志搞建設」，依舊是顛撲不破的真理，也是最

具凝聚力的道理。只有持續健康的全面發展，軟硬實力齊頭並進，特別是要涵養一種統貫國族上下的精神氣質，才能造就一流綜合國力，而一流的綜合國力既是結果，也是一切「有所作為」的前提，則和平，還是和平，最有利於生聚作息，最有裨於自家利益最大化，而不管是誰家治下的和平。對於刻下的中國，一個復興成長中的大國來說，身處大轉型收束時段而有賴最後臨門一腳，和平蔚為「急所」，[1] 才是最大的紅利。

還有，此間運籌佈局，究屬敵我攻防，還是和平力量的此消彼長，抑或不過基於戰國體系而啟動的馬基雅維里式日常作業？當此之世，就「現代中國」的成長與中國歷史轉型大局來看，根本矛盾何在？內政轉型與大國博弈兩頭，輕重緩急，如何掂量？單就大國博弈而言，中美之間的競爭還是中日之間的齟齬才是心腹之患？中國可能通過警示越南或者菲律賓來對整個東南亞發揮明示警告效果嗎？若果越南發展出核武，如北韓一般耍橫，那時節又當如何？菲律賓有恃無恐，是因為仰仗老美的同盟關係保護，越南則是萬人嫌，與中美俄三大國均無切實軍事紐帶，但也不排除合縱連橫，一頭倒向老美，則又將如何？特別是越南果真啟動政改，一馬當先，可就是世紀突破，則如何評估其國家政治與國家間政治效應？

凡此種種，均須善予判斷，在政治全域和歷史大勢中，瞻前顧後，綜合掂量，而訴諸決斷。其間經緯，一是道義，一是利益，交錯糾結，須於國家政治和國家間政治，恰予分際，差別措置。錢穆先生曾經喟言，中國心智自古秉具歷史性與世界性，善於天下格局中謀篇佈局。此等心胸氣度，早化為國族心

---

1. 有關於此，參詳拙文〈保衛和平，才有法治〉，收見拙集《國家理性與優良政體：關於「中國問題」的「中國意識」》，香港城市大學出版社 2017 年版。

性，體現為文明傳統，凝聚成運思模式，端看體認琢磨應時發揮。在國家間政治維度觀察，照目前態勢，如此走下去，摩擦不免，但格局大致已定，依吾國歷練，只要內政持續改良，再說一遍，只要內政持續改良，他們想翻天是不可能的。而且，假若事態失控，中國將來很可能在南海單挑一家，不一定是美國，教訓一下，攤牌，不然不行 —— 畢竟，老美這樣下本錢來挑事，日本跟着煽風點火，明招陰招一起上，台前幕後跳得歡，說明茲事體大，都急了眼了。

世界體系中的權勢轉移

大就大在這是一個事關世界體系中的權勢轉移的事兒，可能意味着基於兩種文明體系的兩種歷史體系的對決。幾百年一遇，千年輪迴。百姓口語，簡明扼要，所謂三十年河東，三十年河西。

放眼望去，這是自從上回日本挑戰失敗後，東西方文明對舉意義上，「地中海—大西洋文明」所遭遇到的最大挑戰。此前英國挑戰荷蘭與西班牙，以及德法挑戰英美，乃至於沙俄蘇聯之挑戰「自由世界」，大致而言，都是這個體系內部的家務事，楚弓楚得，黎民遭殃，小國跟着浮沉。只有日本的挑戰，石破天驚，是發自這個體系之外的衝擊，而終究為這個體系所擊潰並收編，形成了如今這一政治地緣意義上的「西方」架勢。如果說歐洲曾有所謂的「德國問題」與「俄國問題」，前者已然規訓服帖，不復存在，而後者依舊疑竇重重的話，則東亞世界與世界體系中的「日本問題」，大率而言，亦以日本的臣服而解決。因而，戰後幾十年，北太平洋基本無事，間或恐怖平衡，使得老美將眼光南投，再西向，基於全球戰略，構建印太兩洋

戰略，直到非洲東海岸，其實是統轄大西洋、印度洋與太平洋，三洋通吃，五洲震盪，則南海與馬六甲海峽蔚為要衝，而這同樣也是中國為了拓展戰略縱深而不得不進行的「一帶一路」的必經之地。從而，兩大體系的折衝樽俎，遂不可免。有人倡議中日攜手在泰國共建「克拉運河」[2]（Kra Canal），以對沖馬六甲海峽的戰略意義，算是一招。而無論是「兩洋鐵路」[3]還是「克拉運河」，均意味着改寫地緣關隘的轄制關係，是對於美國治下的大西洋文明格局的折衝改組，可以想見，老美之不悅而無法坐視也。

事情到了這一步，各方博弈，有得看，耐心看，提心吊膽地看。在此，站在華夏文明復興的立場觀察，不免想說，晚近三百年領先世界的這個「地中海—大西洋文明」可能忘記了，作為一種樞紐文明，中華文明曾在長達兩千多年裏提供世界秩序公共產品，較羅馬帝國更為穩固持久，家大業大，風光得很呢。因而，底子在，心氣倔，不會屈從，只會愈挫愈勇。當然，百年為期，既已開局，隨着佈局逐漸展開，格局坐實，結局遂定，不用動兵最好不過。是的，千萬不要輕言開戰，別動不動就瞎嚷嚷，砍呀殺呀；更不要儳論什麼隨時準備犧牲西安以東八億百姓的身家性命——這八億男女老少，活蹦亂跳的生靈，天生地養，爹親娘親，怎麼招你惹你丫挺的了？畢竟，重申一句，眼下中國最需要和平，和平對於中國最為有利，假若早晚必有一戰，則能拖就拖，拖得越久，在時間換空間的意義上，其實對於中國越有利。況且，「興，百姓苦；亡，百姓

---

2. 編按：一條規劃中的運河，位於泰國南部春蓬府和拉廊府所在的克拉地峽，是馬來半島的最窄處。

3. 編按：指橫跨南美洲大陸，連接太平洋岸及大西洋岸的鐵路建設項目。

苦」，興亡是他們家的事，小子趕緊好好吃瓜，別犯傻。更何況，「贏，都變做了土；輸，都變做了土。」

（在北京五環外的地下室，拍死兩隻精靈古怪的進口西伯利亞嗜血厲蚊後，抽支劣質煙，聞着尿騷，躺在床上百無聊賴端詳地圖，遂夜不能寐，心潮起伏，指指點點，指指點點，指指點點，哈！）

言歸正傳，舉列此例是想說明，在此情形下，行政和軍事均須統括於政治這一最高智慧。而它的背後，說到底是文明的勁道，一種秉具歷史意識和道義韌性的國族精氣神，漫漫歲月裏歷經滄桑而逐漸涵養蘊育的冷峻闊達氣質。文明有勁道，幾經周轉，含蘊撫育，雨露滋潤，這政治才有力道。所謂「政治成熟」，一個韋伯式修辭，用在此處，最合適不過。「政治成熟」是一種政治意象，指涉政治共同體關於戰爭與和平的心智發育程度，同時，其為一種集體性政治境界，狀述的是國族自我治理進退裕如的調控能力，而非輔導員跟積極分子談話式的訓誡：嗨，該說的才說，不該說的不要說；須要激昂時表個態，不然就裝作不知道；不要輕易發表不同意見，留心激進師生的言行，及時向組織匯報；不要暴露自己的真實想法……啊哈，諸如此類，等因奉此，撥拉，撥拉。此非「政治成熟」，毋寧，勢利、市儈、虛偽而冷酷，一種混雜着小市民的精明、短視與黨棍哲學的處世之道，而恰為人性的毒藥。

在國家間政治意義上，此處所說的「政治成熟」究所何指？各位，置此自助體世界體系和高風險社會，全球化戰國時刻的當口，一個國家面對各種張力，首先奮求存續，不言自明。此為物種自保本性所在，不論個體還是集體，悉在臼中。所謂國家或者國族是個生物體，亦有生老病死，而且，逃不脫生老病

死，老派口吻，舊時觀念，因「高松年」[4] 們的賣弄而名譽掃地，實則話糙理不糙。為此，必須明確自己的核心利益所在，在體系與構件、中心與邊緣、歷史與時代、人民與城邦的錯綜關係中，尋尋覓覓，找準自家的位置——注意，我講的是國家理性而非公民理性意義上，以國家為本位的核心利益。當然，兩種理性多所交集，不少時候並非涇渭分明，而須條分縷析，慎予辨別，各得其所。在此基礎之上審慎決斷，而強毅力行。（我又情不自禁看了會兒地圖，哈。）

　　這裏不妨再回顧一下馬克斯・韋伯。在他眼中，第一次世界大戰德意志敗走麥城，就是因為相對於英法，日耳曼政治上欠缺成熟。不差錢，不缺人，黃油多多，槍炮多多，口號也不少，更且有浩瀚如星辰的康德、黑格爾們，卻愣是打不過人家。咋整？因此，作為「政治教育」或者「政治訓育」的對偶概念，韋伯借由「政治成熟」引申開來，其實想說的是德意志之需要政治訓育，借此走向政治成熟，而為德意志國族心智支招，為日耳曼文化心性張本。由於政治成熟這一概念的揭櫫闡釋者同時又是政治訓育的落實實踐者，則韋伯以國族精神導師自任的心志與心智，情見乎辭。由此再派生出「文化政治」、「權力政治」與「技術政治」等下位概念，分擊合圍，還是服務於國族的政治成熟——「浮雲一別後，流水十年間」，那時節，據考證，他可是在明堂辟雍而非五環外地下室群租房裏指指點點喲。

　　進而，也就因此，在《民族國家與經濟政策》（*The Nation State and Economic Policy*）裏，他才會瞻前顧後，如此批評德國資產階級，而恨鐵不成鋼：

---

4. 編按：錢鍾書小說《圍城》的角色，精於世故、老謀深算。

一個不爭的事實是，在民族統一完成以後德國充斥「政治厭倦症」，新生代德國市民階級尤其鍾情於一種德國特有的「非歷史」和「非政治」的精神，陶醉於眼下的成功而只求永保太平世界。德國的歷史似乎已經走到了頭，上千年的奮鬥似乎都已在今天完全達到。誰會來操心問未來是否將認為我們這一代乃行屍走肉、坐失良機？真的，人們簡直以為世界歷史在德國統一以後已變得溫良恭儉讓，各國都已息事寧人，再不會有人惹是生非。但今天，該是我們變得更清醒的時候了，該是我們打掉一切幻想，認清我們這一代在民族歷史發展中所處的地位的時候了。在我看來，如果我們能夠這樣認識問題，那我們看到的就是一幅完全不同的情景。因為事實上，在我們出生之時歷史老人送給我們的生日禮物乃是以往任何一代都未受過的最可怕詛咒，這就是：註定成為「政治侏儒」。[5]

　　換言之，無政治成熟，光是拍桌子打板凳，進至於大打出手，或者，搞正步走山呼萬歲那一套，終究只是一介「政治侏儒」，玩不過人家，長久不了的。說到這一話題，放眼全球，實話實說，當今世界，論面子，論裏子，英語國族，包括英國、美國、加拿大、澳洲和新西蘭，這五個英語國族，盎格魯─撒克遜一家親，某種意義上，最為圓融成熟，開個玩笑，那真叫做個「卑鄙無恥卻又落落大方」。它們流汗流血，開拓進取，坑蒙拐騙，坐享過往三四百年殖民紅利，一線牽連到於今，把自家的福利照顧得舒舒服服，特別厚待自己的人民，向心力強，凝聚力強，政權穩定，國族安定，不用愁嘛！其次，是拉丁民族，就是西班牙、葡萄牙、意大利、法國這一脈，文明腐

---

5. 參詳【德】馬克斯・韋伯：《馬克斯・韋伯文選》，馮克利譯，東方出版社 2013 年版。

朽，政治多所腐敗，可同樣深悟國家理性，祖上也曾闊過，大紅大紫呢。然後是歐陸幾個國家，德意志日耳曼一系，包括奧地利、瑞士在內，心志專注，人民勤勞，民風敦篤。再後是北歐國家。東北亞諸國中，東鄰日本這個國族，時刻面臨生存環境考驗，危機感深重，生聚凝重，作息持重，練就了相當的政治成熟。一百多年來，更化不息，無論是政治民主還是國家建構，均堪稱亞洲翹楚。晚近半個多世紀裏，臥薪嘗膽，劫灰堆裏死而復生，混得人模狗樣，不可小覷。也曾反抗過，也曾坑害左鄰右舍，也曾玉碎瓦全，至今依然是軟硬實力排名前幾位的世界性強國。

相較而言，自古以來，經磨歷劫，中國同樣是一個極具政治智慧的國族，也是一種典型的黑格爾式「世界歷史民族」。正因由此，日本再折騰，比不了。立國既早，歷經滄桑，慣看東海揚塵，經打經摔，極具韌性。時常不堪，終究提振，而否極泰來。所賴道義願景，對於未來美好人世的永恆期待，不絕如縷，則一息尚存，自強不息。尤其是對於人性人心之信賴與疑懼，二位一體，恰如《尚書·君牙》所謂：「心之憂危，若蹈虎尾，涉於春冰」，而終究永懷怵惕，時相砥礪。否則，概難存立，況乎屢仆屢起，貞下起元。

是的，環顧四圍，類如華夏國族這樣的世界歷史民族，蔚為樞紐，這個星球上為數不多，數都數得過來。而且，三四千年裏，形成和保持如此浩瀚而連續的治域，最近一百七十多年更是浴火重生，實在舉世罕見。架漏牽補，東挪西借，總算維持下來，大不易，說起來，也是一把鼻涕一把淚。至於我們及身親見之莽撞懵懂，更不用說當年滿清末年之左衝右撞，實為大轉型時段因應一個新文明時代降生初期之症狀，而為「中國問題」突顯與解決之際的必然現象。當間忙亂，不形諸於此，必表現於彼。

近世諸國轉型，但就成功案例來看，從荷英到美法，自德俄而日韓，大概初、中期，皆有跌宕，時見危機，甚至傾覆。直要熬過頭，才能於調適中見成效，而一馬平川，光景日盛矣！此後政道坐莊，治道訴諸公共政策，適時微調。證諸左鄰右舍，凡此既為常景，便也就是所謂規律了。至於其他諸國，轉不過來而羈絆於進程，左衝右突卻固滯於顛沛，及至所謂「失敗國家」，更不論矣！

記得錢穆先生曾經喟言，中國人的理智能用在勝利時，情感能用在失敗時。「所謂『勝不驕，敗不餒』，這是一種最好的國防心理，亦是一種最深沉、最強韌的和平精神。」因此，中國民族能維持到現代，一線牽連，凡數千年，絕非偶然。錢先生全史在胸，歷史感深沉而廓遠，下筆卻極為凝重而空靈，不予欺也。

那麼，問題在於，此刻「中國問題」走到哪一步了？還要往哪兒走？卡在什麼地方了嗎？剔除枝蔓，一句話歸總，走過一百七十多年，終點在望，已然到了收束之際，就差臨門一腳了。邁不開這一腳，原因多多，不是哪個人的事，後面「『現代中國』究竟意味着什麼？」一節，也是本書最後一節，還將專門就此逐層揭示，詳予論述。此處只須點出，在此，利益爭執是一方面，畢竟，一切問題，說到底是個利益問題，一個切實關乎蛋糕的切割比例與程序方式的問題，吾人須要找到答案，也必須找到答案。另一方面，則在歷史機運，難以捉摸，可又實實在在，確乎並非空穴來風，必須盡人事，聽天命。因而，形諸表像就是，中國近代歷史大轉型走到了最後的關口，須要趕緊踢出「臨門一腳」，可這一腳就是踢不出去。「臨門一腳」沒踢出去，有待趕緊踢出去，則一切緊繃，來來回回，考驗着華夏政治心智的成熟程度，致令大家心裏七上八下。

合此兩項，便是人事天命，缺一不可。在此，「元亨利貞，貞下起元」也好，「鳳凰涅槃，浴火重生」也罷，抑或「中華文明的偉大復興」，不管如何措辭，無論怎樣編織口實，說到底，這是長達兩百年大轉型最後收束時段的關鍵所在，長亭短亭，難乎其難，一拖再拖，總要做出交代。

「中國問題」是怎麼來的

在此，有必要就「中國問題」的來龍去脈，其世界歷史脈絡和全球體系背景，略予梳理，稍加鋪陳。

同學諸君想必都已知道，這一兩百年裏，華夏中國所要解決的最大問題是「中國問題」。說是「中國問題」，實為世界體系背景下和世界歷史進程中的「問題」，既是構成此刻這個世界體系和世界歷史本身最為核心的元典性問題之一，也是全球範圍內近代大轉型最為典型的八大案例之一。說來話長，延續至今的這波現代文明轉型，自西徂東，肇始於近代「地中海文明」，中經「大西洋文明」，而遞次推展至 20 世紀後期、21 世紀初期漸露端倪的「太平洋文明」。在此，近代中國的大轉型是中國歷史邏輯自身演繹的必然結果，接續策應的則為地中海文明與大西洋文明的歷史進程，而匯入並推展為太平洋文明時代的宏大格局，並有望於未來以中國文明的在境性思考為此普世大轉型收束。沒有中國的參與，遺漏了中國將近兩個世紀屢仆屢起的奮鬥，其所昭示的生聚教訓，其得提示的文明典範，這一歷史進程是不完整的，這一世界體系是有缺漏的，這一切都將是不可想像的。

其基本歷史與文明背景是，從 16 世紀晚期、17 世紀初期以還，伴隨着荷蘭的現代進程與英國革命，世界不期然間逐步

邁入這個叫做「現代」的時代，而有一個「現代秩序」、「現代文明」與「現代世界」的發生論。其間，遞次出現而解決、對於現代世界的創生具有里程碑意義的，概莫八大問題，而以八場政治革命的方式完成，最終形成了「民族國家——文明立國」與「民主國家——自由立國」這一雙元革命格局。[6] 所謂「雙元」，概指「民族國家」與「民主國家」，其之搭伴聯袂，前後腳來到人世，演繹出人類群體生活治理體系的兩個版本，而二位一體，於提煉國家理性與民族理想之際，弘揚公民理性與公民理想，基本底定了這個叫做「現代」的人世生活與人間秩序。其之蔚為「雙元革命」，分別而合縱啟動的是「以文明立國」的歷史進程，與「以自由立國」的政治革命。如我前年在華師大的一場講座中所言，「民族國家」和「民主國家」二元一體，搭配無隙，由此造成完整的現代秩序。這是全球範圍內最為宏大的人間景觀，蔚為三四百年來最為重大的地球事件。

具體而言，這一進程首先以荷蘭的現代進程與「英國問題」開其端緒。特別是英國的轉型，中經「光榮革命」，以及 1813 年的第二次美英戰爭，前後歷時將近兩個世紀方始消停。其間，與荷蘭打了三場戰爭，跟西班牙血拼五仗，更為致命的是在北美「保家衛國」打了兩仗，傷筋動骨，丟盔棄甲，這叫做「英國問題」的問題終獲解決。但看歷程，「大人虎變」有之，「小人革面」有之，「君子豹變」有之，幾經輾轉，一變再變，終於變成了內政意義上的現代國家。起家時彷彿無所意識，坐定霸主才回過神來，而一覽眾山小，所謂不期然而然，不易，不易。

---

6. 有關於此，參詳拙文〈革命、立憲與國家理性——重讀托克維爾（Alexis de Tocqueville），梳理現代世界及其現代秩序的創生脈絡〉，收見拙著《國家理性與優良政體：關於「中國問題」的「中國意識」》，法律出版社 2016 年版。未刪節版，參詳香港城市大學出版社 2017 年同名拙著。

其次出現的「美國問題」與「美國革命」，以自由人的選擇自由和自做主宰的人權，於撕裂甚或摧毀母邦大英帝國之際，而另立新國。新大陸，新國家，新社會，新秩序，新政治，新人民，好個跨洋平移的升級版嶄新英帝國。一方面，本來彷彿以都鐸王制為摹本，結果造就的卻是一個典型的以自由立國的立憲政體，將歐陸的政制想像於北美落地生根。另一方面，「美國問題」須要處理「分合」兩端。「分」是與娘家分家過日子，「合」則是要將諸殖民地合攏團聚一體。分合之際，恰為一個完整的建國進程之大是大非。經此一役，這個世界體系啟動了終結帝國秩序的進程，正式進入了坐實民族國家體制的大時代。一直搞到南北戰爭，老美算是內政落定。逮至 1898 年，已然養得膘肥體壯，躊躇滿志，顧雄自盼。看準時機，再打一仗，幾乎將個落魄帝國西班牙趕出北美。經此一役，現在美國版圖中的偌大西南部遂悉數收入囊中。第二任總統約翰‧亞當斯（John Adams）曾言，「美國命裏註定將擴張到北半球的整個西部」，至此終於兌現。不過百多年，幾經擴張，步步為營，天時地利，邊疆底定，老美那叫一個大。

上文用了「摧毀」二字，並不為過。的的確確，大英帝國失去北美，在當事人心中，也是「國將不國」呀。估計當日的「肥彭們」，面對破碎山河與列祖列宗，肯定情難自抑，痛哭流涕，捶胸頓足呢。

此後是「法國問題」及其「大革命」，講的是從路易十六開始的改革，舊制度不恪重負，導致大革命，其間發生了三次波旁王朝（House of Bourbon）復辟，三次拿破崙家族復辟，一直混到第三共和國才算塵埃落定，也花了一百多年。然後是「德國問題」，更且驚心動魄。1848 年革命席捲歐洲之際，這人世上還沒德國呢，直到 1871 年才算正式有了一個叫做「德國」的

國家，是為脫胎自普魯士、整合德語區而來的「德意志第二帝國」。此為拿破崙終結的「德意志神聖羅馬帝國」（Heiliges Römisches Reich Deutscher Nation）的轉世二代，矗立在普丹戰爭、普奧戰爭和普法戰爭這三場戰爭的墓碑之上。普魯士王國首相俾斯麥（Otto von Bismarck）建國有術，堪稱元勳，功高蓋主，這便麻煩了。結局跡近「狡兔死，走狗烹」，告老還鄉，還算善終。此後歷經「一戰」與「二戰」，直至 1990 年 10 月 3 日，柏林牆倒塌，兩德統一，這叫做「德國問題」的現代德國的立國、立憲、立教與立人的故事，才算正式封筆。一轉眼，雖說德國歷史真的終結了，卻迎來了第二春，又成了歐洲實際上的老大。那邊廂，日本、意大利情形頗多類似，可以算入這一脈。當年三國神神叨叨，居然結為「軸心國」，真是不是一家人，不進一家門呀。

那麼，俄國呢，從彼得大帝（Peter the Great）潛伏英國船場做工，實地觀察模仿西方，到後來斯托雷平（Pyotr Arkadyevich Stolypin）改革[7]、孟什維克（Mensheviks）革命、十月革命（October Revolution），就兩個字「酷烈」，三個字「很酷烈」，四個字「異常酷烈」。傷人無數，死人無數，一直要到 1991 年，大廈終傾，老牌黨國轟然倒塌，現代轉型才算基本落定。另一方面，時至今日，可以說落定了，但又未曾落定，距離成熟，乃至於距離「落定」，好像還有些路程要走。陰差陽錯，也是地緣政治、文化歷史與民族性格的宿命使然。朋友，「戰鬥民族」看上去蠻勇，可骨子裏鬼兮兮的，心思細密，更不用說反覆無常背信棄義的德性，地球人都知道。

---

7. 編按：俄國政治家斯托雷平，以鎮壓革命勢力和土地改革而著稱。

至於「蘇東波」[8]後轉型的東歐諸國，情形不盡一致，緩急參差，大致可以歸入這一脈。

如此，加上德國重回歐洲老大的地位，善自謙抑卻又彷彿蓄勢待發，歐洲文明意義上而非本書現代大轉型維度上的「德國問題」與「俄國問題」，似又重回歐洲心智的問題意識。

四百年來，除開英國問題、美國問題、法國問題、德國問題與俄國問題，還有一脈典範，不妨名曰「西班牙問題」。這一系包括希臘、葡萄牙、西班牙、智利，或許還可算上韓國與中國的台島，乃至於今日的緬甸。其所講述的是獨裁者在專政最後時光逆轉歷史，或者，順應歷史，親自主導了民主進程，實現和平過渡。像智利的皮諾切特（Augusto José Ramón Pinochet Ugarte）、希臘的帕潘德里歐（George Papandreou）、西班牙的大獨裁者弗朗哥（Franco Franco），以及中華民國政體下的蔣二世，都是這號人物，例屬這一類型，不妨統稱為「西班牙問題」。

此外，阿拉伯伊斯蘭世界的轉型，規模既宏，進程跌宕，犧牲復巨，自成一脈。其間曲折，包括奧斯曼帝國的崩潰，土耳其的世俗化運動及其近年來的反覆，兩伊、埃及、約旦和敘利亞的建國運動，一直到近年轟然出場的「阿拉伯之春」[9]，拖延既久，過程慘烈，更摻雜了耶回兩教的恩怨情仇，包括表現為巴以衝突的兩大勢力的較量，故而，使得這一文明圈的現代轉型進程，在現代世界性文明大轉型的版圖上，似乎昭示了一種更為複雜糾結的文明意味。而且，因其人口與地域規模，必將於世界格局產生深遠影響，非其他小型文明類型所能比擬。就

---

8. 編按：即蘇聯解體、東歐劇變的形態。
9. 編按：自 2010 年 12 月開始阿拉伯世界的一次革命浪潮。

近年的「阿拉伯之春」而言，一些阿拉伯學人指認，這是繼英國革命與法國革命後，又一次里程碑式的大革命，一場伊斯蘭阿拉伯世界尚未完結的大轉型。在此，自家人看自家事，自有體認，自有理據，而自出機杼。的確，你想想，要是這一脈進入了「地中海文明—大西洋文明」理路，共振於太平洋文明時代的風雲激蕩，卻又同時保留伊斯蘭宗教的特性，那世界該是個什麼樣子。

而這一切不是遙遠未來的事，亦非吾儕蹲在馬路邊數星星想入非非，毋寧，是正在發生於眼面前的歷史進程呢？！

上述八大案例，歸納起來，實為四個系列，可謂「轉型四系」，或者，「革命四型」。此即英美一系的「英美型」，德意日一系概曰「德國型」，法俄中一系統歸「法國型」，以及西班牙一系，就叫「西班牙型」。過去在下回瞰這段歷史，概以「七大革命」與「三系」歸結，偏遺漏西班牙一系，多有缺失。此刻正好補正，庶幾乎描摹出這個風雲跌宕大時代的完整圖景。[10] 筆者私揣，以此四型歸納，大致尚可，唯「法國型」一脈，或將引發爭議，正引頸翹首恭候指正也。此外，非洲大陸一個世紀的變革轉型，生聚教訓，林林總總，有待考察歸納。

朋友，所謂的「中國問題」，就發生在這一宏大歷史背景下，一脈流轉，不待人謀，悲欣交集。由此恰成八大問題，蔚為現代世界大轉型中的八大案例。如前所述，過去我講七大問題與七場革命，後來覺得西班牙一系應該作為單獨系列，故而以「八大問題」籠統，概述這個叫做「現代世界」、「現代秩序」

---

10. 參詳拙文〈革命、立憲與國家理性論綱：重讀托克維爾，梳理現代世界及其現代秩序的創生脈絡〉，收見拙集《國家理性與優良政體：關於「中國問題」的「中國意識」》，香港城市大學出版社 2017 年版，頁 12–13。

或者「現代文明」的人世生活發生史與人間秩序轉型史。吾人讀史閱世至此，冷眼向洋，耳畔不禁鳴響古人感喟：「今古河山無定據，滿目荒涼誰可語？人世幾回傷往事，山形依舊枕寒流。」實在無語，欲語而默，只能一灑清淚，把欄杆拍遍矣！

中國在此系列中是個什麼情形呢？遭逢洪流，中國如何自處呢？各位，法國革命、俄國革命和中國革命，以及印度支那革命，特別是柬埔寨的血腥革命，概為一系，與「西班牙問題」之相對溫和轉型，恰相互勘。其之人頭滾滾，血流成河，凡四百年間，最為酷烈。英美這一脈較好，但也不是不流血，特別是美國，南北戰爭同胞相殘，殺得個人仰馬翻，還不是血流成河。西班牙、葡萄牙和希臘，以智利為代表的一些拉美國家，以及南韓和中國的台灣，中經軍人獨裁和特務政治，雖說黑暗得很，動不動就把人弄失蹤了，甚至成批失蹤了，被自殺了，或者在監獄「意外死亡」了，或者在軍事政變中慘遭殺戮了，但是較諸動不動死傷數百萬的狂砍濫殺，畢竟沒鬧到成建制互斫的程度，結局還算是和平過渡。1990 年代初期開始的東歐轉型，情形與此類似，基本沒死人，難能可貴。

「中國問題」牽連浩瀚，雖說古無先例，非中國傳統朝代興替所能框含，但也不出現代世界誕生的基本軌轍。概言之，其以「富強、民主和文明」為導向，致力於「建構民族國家、發展經濟社會、提煉優良政體、重締意義秩序」，是一個「立國、立憲、立教和立人」四位一體的文明轉型和政治建國進程，最後還得歸結為上述「雙元革命」的格局。同學諸君，凡此綜合一體，牽連古今之變與中西之爭，恰成一大古今中西時代，席天幕地，改天換地，不是別的，就叫做「中國問題」，以及長程的「中國革命」，已然超逾一個半世紀矣。

現在的問題在於，以上述導向和具體指標衡量，「中國問題」走到哪一步了？就上述四大指標和願景而言，大致可以說，「發展經濟社會」已然頗見成效，還須往前趕，實現經濟轉型與更新換代。「建構民族國家」亦基本完成，有待於憲政國家和憲法文化的建構，並以此為這個國家兜底。至於「重締意義秩序」，不是一兩代人的事情，必得訴諸漫長的心靈成長歷程。想當年，掃蕩六合，始皇帝立國了，卻因帝祚短暫，來不及搞出一套意義體系，只是「以吏為師，以法為教」，先對付着過。直要俟諸有漢三百年，出現了董仲舒這樣的人物，這才鋪展起龐大帝國的文明屋頂的作業。再往後走，走到理學出世，華夏文明終於建構起成熟圓融的超越意義體系，一個華夏邦國與億萬生民的俗世生活世界之上的意義世界。一用千年，相沿不廢，天老地荒。逮至這一套體系在歐西現代文明衝擊下雨打風吹去，乃有起自 1915 年的「新文化運動」，女媧補天，至今已然百年，其於一個「古今中西」的混雜大時段，承前啟後，旨在為此家國天下搭建一個新的意義秩序。一路撲騰奮鬥，下迄於今，仔細端詳，看來恐怕還得再幹兩三代人，到新文化運動兩百周年或者將近兩百周年之際，現代中國文明的成熟圓融而高蹈超越的意義秩序，我猜測並憧憬，才能也必將登堂入室。相較而言，自漢初春秋決獄到宋明理學產生，為中國文明罩上形上屋頂，費時凡八九百年啊！

　　因此，這事不能急，等不得，也急不得。唯獨「提煉優良政體」，此事有待完成，但卻必須完成，而且，爭取盡量趕緊完成。

　　抑或，如元人所詠：「證候來時，正是何時？燈半昏時，月半明時。」

十四、憑什麼你來統治？

　　那麼，此一行程究竟走到哪一步了呢？無論急火攻心還是文火慢工，到了什麼火候上呢？一個粗淺判斷是，已到「訓政初期」，須要趕緊邁入「訓政中期」，而導向「過大關」之最後收束。[1]

　　總之，就差「臨門一腳」了。

　　模仿一句名人名言，「踢還是不踢，這是個問題」。

權力來源須要周期性公開證明：「現代諸侯三寶」

　　不為別的，就因為這一問題回應的是「憑什麼你來統治？」這一大是大非，關乎全體國民和平共處的基本條件，建構的是人民與國家這一涉關邦國基礎的根本關係。無此基本條件，談何以國民與公民這一普世身分組織政治共同體；缺乏這一根本關係，哪裏會有什麼分享的共和國。換言之，身為群居動物，共處於「國家」這一法政大框架，怎麼着擰巴在一起相安無事地過日子，並且，有望過得好一點，至少，給大家有望過好日子的念想，最為緊要，而這就是政治，最為根本的政治，政治

---

1. 有關於此，參詳拙文〈中國步入「訓政初期」〉與〈中國需要趕緊邁向「訓政中期」〉，分別收錄於拙著《現代中國的國家理性》（法律出版社 2011 年版）、《國家理性與優良政體：關於「中國問題」的「中國意識」》（香港城市大學出版社 2017 年版）。

的最為根本的問題。一切政治行動及其理論，不論名頭為何，聲勢多大，樞機在此，不可偏差。

古典樞紐時代以還，各大文明對此都有一套方案，以組織人事，安頓人世，服務人生。它們孕育於自家的地緣條件，受益並受限於時代意識，靠山吃山，種田吃田，同時，提供了分享的普遍性。無論是君權神授奉天承運，還是打江山坐江山，抑或陰陽五行五德始終，各逞套路，自有運數，一方水土養一方人，汲汲於鋪陳的是自家的合法性與正當性，不敢稍懈，打不了誑語。現代早期以還，誤打誤撞，幾經試煉，同樣已有答案，應對的是現代文明條件下的政制需求，在此政制之下討生活的人生與人心。據此建構自家的政治，讓文明共同體的政治上軌道，賦予政治的在境性詮釋以普遍文明意義，不可迴避，無法推諉，是一切現代國族的必修課業，更是生聚旺盛、生計昌達之國的立國之道。混得好不好，順暢不順暢，有沒有安全感，進而，有無希望感，乃至於所謂幸福感，就看能否闖過這一關，以及，怎麼個過法。

為此，須從稍遠處說起，背景縱深拓展了，眼面前的景象便反而清晰了。

同學諸君，刻下中國的體制安排不可謂無效率。執政黨的領導自上而下，統合社會，網羅人鬼，轄制身心，鋪天蓋地，亦且強勁有力。對此，你不能斷然否認，如同讚美之須謹慎。實際上，這恰恰是列寧主義政黨的一大優勢，也是黨國一體的強勁勢能所在。所謂「集中力量辦大事」，舉國體制，優劣合體，全看怎麼運籌。過往幾十年，經由有限放權而容忍社會自我成長，煥發民間活力，與經由強力介入而推導，發揮計劃型政府的領導力，雖多齟齬，卻又合力並肩，造就了中國的經濟成長與社會進步，同時豢養了一頭叫做 "crony capitalism"（裙

帶資本主義）的貪婪野豬。在此基礎之上，2008 年的世界性經濟危機削弱了大西洋文明的政經話語權，更且強化了此邦一黨永久性執政的信心與決心。此在政黨立場，恰為理性選擇，也是利益驅迫的必然結果。但在國家理性與公民理性立場，凡此情形疊合，逼迫出並且日益突顯的，卻是優良政體之於這一波大轉型的最後一役的樞紐意義，它的當下緊迫性、不可迴避性與終局性。由此將當下中國在此遭遇到的各種關聯，如國家理性與政黨理性的關係、公民理想與民族理想的互動、城邦之為人民分享安居的政治共同體與國家實為執政黨的戰利品和殖民地的衝突，凡此種種，愈發突顯無遺，催逼着政制向政治討說法，人民於城邦求活法，現實人生趕緊拿出切實有效的立法。

也正是在此，「提煉優良政體」之尚欠臨門一腳，是眼面前的事實，否則無須天天維穩，乃至於圖窮匕見，竟至於重拾「階級鬥爭」話語，調用極權政治手段。畢竟，我們面對的是包括港澳台與西北邊疆在內的一個浩瀚中華，更是一個必須同時面對歐亞大陸與廣袤海洋的世界歷史國族，要求建構一個更具張力的體制，既兜得住底，別鬧崩了，又能切應「以自由立國」這一現代價值，讓國民兌現公民的位格，使國家成為億萬國民分享安居的公共家園，的的確確，朋友，難上加難呀。

因而，它道出了其間關乎現代立國的基本法政要件之不可或缺這一大是大非。什麼法政要件呢？朋友，它們不是別的，用三個詞來表達，大白話，就是「民主、憲政和法治」，可謂「現代諸侯三寶」。凡此三寶，分頭合擊，在「文明立國」與「自由立國」的大框架內，以在下所謂「自由民族主義王道共和法理」通貫統轄，提綱挈領，最為貼切。

這三個東西緣何而來、圍繞着什麼經緯展開呢？既然「中國問題」意味着一個浩瀚持久的文明轉型與政治建國的進程，

孜孜於建設「現代中國」，而國家是一個億萬國民組成的公共組織，立基於主權之上，以政體籠統之，則圍繞着包括主權在內的公共權力打轉，以全體公民政治上的和平共處為鵠的，遂構成了政體的第一要義，也是「中國問題」的核心義項，而構成「現代中國」的基本意象，表現為政治立國的主要進取意向。要說打轉，就在此打轉，「咬住青山不放鬆」，而須臾不可懈怠矣。

就此而言，其當回答的主要問題不外下列三項：第一，你的權力是怎麼來的，憑什麼你來統治？第二，既獲權力，則據何種理念價值、按照何種結構形態組合配置，形成最優結構？特別是如何經此組構，最大限度地防範權力為惡？進而，保障自由，捍衛尊嚴，服務社會，造福民生？第三，配置既畢，則如何運作權力，設置何種權力運行程序，確保權力的運行符合主權者意志？

正是在此，民主、憲政和法治，國之重器，「現代諸侯三寶」，各得其所，披掛上陣。

在政治文明與法律文化配套的前提下，具體而言，「法治」致力於規範權力運作，將其納入法定程序。經此規訓，理論而言，公開透明，一切遂有預期性。權力運作具有可預期性，大家知所進退，邊界清晰，才有基本安全感，這日子也才過得下去。「憲政」解決權力配置問題，最能彰顯一國之內的力量對比，也頗能考驗政治智慧，衡量政治技藝的高低。在此，「一府兩院」與「五權憲法」是一種關於權力的憲政配置方式，「三權分立」是另一種憲政體制，議會主權式的西敏寺體制也是一種典型的權力配置安排。它們各有側重，因地制宜，均為歷史產物，關鍵在於真能形成權力制衡之勢，而又運作無間，實現有效治理和國家目的。其間，英國的西敏式制度以議行合一達致權力分工制衡見長，對岸老美的三權分立則為議行分離，外加

司法審查策應，形成掎角之勢，彷彿劍拔弩張。各有擅場，各有利弊，各有得失。

此刻中國以「一府兩院」與人大政協分掌組織權力，堪為模擬的人民院元老院體制，同樣是一種權力配置形態，承續的是民主變體的蘇東形態。同學諸君，刻下中國體制自有權力配置安排，所謂「分工合作」，而病在缺乏有效權力制衡格局，導致權力橫向張力不夠，如此而已。其間情形，有如「三省六部」，彼此分工牽制，各走流程，卻總統於一至上權威。此一權威並非全然公共力量，有如憲法。毋寧，訴諸具體人身，因而，天然具有不確定性，以及任性與放肆的傾向。雖說從義理到體制，對他或她不無規範，更且多所期待，乃至有「內聖外王」之盼，也就是一種約束和鞭策，然則實際情形依舊取決一己人身，一切遂危乎殆哉。近世古今之變，實導由此間利弊，而以塑造可控人身為歸束，逼迫著所謂現代政治登場。

現實而言，若果一種權力配置體制不能有效形成權力制衡對沖格局，造就一種既能保障權力運作，又能防範一權獨大，而在制衡格局中順暢運行的機制，則非惡政，即為庸政。總之，其為何種類型難說，然非優良政體，而終究窳敗，則可斷定。就刻下中國而言，之所以未能形成有效權力制衡機制，就在於尚未解決一項要命的事，因其尚未解決，不僅影響到權力的運作，而且，使得權力的配置常常脫軌，更使得權力未能歸位於真正的主權者。

此亦非他，就是此刻要說的第三項，權力的來源問題。對於權源的政治回答，搜腸刮肚，遍觀世界，就現有的人類政治智慧和實踐能力而言，只好說，終亦必由「民主」來打理。前文所謂現代政治之優良政體，不出其右也。

由此說到民主。換言之，刻下的中國政制必須回答「你的權力從何而來？」、「憑什麼你來統治？」這一政治追問。對此，億萬國民，老少爺們，心頭盤桓，揮之不去，苦悶着呢，惆悵着呢，糾結着呢，而且，恐懼着呢。是啊，為什麼你有權？誰給了你這個權力？是如何給你這個權力的？這些問題，指天畫地，經天緯地，是政制的基礎，而為政治之根本，政制和政治必須交代清楚。否則，「牆有茨，不可掃也」。

　　怎麼回答這一追問呢？我們來梳理一下此刻腳下這方水土曾經給出的答案。過去有一種講法，大意是，我之有權，是「領導人民打江山，犧牲了兩千萬人頭換來的」。各位，這叫叢林規則，典型的叢林規則，一種改朝換代的王朝政治觀，正為回答者所不屑的「封建主義」。所以現在有司彷彿不講了，不敢講了，很多年不講了，「我不做大王很多年。」然後，又怎麼講呢？一種典型的表述是「人民的選擇」、「歷史的選擇」。可問題在於，哪個「人民」啊？什麼時候的「人民」啊？朋友，他可能想說的是「1949」前後的「人民」——哦，是我爺爺的選擇，甚至，我的曾祖父的選擇，或者，被選擇。問題在於，就算是我爺爺的選擇，現在我也是人民的一分子，甚至也混到當爺爺的份兒上了，而且，現在又有這麼多人民了，換了一茬又一茬，那我們作為「人民」，能不能再選擇一回呀？如果我們不選擇，我們還是人民嗎？

　　換言之，這裏牽扯到人民的自然正義、政治正義和法律釋義，歷史上的「人民」之原旨解釋能否取代今天基於現實的公民政治的訴求，等等，等等。比方說，過去解釋《美國憲法》，輒謂「立憲者」們怎麼說，「國父」如何如何。但問題在於，迄而至今，時光之輪旋轉不息，兩百度春秋早已飛逝，還能不能重新解釋？你如何知道「立憲者」們就是這個意思呢？這是美

國的問題，事例雖殊，道理則一。回到中國案例，我不否認，1949 年的時候我爺爺可能說過「OK，你娃行，你幹」。可時光之輪流轉不息，已經過了六十多年了，我想說，我爺爺說話不代表我，正如我說話不代表也代表不了我的兒孫，好不好？我要自己說話，因為我的生活不同於他們，我要為我自己的生活負責，為我自己的身家性命着想，我的生老病死終究還得靠我自己打理，他們不會替我來辦這些事，也不可能替我承擔任何責任。所以，「歷史的選擇」這一解釋顯無說服力，也不靈了。

老中國的講法是「君權神授」，脫離了歷史語境的「人民的選擇」，更無法權程序支撐，不過是它的變種。這些現在都不靈了，對大家早無說服力了。細予考察，萬流歸宗，解決這個問題，如前所述，牽扯到權力的來源，要害在於兩項。此即「政權的永久正當性」和「政府的周期合法性」。永續國家，永續政治，樞機在此，命脈在此。綜其經緯，可以總結為三句話，二十四個字，也是我一有機會就宣揚的，叫做「主權在民，治權在賢；政權為主，政府為客」，同學們知道這後一句話從哪來的？（徐恒：「天下為主，君為客」）。對。這是第二句話。第三句話叫做，「授受以公，臨治以仁」。「授受以公」講的是權力要通過民主程序來授予，突顯公開公正公平，以程序合法性來支撐，以解決最高公共權力的權源問題。拙著最近將由法律出版社刊行，題目就叫《政體與文明》。這是部對話錄，主要梳理論述的其實就是這二十四個字。等出版了，下次有機會見面，再給同學們帶來。[2]

---

2. 參詳許章潤：《政體與文明：對談錄》，法律出版社 2016 年版；完整本見《政體與文明：立國、立憲、立教、立人》，香港城市大學出版社 2016 年版。

綜此以觀，不外就是「民主」、「憲政」與「法治」三項，大白話，知易行難！所謂現代政制、政治及其政治文明，濃縮在此。弄成了，猶如舟過三峽，江平天闊，掛帆直駛雲海間。所以唐德剛先生喟言，晚近一個半世紀的中國大轉型，蔚為「歷史三峽」。熬不過，折戟沉沙，玉石俱焚，大家一起遭殃。就吾國刻下情形而言，一旦失去這次機緣，錯失這個歷史窗口期，下次不知何時再有了。

大轉型最後收束時段，勢者，時也，則坐失良機，伊於胡底，用句重慶土話來說就是，「你瓜娃子[3]嘟個交代得了嘛！？」

巴黎式左派關公戰秦瓊

說到這裏，不免想說，也必須說的是，有的同行基於美國早年的批判法學或者巴黎式「後……」左翼理論，對於筆者申說上述「民主」、「法治」和「憲政」諸項，表示讚賞與理解，但同時認為此種理路不免失之天真，尤無理論新意。特別是對於前面兩項，他們更覺得老生常談，味同嚼蠟，嚼了半天，也沒嚼出什麼新意。說穿了，不過是在炒冷飯，炒西人早已喋喋不休兩三個世紀的那一套。粗鄙點兒的，或者，有背景的，直接用「販賣西方那套理論的陳詞濫調」，或者「拾人牙慧」等措辭迭相指斥。[4]

---

3. 編按：四川部分地區的口頭禪，意為傻瓜。
4. 例如，針對拙文〈重申共和國這一偉大理念〉，一位（幾位？）叫做「魯聲」的作者寫道：
　　這篇文章借「共和國」說事，具有一定的迷惑性，但其實，它所販賣的，不過是在中國早已破產的資產階級自由派的那套陳詞濫調而已。
　　……在當代中國，中國人民所理解、接受、擁護、熱愛的共和國，只有一個，那就是中華人民共和國。因為它是中國人民自己選擇的結果，是歷史選擇的結果。

在他們眼中，更何況，雖說西人在此嘮叨不休，但這世上，走遍東西南北，哪有什麼真實的民主與法治。君不見，眼前事，那西方世界的階級壓迫與種族偏見，特別是民主政制的運作過程之沉屙日重，日益為金錢政治、民粹政治甚至種族政治所裹挾，也是煩擾不堪呀。真的，隨着雙方距離愈近，體認愈深，對於近些年西式民主政治的毛病，大家都看在眼裏，記在心上。一些人還以 2011 年初爆發的中東北非民主化浪潮為例，講述一個民主政治導致家破人亡的悲慘故事。[5]

因此，「西山日下雨足稀，側有浮雲無所寄」，這些人勸誡，別信那一套。

說實話，我對同行的上述言論，在一定程度上，既有同感，也有一定同情，但總體上並不同意，而且，頗為反感。至於「魯聲」或者「蒼龍在天」這類躲在暗處，連真名實姓都不敢亮明的寫手、打手，齷齪，醃臢，不足論。朋友，說來沒奈何，這一百多年，中國理論思想場域搬演的，包括馬列主義在內，多半都是西方的「陳詞濫調」。這是事實，誰也無法否認。自「洋務自強運動」以來，中經新文化，復曆蘇俄紅潮，下迄於今，各黨各派，莫不如此。身處文明低潮，見賢思齊，引進

而許教授所主張的「共和國」，卻不是中華人民共和國，而是美國式的所謂西方民主國體與政體。這個東西，在許教授心目中，乃是「放之四海而皆準」的「普世價值」。中國人民只有照着這個樣子走，用許教授的話說，才具有「政治統治的正當性」，才合乎所謂「德行」。

　　這當然是早已破產的陳詞濫調。

　　……

　　對此，人們可要擦亮眼睛呀！

　　此文載見《中國社會科學網》http://www.cssn.cn/zx/201603/t20160330_2945840.shtml，2016 年 3 月 30 日。在此之前，署名「蒼龍在天」的博主，發表了類似的一篇博文，只不過更加粗鄙罷了，讀者自可檢索閱讀。

5. 有關於此，筆者在〈敗在國家建構，而非民主政治〉一文中已有解析，載見《中評網》http://www.china-review.com/ma.asp?id=36425，2015 年 6 月 28 日首發。

模仿，以圖自新，再求創發，沒什麼丟人的。它們流行國中，說明我們有需要，對此，還真是老生常談，其實無須再多說什麼了。但是，這非但沒有證明中國文明低能，毫無創發能力，相反，說明一個古老文明遭遇生死存亡之際，發深心大願，毅然接濟活水源頭，並有能力強毅力行，翻轉更新。事實證明，照此思路走過來，走到今天，積勞積慧，混得還不錯。因而，更須再接再厲，日征月邁，而日增月益，終亦必日就月將。

除開這層理由，這裏要說明的是，前面用了「總體上並不同意，而且，頗為反感」這樣的措辭，是因為說這些話的人，均為華裔，關心祖國，但多持外籍護照或者綠卡，回國任教也好，做長江講座、短江教習也罷，只是度假式的，拿點錢，拍拍腿，走人。好處是對於兩方情形都有所瞭解，故而，可能在某些方面也就有所超脫，也不能否認他們說這話的觸發點是切膚之痛，因而才會告誡祖國同胞不要對人家的生計想當然耳。人家的邪門歪道多着呢，不是表面那般冠冕堂皇的。其實，只要不是弱智，這一點我們都看在眼裏，記在心上，也懂。但壞處是切膚之痛的痛處可能與我們這些生計早已扎根於此，因而「貧賤不能移」的國人不盡一致。畢竟，我們沒處拿錢。所以，他們才會力勸同胞不要急於搞什麼民主，否則便是「兔森跑，乃義務」。

「貧，氣不改；達，志不改。」古人自勵，今人誦念，今古對照，說來容易做來難呀！

舉例而言，拿我在國外混幾年的觀察來看，他們感受到的所在入籍效忠國家的民主政治的虛偽性與自己身為少數族裔的非主流性，以及由此帶來的個人認同、政治正確的困擾、個人成就感的無所着落等，「國內同胞」也許在智識上有所認知，但卻無日常生活上的切實體認，因而，終究眼不見心不煩，則共鳴交集就

少了。另一方面，我們可能痛在連個什麼虛偽性也沒有，因而，雖說對此非主流性的苦惱，在智識上有所認知，卻不一定會在感情層面激發漣漪。職是之故，兩相比較，各自對於自家的困境和需求，多半處在自家立場說話，則所見有所增減，所持視角及其背後的時代意識，也難免參差。這表明，再次表明，作為有限理性的此在肉身，我們都只是局部真理的有限體認者而已。

說到這裏，就不免說到錢的事了。幾代人流血流汗，終於，這些年政府手上有點錢了，拿錢做事，設立了不少很有吸引力的項目。除非有背景，否則一般讀書人都沒什麼錢，掙的那點工錢，保溫飽沒問題，奔小康要費點兒勁，但要富貴，可就沒指望了。要想富貴，請改行，別做學術這份工。說來有意思，今日中國學府裏，就文科來看，誠實做學問的學人，多半搞不來什麼錢，可能也未必肯去為票子操心。倒是二流三流末流的，在此長袖善舞，花錢堆砌許多叫做「項目」的垃圾。項目多為垃圾，這是不爭的事實，不信你隨便拈幾個出來看看。也就因此，他們其實胃口不大，給點兒散碎銀子，好像就挺滿足的，甚至心花怒放。美國讀書人感慨為何學院政治如此糟糕，就此請教老油條基辛格博士（Henry Kissinger），老人家回答："because the stakes are so small"（因為持份太少）。吾國情形，其實，差不多。上述那些說話的學人，不少好像都拿了點兒官家的經費，有的還要參加「西柏坡紅色之旅」，同時提交手寫的（注意：不能是打印的）參觀學習的心得體會，因而言辭不免有所顧忌或者有所含指，不能怨別人說三道四。當然，正人君子，對此不應無端武斷臆測，但事實是，由此使得他們的言辭話語的說服力與信賴度降低，有目共睹，也是毋庸諱言的。

不說這些，言歸正傳。記得過去讀林毓生教授的文集，其中談到有關民主政治的二元，頗受啟發。此即「高端的民主」

與「低端的民主」之對舉，或者，紙面上「理想的民主」與現實中「實踐的民主」之對照，抑或當年思想家們「設想的民主」與後來各國政治生活中「施行的民主」之二元。[6] 它們不僅在一國民主建設的發生史和成長史上有先後程度之別，而且，東西諸國，其國族政治文明類型及其成熟程度不同，其兌現程度與方式，亦且有別。若說「真的民主」是指理想中高端的盡善盡美的民主，則其理想至今尚未完全兌現，確為事實，沒什麼好說的。就靠這群有限理性的肉身，竟能攀爬到那樣的境界，可以用於規勉與鞭策，但包括理念的設想者、制度的設計者和實踐的操作者，我猜測，都沒真心對此保持十分信念，多半也是知不可而為之吧。受到勉勵，方會勉力，有所鞭策，自當策勵，這是人性。倘非如此，可能，更加不堪呢。好比一切宗教，也許可以包括儒學在內，都悲憫曉諭眾生，叫人向善，擺脫俗諦的控制，脫離低級趣味。不僅個體心性向善，而且，指向公共善；借由心性善端，凝聚善緣，造福眾生。其情其形，恰如《荀子》所詠：「托地而游宇，友風而子雨。」但是，迄今為止，地面上，還沒出現過一例堪稱完人之人，而上帝之城永遠在天堂，從沒現身大地，是同一個道理。因此，脫離了此一語境，而否認民主政治的真實性，特別是它在落實善制與善治中的有效性和真實性，等於以「三代之制」臧否一切人世政制，實為一種不切實際的烏托邦，操切，兼具天真浪漫氣質與現實批判精神，但卻無助於、不利於類如中國這樣正在奮力爭取自家善制與善治之境的國族，朝此目標遞次推進。相反，卻有可能為某種極權政治與威權政制張本。

---

6. 具體論述參詳林毓生先生〈論民主與法治的關係〉，收見氏著《傳統的創造性轉化》，三聯書店 2011 年版。

畢竟，為了好過日子，過好日子，我們不怕缺什麼，怕的是諱疾忌醫。直面人性之惡與理性之有限，不是因為懼怕人生，羞辱人類。恰恰相反，恰是因為熱愛這個物種，也只有如此，方始有助人生，裨益生命。

說到底，直面制度缺陷，才能走出國族困境。這世上沒有完人，不等於包括儒學在內的大經大法之悲天憫人虛偽不實。可能，恰恰相反，說明其陳義既高，寓鼓勵與鞭策於一體，這叫做人類的物種，才倖免永陷匪幫，而不斷趨於善好。不時犯糊塗，卻不至於永遠糊塗。縱便失落，總還能找回。因而，話題收回到上述三項之「老生常談」，說到底，當今人世，以中國文明積蘊之深厚浩瀚與晚近中國大轉型之席天幕地，前無古人，走到最後，總會有自家的特色，甚至提供一種新型人世治理秩序與人間生活方式。但是，兄弟，就眼面前開步走、往下接續着走，從而，走到這一境界而言，除開上述筆者倡言的「老生常談」，我們還真就找不到什麼替代性的新鮮玩意兒。要說個人理論抱負，我也時不時有想說出點兒新鮮玩意兒的衝動，不能一鳴驚人，至少不同凡響。最少，弄出點兒動靜。但在這件事上，左思右想，瞻前顧後，還真就覺得為了穩妥計，為了小命一條考量，這些「老生常談」最為切實。其之運行於世，「致廣大而盡精微，極高明而道中庸」，原是拿時間摸索出來的，更是拿命換來的嘛！

申言之，之所以作此斷論，就在於基於下述兩點，這玩意兒是無法跨越的。一是眼面前就有一個較好的方案，或者，較不壞的方案，其之效應，屢試不爽。既然照此方案，危險性最小，對於億萬普通人的罈罈罐罐傷害最輕，大家相對最為安全，那麼，閣下就不能基於自家的美好政治想像，甚至一己理論抱負，拿我們這芸芸眾生做試驗品，以證明你的方案之英明

正確。畢竟，我們不是小白鼠，誰也沒有特權拿別人當作實驗自己政治方案和政治理想的小白鼠，更不能以這方水土及其億萬國民的人生作為自家理論創新的試驗場。說得理論點兒，這叫做人是目的，永遠是目的，而非工具——老實說，一聽說「理論創新」這樣的字眼，假模假式，忸怩作態，就不禁渾身陡起雞皮疙瘩。況且，這別人，就吾國情形而言，可是十四萬萬，男女老少，佔據當今全球人類五分之一，怎麼能把他們當作手段而非目的，用他們眼下的安寧、和平與溫飽做實驗，去兌現你那不着調[7]狗屁理論創新所允諾的未來天堂呢。多半情形是，對於未來之信誓旦旦，如這個功那個功，這個主義那個主義，或者，專門針對城鎮老年人販售特效藥品的宣講活動所鼓吹的那一套，以及穿唐裝、手上拿一串珠、下巴留一小撮山羊鬍子的——諸如此類，不一而足，它們與他們最好的結果是不着調兒，中間的是騙點兒錢，鬧點兒名，最壞的是努力修砌天梯的努力就是在挖掘下落地獄的通道。要是通道修好了，他們自己是否先下去，鬼才知道，但是億萬人生就此魂飛魄散，則是板上釘釘。實際上，這不就是昨天的事嗎？剛剛才過去呀，怎麼就忘了呢？！

　　而說一千，道一萬，我的朋友，更主要的原因在於，在下和其他倡說上述三項老生常談的同道，並非不知其「味同嚼蠟」或者「真正」與「虛假」之別，其高級境界與初階起點的層次之差，可面對人類之為有限理性這一先天的初始條件，人類群居方能維生而須要一定政治權力以為措置這一不得不然，以及它們本身不僅在解決問題，同時還是問題本身這一現實，特別是面對人性之惡這一人類「無辜的邪惡」與我們自家命定的初

---

7. 編按：北方方言，指不着邊際。

始條件，我們的施展空間實在有限，手上能夠運用的工具着實不多。僅就政治之善制和善治來看，大面而言，只能以它們來對付。而且，事實證明，那些日子過得較好的國族，就是用這種法子過。我們不笨，「也曾闊過」，見賢思齊，也會這樣過，而且，還可能過得比它們好，為什麼就不能這樣過呢！

上上下下，都這麼想，億萬人心，其為時勢者也。

都說華夏邦國是一種「學習的文明」，而美利堅這類羅馬帝國是一種「佈道的文明」。此種分類，對不對，姑且不論，但說明我們具有學習的能力，見賢思齊，進而，創造的能力，總有一定道理，總有相當的解釋力。而且，學習是創造的前提，創造是學習的結果，一種可能性結果。但前提還是要學習，吸納優秀文明，方能提澌己身。如此這般，何樂而不為？實際上，縱觀歷史，哪個大型樞紐文明不既是「學習的文明」，同時又是「佈道的文明」。能否佔據此種文明位置，就看你有沒有什麼家藏拿得出手，足堪鄰居效法模仿。就今日華夏而言，若果在一個半世紀的學習模仿之後，多所創造，而且，事實上一直在努力創造，做到這一步，就不僅天助自助，而且，還有助於世界人類，向全體地球人展示更好的生活方式。而這就是中國文明的絕大貢獻所在，是全體國人與當今人世的共同福音嘛。在此現代文明之四百年大轉型後的收束時段，以華夏之為世界歷史民族的體量與情懷，承擔此一收束，時不我待，責不可卸，更且何樂而不為！？

但是，前提是你得能吸納消化既有的文明成果，而後轉化創新，登高望遠，開闢新境界，從而，才有可能振臂一呼，響應風從。

否則，你瞎嚷嚷個球！

因而，回到「提煉優良政體」這一論題，全體公民政治上和平共處之所以可欲，就在於基此初始條件，才能在承襲學習中有所創造，非如此不足以存活，而多所因應者也。而能夠助力於並真正實現此種和平共處的體制安排，也是迄今為止切實可行的最為不壞的安排，代價較小，大家不太心慌害怕的，說來說去，還不就是這些「老生常談」。

　　實際上，反對的朋友們，你們可曾拿出任何一個更好而可行的方案來，保證不流血，不砍人頭，也不引致大規模動亂，更不至於造成普遍的壓迫？沒有，沒有嘛！在我看來，你們提供的所謂理論方案，恐怕連大家的肚子都填不飽。我們這些年幼餓飯長大的，一想到當年饑寒交迫卻還要天天唱誦讚美詩，一想到幾代人動輒得咎、縠觫存世的無邊恐懼，說實話，對於你們的這些方案，包括你們在內，實在覺得噁心。所以，雖說「老生常談」，今天還是要談，可能就個人理論抱負而言，無所建樹，談不出什麼新道道，但就最大限度避免觸碰上述兩個底線而言，自有其公意與公益所在。非惟應當，而是必須，就讀書人尤應擔當而言，此乃必須也！

　　說句搞笑的話，假若有生之年，民主、憲政和法治這些「老生常談」，打理國家的重要家什兒，竟能一一落地於華夏邦國，鋪陳於廟堂庭院，「歷史終結」了，則在下保不準將會啟動「學思轉向」或者「理論轉型」，而將主要精力用於揭示其虛情假意，抨擊其弊端污點，防範其出現小丑貝盧斯科尼（Silvio Berlusconi，意大利前總理）、市儈薩爾科齊（Nicolas Sarközy，法國前總統），或者老炮兒特朗普這樣的蠱惑家。與巴黎咖啡館裏的左派搞個對談，表達一下後思後學的厭世情結。「哦，我對人類實在失望了啊！」甚至，對清風明月，也說說仁義道德，感慨一番人心不古，或者，作拯救蒼生狀，唱唱「哈利路亞」。

又或，「春思悄，畫窗深，誰能拘束少年心。殷勤再為天香醉，一笑歌自醒」。

哈，到那時節，要是前述那些華裔外國居民朋友們心思沒變，洒家想必就很樂意跟他們打打牌，下下棋，隔三差五，青草坪上，自家院裏，人模狗樣，端個香檳杯子，搖搖晃晃，搞回「霸婢寇」[8]，而找到知音了，也未可知。

---

8. 編按：即 barbeque，燒烤聚會。

十五、「現代中國」究竟意味着什麼？[1]

　　至此，應該回答「現代中國」究竟意味着什麼，而為通篇談話做一小結。其為回瞰，也是前瞻，更是當下自勵。

　　各位，中國的現代進程起始於洋務運動，至今已然超逾一個半世紀，跨越清末、民國與共產政權三大時段。其中，這叫做「人民共和國」的共產政權又擗分為前後兩段，惟依根本政體牽連。比諸前述近代主要國家的轉型歷史來看，一兩百年，不算短，也不算長。考其承續，發現雖階段有別，而且存在嚴重歧出，卻內在連環，不期然間構成了一個完整歷史時代，也是一個統一的政治單元。蓋因具體指向雖異，但根本方向無別，均起於西洋勢力東漸與兩千年帝制腐朽崩塌，而以解決「中國問題」、「建設現代中國」及其「現代秩序」為旨歸。拂去政治瑣屑，置此「古今中西」大時代，其之因應時勢，強毅力行，構成了這一統一政治單元的主流文明意識，也是這一歷史時段的主流政治意志。所謂「內在連環」，則脈絡在此，樞機在此。在全球史鳥瞰，則正好趕上晚近這一波自西徂東的現代浪潮，中國的奮鬥遂為世界體系的一部分一環節，而獲享普遍意義。

　　超逾一個半世紀裏，左衝右突，流血犧牲，億萬人生就輾轉煎熬於此歷史進程，而顛沛流離，歌哭於茲矣。

---

1. 本節文字是應《南風窗》邀約寫作，發表於該刊 2017 年第 5 期。

那麼，放眼大中華，「現代中國」究竟意味着什麼呢？它的政治形貌與精神氣質如何？時至今日，在應然和實然、可欲與可能兩相比對的意義上，解決「中國問題」的現代進程已經走到哪一步了？往下如何收束？對此，前文已然有所回答，此刻在法政哲學維度，再予審讀，粗略梳理出一條「立國敍事」，以作補充。雖說建設現代中國的歷史進程尚未完結，卻已抵達收束時段。故爾，今日回視，已然不妨作此小結。

五點共識

　　大致而言，無論持取何種理論立場，有關「現代中國」的理想圖景與現實面貌，下述五點，諒有共識。

　　第一，解決「中國問題」是一部中國近現代史的主旋律，期期於「建設現代中國」，則以「富強、民主與文明」三大目標為旨歸，勢所必然。這也是所謂「社會主義價值觀」的首要三項，雖今日政體亦且倡說無違。在此，富強是立國目標，民主是建政導向，而文明——此處更多意味着現代早期以還發育成長的所謂現代文明——則將政治與邦國聯袂一體，實現文化與國族的內在溝通，賦予中華民族的建政立國以現代文明共同體的位格。總體而言，凡此三項努力，歷三時段而不改，雖九死卻無悔。迄而至今，就大中華地區來看，均有建樹，而進度不一，區域間既有落差而又交相輝映。但是，百折千回，崎嶔歷落，中國已成全球性經濟大國和政治大國，並有望成為文化大國，則無疑問。換言之，凡此三大目標，是現代中國的立國大方向，建制立政的大經大法，則一切政經舉措均不得違忤，否則即為昧於時勢，逆歷史潮流而動矣。

第二，現代中國意味着「立國、立憲、立教與立人」四位一體，而構成文明轉型、思想啟蒙、社會成長和政治建國的統一進程。「認識老中國，建設新中國」，梁漱溟先生當年的原話，概括其貌，道盡其旨。如此這般，立憲遂成樞機，支撐起政制而建設政治，引領出一個政治立國的浩蕩而動盪的大時代。實際上，自清末變法，到民國立憲，至晚近半個多世紀的立憲修憲，徜徉於名實之際，立憲總是立國建政的核心項目。與此同時，意義秩序的翻新，特別是夾雜在古今之變與中西之變之間，如何恰予調和，以切實人心，遂為文明立國的核心。此一過程，也就是現代國民的涵養作育與興發成熟的進程，則伴隨着立國立憲進程，現代國民公民的成長，乃至於「新人」意象，必然提上議事日程。迄而至今，凡此四項，均有長進，卻都有待完善，表明中國的現代立國進程並未完結，尤其是西北邊疆的文教整合與法政收束，有待於持續精進中力爭完滿落地。

第三，由此，「發展經濟社會，建設民族國家，提煉優良政體，重締意義秩序」，凡此四項，丁一卯二，配套而來，蔚為立國建政的四大項目，堪當綱領，而綱舉目張。考諸近代中國歷史，無論哪個階段，此為主流文明意識，也是主流政治意志，時有差池，亦得糾偏，不容稍懈。迄而至今，大率可以說，「發展經濟社會」頗見成效，還須往前趕，實現經濟轉型的充分落地與更新換代的與時俱進。畢竟，中國是世界第二大經濟體，國民奔小康，溫飽之上更求富裕安寧，來之不易。「建構民族國家」已然完成，有待以「憲政國家和憲法文化」的鋪展為大中華兜底。至於「重締意義秩序」，也就是所謂「立教」，不是一兩代人的事，必得訴諸漫長的心靈成長歷程，早已折騰百多年，還要再幹兩三代人，早已如前所述。同樣在此，大中華海峽兩岸四地，展現了多元進路，形成了一種多元並進的繁富思想景觀，而有待於一種開放性主導文明價值統籌提攝，修煉出

國族的心智與心性，則中國是並且總是意味着一個全球體系中的中華家國天下。

尤須指出的是，在此四大項目中，「優良政體」堪當樞機。此非所謂「政治決定論」，而是吾人幾代生聚過來的沉痛教訓所在。經驗表明，大轉型的初中期，經濟社會發展蔚為基礎，無此一切免談。一俟基礎奠立，既足以支撐民族國家，復造就市民生活，則經濟不再是問題，政治便會浮上檯面。縱便表面是經濟問題，骨子裏卻常常是政治。正是在此，大率可以說，現代中國的成長一直以追求優良政體為鵠的，使得一部現代中國的成長史遂成政治建國進程。如何建設一個強有力的民主國家，實現國家治理的現代化，是百年一脈延續的主題。在此，百年中國面臨的問題是，過去是、現在依然是，如何採擷中西，融匯古今，以建設一個可欲而可能的政體。其之有德有方，將主權與治權、政權和政府、政道和治道，清晰分梳之際，實現政治的穩定性和政制的有效性的統一，特別是要自權力源頭較好回應政權的來源這一根本性追問，從而賦予政權以永久正當性。

在此，大中華進行了多元嘗試，各有千秋。其中一脈思路認為，所謂優良政體，不外乎就是建立在自由而平等的個體橫向聯合基礎之上，以「同意和授權」為機軸而構成的統治和被統治的關係，亦即坐實「立憲民主，人民共和」。不管歧見幾何，大中華的多元實踐證明中國文明對此持取開放態度。此刻往下，伴隨着實際上一直未曾止息的政治改革進程，彷彿走到了統宗匯元的集成時刻了。本書時以「臨門一腳」敍事抒情，則心意在此，寄託亦在此。

第四，也就因此，現代中國的成長意味着「雙元革命」，此即「文化中國—民族國家」與「政治中國—民主國家」的統一。

簡言之，就是「以文明立國」與「以政治立國」。其中，「以政治立國」的極致是「以自由立國」。

具體來說，19世紀末期開始的「現代中國」的立國進程，起自掙脫朝代國家、奔向民族國家的努力，欲將中國奠立於基於族群共同體而來的民族共同體之上，而指向政治國族目標。因而，「現代中國」的立國建政以民族本位和民族主義立國，訴諸「文化中國—民族國家」，理所當然，勢所必然，因應的正是這一全球列國體系的時代潮流。這一方案取徑歷史主義的文明論建構，追索的是現代人的家園歸屬和文化忠誠，以文明積蘊滋養上述體制保障，進而由心性通達政道，在努力實現天道與人心合德的文明進程中，昭示政道和治道的文明意義。就此致思理路而言，如今回頭來看，大中華的實踐卓有成效。

另一方面，「現代中國」意味着它是億萬公民分享的公共家園，一種立基於立憲民主建制之上的公共建置，一個以法律共同體為基礎的公民共同體，因而，須要以公民理性來建構自己的政治理性，兌現作為立國之基的憲法的政治承諾，表達出應有的政治誠意和政治德性。如此這般，方能達成全體公民政治上的和平共處，分享公共自由，而恰成一共和局面。職是之故，與「文化中國—民族國家」相對應的，如前所述，便是「政治中國—民主國家」。其為一種政治自由主義與公民共和主義的政治建國進路，旨在解決權力的來源、配置和規範的大經大法，重在民主、憲政與法治，重申公民美德，而為全體公民政治上的和平共處提供體制保障，涵養國族立世存身的政治德性資源。其間，尤其是經由「主權在民，治權在賢；授受以公，臨治以法」這一政治法權程序，明確「政權為主，政府為客」，於坐實國家主權之際，解決政治權力的來源及其轉授難題，實現常態政治下的永續國家目標。

經此兩項，這一文明共同體與政治共同體合二為一，恰成一新型組織，就是「政治國族」。以所謂「民族國家」相稱，乃譯自舶來語彙的結果，導致多所誤讀。究其實，"nation-state"或者「民族國家」，其含義早已超越民族種族，論範圍，論內涵，論境界，恰為「政治國族」。傳統朝代國家、王朝政制，經此一變，有如走獸之為飛禽。當年西洋於此先行一步，領頭做了飛禽而已。此後各國爭做飛禽，有的飛起來了，有的愣是起不來。由此也就解釋了為何抗擊帝國主義侵略，是「現代中國」創生史的必有內涵，而相當長時段裏，中國在此恰恰屢戰屢敗，屢敗屢戰，就在於以一朝代帝國與尚在轉型之身，來應對先發起來的這種現代「政治國族」，吾族吾民，身心兩面，那時節，註定落敗。

回瞰過往，總體而言，中國的百年立國進程正是以「文明立國」來建設民族共同體，以「政治立國」來建設政治共同體，努力實現政體論與文明論的統一。畢竟，在理想與現實的雙重意義上，「現代中國」不是別的，不過是文明與政治的統一體，人民與城邦的共同體。在此，追求既有集體尊嚴和基本公共產品，又能護持個人自由與捍衛愜意人生的現代國族格局，早已為國家理想，而進度不一，說明了現代中國的誕生是一個超大規模的長時段運動，難能一蹴而就，而有待於接續努力。

基此，可以這樣兩句話作結，此即「民主的法制化所締造的憲政體制的文明化力量，給政治國家以文明加冕；文明的主體性所提供的超驗價值之寄身於政治建構，旨在讓文明國家獲得自己的政體肉身。」凡此一旦實現，則「現代中國」完全落地，起自 16 世紀晚期、17 世紀初期的現代歷史在中國終結。同樣正是在此，大中華各區域同樣進度不一，取向有別，而有待於商談進程中實現多元一體也。

第五，現代中國的成長依恃國家理性與公民理性二柄，期期於涵養國族的政治成熟，而蔚為政治國族，締造公共自由。現代中國的國家理性建構啟程於抵禦外侮，而肇興於自救，終歸於尋繹優良政體和有效政治的政治自覺與文化自覺。大略來看，這一思慮初在將國家與朝廷兩相剝離，使國族和天下井然分際，突顯國家利益本質及其現代轉換。繼而，於國民與國家、人民與政體的框架中，省思公民個體的自由與幸福，將民族心思凝聚於優良政體的追尋。就此而言，中國的民族自救和立國運動自始不僅動用民族理想，而且啟動公民理想，仰恃立憲，終於凝聚彙集成追求上述「富強、民主和文明」的三大目標。

　　在此，國家理性意味着須將「國家政治」和「國家間政治」恰予兩分。在國家政治場域，理想而言，持守「立憲民主共和國內沒有敵人，只有違法犯罪者」這一基本底線，以公民理性救濟國家理性，用優良政體承載國家理性，於公共討論中形成公共理性。同時，在國家間政治場域，必須分清敵友，保持清醒理智的現實主義國際觀，捍衛國族集體尊嚴，而於不同語境分別運用道義力量與功利立場。進而，在尊重現代性主導下的普遍歷史觀的同時，構建中國的世界概念。所謂國族的政治成熟，包括但不限於此。對此多所歷練，而措置裕如，尤其是於「建構主權，區辨敵友，劃分公私，進行決斷，提供和平」，凡此政治的犖犖大端，有定見，拿得起，放得下。

　　中國的情形大致是，至遲甲午海戰後，士大夫們即已認識到，文明共同體與政治共同體的合一，作為文化子民的國民與作為政治參與者的公民的統一，對於「世界的中國」與「中國的世界」這一辨證關係的明晰，是造就一統華夏和富強中國的必備條件。此後往下，一路走來，在國家與國民的關係上，字

紙層面而言，基本體認到公民對於民族國家的政治忠誠，當兵納稅，是以國家向他／她奉獻保護、尊重和平等的關切為條件的，必須遵循「守法者就是立法者」這一雙向承認法權。如此，中國才是一個現代國家，而蔚為全體公民的公共家園。大致而言，就此中國近世歷史的主流政治意志與立國正道而言，同樣有待於繼續改革開放中，逐步坐實也。[2]

「現代中國」是自由主義和中國文明的雙重勝利

行文至此，理述現代中國立國進程的思想脈絡和政治進程，勢必不能迴避自由主義價值理念與中國文明的內在關係這一大是大非。在此，首先遇到的一個問題就是，自由主義能否直面中國文明的苦難，包括如何回應諸如「落後就要挨打」與「1840 情結」等民族主義命題和隱痛，怎樣解釋東西方列強對於現代中國的成長的複雜心態等國家間政治問題。即便無法面對具體苦難，也必須對苦難問題在一般意義上多所回應，在人生哲學和生命政治意義上恰予理論性闡釋，才可能於內在骨血上回應中國文明關切，而貼應中國文明的憂患心弦，最終融會於中國文明。至少，它必得回答自由主義的一整套政治價值理論背後的德性倫理與文明的內涵取向。恰恰在此，作為一種整全主義的致思進路，無論是在「救亡與啟蒙」，還是見諸前述立國的三大目標與四大項目，中國現代學術譜系中的自由主義實際上均多所回應，並有待走向理論成熟和政治成熟。刻下執政黨倡說「依憲執政」、「法治國家」與「國家治理現代化」，以立憲

---

2. 有關於此，參詳拙文〈國家建構的精神索引：今天中國為何需要省思「國家理性」〉、〈以優良政體承載國家理性〉，兩文均收見拙集《國家理性與優良政體：關於「中國問題」的「中國意識」》，香港城市大學出版社 2017 年版。並參詳我和翟志勇教授合編的《國家理性》（「歷史法學輯刊」之四），法律出版社 2010 年版。

為立國之本，而國民咸認「立憲民主與人民共和」是中國政治的發展方向，兩面互動，亦真亦假，堪為明證。

畢竟，中國近代的大轉型，改天換地，不僅是中國文明的自我轉型，也是現代世界創世紀的重要組成部分。如同其他古典樞紐文明，中國文明本身就內含着開放性的普世導向，中國民族歷來蔚為「世界歷史民族」。事實上，百多年的立國進程中，中國文明展現了接納異域文明的寬闊心胸和消納能力，而自由主義價值觀經過五代人的吸納、消化與融會，也已然有選擇地在中國文化中落地生根。舉凡人格平等、自由意志、追求幸福的權利以及超越性向度的自主選擇等等，早已積澱於億萬國民的身心，一定程度上見諸日常的灑掃應對。它們既本諸自由主義的個體價值觀，也是儒學「收拾精神，自做主宰」這一德性倫理觀的切實踐履。

就此而言，中國文明的復興與現代中國的成長，既是中國文明返本開新、自我發展的自然結果，也是百多年來吸納包括自由主義在內的各種西學元素後的綜合生發過程。兩頭結合，截取融通，方有此刻大中華文明圈的整體崛起。實際上，這一立國進程動用了儒家義理、民族主義、共和主義與自由主義、馬列主義等多種資源，而共同達成了今天這一結果，並有待「臨門一腳」的最後收束。其牽連互動，最終推導出此刻有望最後成型的「現代中國」，堪為自由主義和中國文明的雙重勝利！[3]

---

3. 有關此段內容更為詳盡的闡釋，參詳拙文〈自由主義如何在中國落地〉，收見拙集《國家理性與優良政體：關於「中國問題」的「中國意識」》，香港城市大學出版社 2017 年版。

自由民族主義王道共和法理

至此，綜上所述，如果說「現代中國」不是別的，不過是「文化中國—民族國家」與「政治中國—民主國家」的統一體，展現為「立國、立憲、立教和立人」四位一體的整體性進程，而以「富強、民主和文明」為鵠的，那麼，走到今天，可以看出，其成長進程內涵着一脈立國哲學，有待抉發。就是說，超逾一個半世紀的建設政治國族的進程，其中必有主導性理念及其知識論結構，它們由微至宏，從模糊到清晰，漸次顯豁，逐步成型。所謂「中國敘事」，就是要梳理其頭緒，展現其脈絡，落實個名目，而綱舉目張也。

在此，筆者試以「自由民族主義王道共和法理」歸納申說。其間脈絡，有待專書闡釋，在此可得簡要陳述的是，這一敘事緊扣「中國問題」，以平實回溯復原百年立國進程為基礎，不僅旨在建構政治統治正當性及其理念價值資源，而且，回應民族國家時代全球體系中的敵我政治這一頭等大事，統攝「文明立國」與「自由立國」這兩大支柱，以實現「國家與文明的統一性，文化與政治的一體化，人民與自由的同一性」，而最終涵蓋中華文明的現代秩序。其於中國文化這一宏大背景下，將自由主義、民族主義和共和主義收納一體，有機運用，通盤運籌，於互相牽制中謀求平衡，從而促進文化中國、政治中國與人民共和的統一，以塑造華夏國族成熟健全而剛健博大的精神內涵和政治外貌。本節前述有關現代中國的五點共識及其處理思路，以及第八節「低頭致意」等段落，均為此一敘事的簡略鋪陳。

進而，這一鋪陳立國敘事的運思，也就是一種建構中華文明國家哲學的思想努力。以國家哲學綜理國族的理性與理想，提煉國族的核心文化意識與主流價值理念，陳述和表達國民的

主流意志，對於國族生活和國民心性做出具有歷史維度和政治意義的深度闡釋，百多年的華夏心智持續精進，多所積勞積慧，已然初見規模。今天，特別須要在晚近中國與外部世界的互動意義上，放眼全球歷史進程與現代世界體系，闡釋中華民族自救自強的近代歷史的正當性，梳解其苦難，抒解其悲情，體認更為宏闊層面上的中國文化的理性精神和人文主義傳統，構建剛健和平而內斂開放的文明氣質。其間重要一脈學思，可能也是將傳統華夏邦國治理智慧與現代政治國族建設須要曲連溝通的樞機所在，就是「家國天下」的文化情懷與政治憧憬，而有待精細疏解，慎予現代闡釋。此為國家哲學，而為國族招魂矣。

畢竟，中國的大轉型起自 1860 年代的「洋務運動」，歷經三波「改革開放」，以向中國傳統文化的創造性回歸、向大西洋文明致意取法、承認普遍人性，來塑造中國近代歷史的主流文明意識和政治意志，並作為重新出發的起點。迄而至今，歷經七代人的前赴後繼，已到最後的衝刺和收束時刻，須要踢出「臨門一腳」，尤其是要坐實憲法宣示的「立憲民主，人民共和」這一政治願景與立國綱領。就是説，現代中國已然成型，但大轉型並未完結，有待再幹一、兩代人，尤其是要在優良政體這一項目上，續予推進，而自當下用功，戒慎戒懼，往前趲路。否則，一旦失去這個窗口期，則不進則退，山河澆漓，伊於胡底矣！

是所思焉，吾華夏七代兒女，心同理同；是所望焉，只有願景變成現實，才堪依託；是所懼焉，實因天意從來高難問，自助方始天助；是所禱焉，終究歷史自有脈絡，吾人馨香敬佛，天佑蒼生……

那麼，尚有機遇否？

文明復興及其時間窗口

如前所述，中國的現代轉型走到今天，一路跌蹌，已然超逾一個半世紀，尚未完工，有待收束。此時此刻，瞻前顧後，彷彿呈現膠着狀、拉鋸狀，令人頓生不進則退的憂慮。實際上，兩年多來的實際進程，政經兩面，文宣、教育與政治，均已多所倒退，文革式的理念、做派及其勢力死灰復燃，重新登場，大家於驚詫莫名之際，憂心忡忡。亟須承前接後之際，適值歐美政制新一輪調整周期，原本熟稔的意義體系與世界格局彷彿突然面臨重組。於是，在此憂慮之上，遂疊加上「中國的戰略機遇期」是否尚存這一危機意識。

對此，可分宏觀、中觀和微觀三個層次，逐一來看。

宏觀而言，如在下一再申言，16世紀晚期、17世紀初期以還至19世紀初中期，跨度長達兩三百年，是所謂的現代「地中海文明時代」。之所以前綴「現代」二字，蓋因此方水土，早於德國哲學家雅斯培（Karl Jaspers）所謂古典樞紐時代就曾有過一次文明高峰，概為「古典地中海文明時代」。時運至此，這波席捲全球的現代文明，這個叫做現代與現代秩序的大框架，於此肇啟，並在此時段大致定型，構成通常所謂的「現代早期」。其後，英國獲得海上霸權，下迄「9.11」，英美第次承接權勢，跨洋挽臂，聯手為盟，以此為軸心，形成了歐美霸權一統天下、主宰世界的百年格局，蔚為「大西洋文明時代」。就此而言，英美帝國概分前後兩期。前期以英國為主導，首都在倫敦，比照東西羅馬陣勢，可謂西英美帝國；後期以美國為莊家，首都在華盛頓，恰為東英美帝國。而前後接續，更新換代，締造的正為盎格魯—撒克遜文明一統天下的帝國景象，為羅馬帝國以來所僅有，可堪嗟歎者也。

凡此兩大時段，均為西方文明單兵獨進，凱歌高奏，亞非瞠乎其後，只有挨打的份。人為刀俎，我為魚肉，這帝國主義列強殖民歷史，不因現代性光芒伴隨刀光劍影照臨四方就可抵消。至晚「9.11」爆發後這十來年，全球治理中的歐美權重相對衰微，東亞和東南亞整體性崛起，拉美與黑非洲亦且展現活力，使得「太平洋文明時代」曙光初現，乃至有所謂「中美共治」一說。至此，算是東西兩方兄弟登山，各自用功，開始向漸趨平衡邁步。不過，話說回頭，1945 年抗戰勝利，中國以貧弱之軀犧牲慘烈，靠美國拉扯，居然搖身一變而成「世界五強」，實已扭轉格局。此後歧出，而有撥亂反正之舉，這才柳暗花明，迎來復興，而有太平洋文明時代之曙光初照。

　　的確，宏觀鳥瞰，這一權勢轉移的歷史大趨勢顯豁無礙，這一文明格局亦且正在成形過程之中。就此而言，不妨說，中國正處於上升期，尚有機遇。不過，須要鄭重提醒的是，中國依然處在趕超的爬坡期，並未走到霸權替代的轉折點。

　　微觀而言，1990 年 10 月柏林牆倒塌和翌年蘇聯解體，至「9.11」爆發，這十年左右，概為自由市場經濟和立憲民主政體全球凱旋時段，也是美國霸權暨美國治下的和平登峰造極之時，乃至有歷史終結之說。「9.11」至奧巴馬執政屆滿，「反恐」成為全球議題，內裏貫穿的則是耶回兩教的文明衝突，而所延續的是千年恩怨，老戲本，新佈景，角色未變，主題依舊。中國於此時段韜光用晦，獲得喘息，悶頭發大財，可謂突飛猛進。此刻特朗普執政，歐洲整體右傾，表明自此往下的未來十年，恰逢歐美政制調整小周期，世界須要換腦筋。換句話說，某種意義上微型版的「戴卓爾—列根時代」(Thatcher-Reagan)，正在大西洋兩岸同時上演。不過，去意識形態、以實利為鵠

的、倡導開明資本主義，似乎為此時段所獨具。就此而言，中國此刻遭遇的並非最壞的時段，也可以說，依舊還有發展機遇，惟須內政改良，擁抱普世價值。

綜觀來看，即以晚近一百來年的中國近代史為完整時段衡量，刻下中國恰逢好日子。至於是否最好的時期，另當別論。揆諸史實，中國近代凡三次陷都，屢墜穀底，年份分別在1860、1900和1937。與此同時，卻於立國建政與文明復興進程中迎來三次高潮。一是北伐成功後中國一統，廢除領事裁判權與一切不平等條約；二是1945年贏得抗戰勝利，一洗前辱，老大貧弱之國居然鯉魚翻身，一躍而為世界五強和聯合國五常。前文說「中國正處於上升期」，其起點，正是「1945」；三是最近二十多年來的發展，以此前百年流血奮鬥墊底，終於騰升世界經濟老二，科教文衛亦且砥礪前行，與美利堅隔洋呼應，達成了太平洋文明時代的架勢，實為百年來的高峰。

就此而言，在國家理性立論，此時此刻並非近代最糟糕的時期，恰恰相反，是最好的時段，也可能適值最大的戰略機遇期。如此斷言，不僅在於積累至今，體量和身段早已今非昔比，輾轉騰挪多有餘裕，而歷史行進至此，只待最後收束，不懼人謀。而且，更在於歐美忙於自我調整，對付耶回衝突，自顧不暇，因而，至少未來幾年，中國避免正面對撞、潛心發展的時機尚存——關鍵是「潛心發展」，不要急於四面出擊，更不能八方樹敵，今天恨這個，明天恨那個。尤其是，清醒意識到中國的這一波大轉型尚未完工，有待收束，因而，不僅要以國民福祉為天，以生民為念，更在於趕緊利用這一時空檔期，推行政體轉型，躬行中國文明的普世大道，不能走「文革式」回

頭路。[4] 荀子論政，感喟「用國者義立而王，信立而霸」，則其義在此，其信賴此矣！

---

4. 參詳拙文：〈重申共和國這一偉大理念〉、〈阻止中國陷入全面內戰〉，收見拙集《國家理性與優良政體：關於「中國問題」的「中國意識」》，香港城市大學出版社 2017 年版。

結束語

　　時候不早，天黑了。「凜冬將至」（winter is coming）。看窗外，彷彿霧霾鎖城，愈發沉重，哈，正是京城冬景也。臨了説一句，源於徐恒同學説要考考許老師，能不能用三句話結束今天的對話並表徵自家。「就三句，不許多」。其實，這是個無法完成的任務，也沒啥意思，但你們小朋友高興這樣玩，拿我做樣本，就陪你們玩吧。非要回答，逗你們玩，我想説的是：「法大校友，一介教書匠，以思想為業。」

索引